W0239285

Hrsg.
Iwanowsk
Reisebuchv

101 Safaris

Geheimtipps und Top-Ziele

IWANOWSKI'S REISEBUCHVERLAG

Im Internet:

www.iwanowski.de

Hier finden Sie aktuelle Infos zu allen Titeln, interessante Links – und vieles mehr!

Einfach anklicken!

Schreiben Sie uns, wenn sich etwas verändert hat. Wir sind bei der Aktualisierung unserer Bücher auf Ihre Mithilfe angewiesen:

info@iwanowski.de

101 Safaris - Geheimtipps und Top-Ziele
3. Auflage 2014

© Reisebuchverlag Iwanowski GmbH
Salm-Reifferscheidt-Allee 37 • 41540 Dormagen
Telefon 0 21 33/26 03 11 • Fax 0 21 33/26 03 34
info@iwanowski.de
www.iwanowski.de

Titelfoto: Ker & Downey, Camp Okuti (Botswana)
Alle anderen Farbabbildungen: siehe Bildnachweis Seite 270
Redaktionelles Copyright, Konzeption und deren ständige Überarbeitung:
Michael Iwanowski
Layout: Ulrike Jans, Krummhörn
Länderkarten: Palsa Graphik, Lohmar
Umschlagkarten: Astrid Fischer-Leitl, München
Titelgestaltung: Point of Media, www.pom-online.de

Alle Rechte vorbehalten. Alle Informationen und Hinweise erfolgen ohne Gewähr für die Richtigkeit im Sinne des Produkthaftungsrechts. Verlag und Autoren können daher keine Verantwortung und Haftung für inhaltliche oder sachliche Fehler übernehmen. Auf den Inhalt aller in diesem Buch erwähnten Internetseiten Dritter haben Autoren und Verlag keinen Einfluss. Eine Haftung dafür wird ebenso ausgeschlossen wie für den Inhalt der Internetseiten, die durch weiterführende Verknüpfungen (sog. "Links") damit verbunden sind.

Gesamtherstellung: Werbedruck GmbH Horst Schreckhase, Spangenberg
Printed in Germany

ISBN: 978-3-86197-093-4

Botswana – Die unendliche Weite der Kalahari 98

Kenia – Afrika im Kleinformat 122

Tansania – Land der Superlative 152

Sambia – Afrikas bestgehütetes Geheimnis 180

Simbabwe – Ungezügelte Naturgewalten und alte Kulturen 192

Ruanda und Uganda – Das Land der tausend Hügel und die „Perle Afrikas" 204

Äthiopien – Wiege der Menschheit 226

Mosambik – Wilde Ursprünglichkeit und paradiesische Strände 242

Anhang 252

Einleitung

Vorwort

Heia Safari – wer will da n i c h t mit? Safari – das klingt nach Weite, Abenteuer, unwegsamen Landschaften, Wildnis. Aus dem Kisuaheli stammend, ist „Safari" ein Synonym für „Reise". Ursprünglich bezog sich das Wort nur auf Ostafrika, dort, wo die Großwild-Jagd begann: Damals ging man auf Safari, um sich Fleisch zu verschaffen. Heute zieht man auf Safari, um Wild zu beobachten, und man schießt nur mit dem Fotoapparat. Dem Rufe eines *Bernhard Grzimek* folgen viele naturbegeisterte Reisende.

Ich habe für Sie Safaris in besonders tollen Gebieten zusammengestellt, Safaris im weiten Sinne von Reisen. Also geht's ab in die unbeschreiblich schönen afrikanischen Savannen, um Tiere zu beobachten. „101 Safaris" will Appetit machen, Neugierde und Sehnsüchte wecken, damit Sie auf die Reise gehen. Kein klassischer Reiseführer – sondern „Ver-Führer" für besondere Erlebnisse.

Südafrika, das Land am Kap der Guten Hoffnung, lockt durch seine Vielfalt. Hier geht es zu den „Big Five" im Kruger National Park, oder aber auf eine Kanu-Safari auf dem legendären Oranje. Gourmets werden in die Weingegend am Kap entführt, Eisenbahn-Liebhaber genießen Afrika vom Rovos Rail aus, dem einmaligen Luxuszug. Landschafts-Fans können sich an Bildern von Wüste und Bergen vollsaugen.

In **Namibia**, Afrikas herbem Paradies, können Sie auf Ihrer Safari neben der grandiosen Tierwelt im Etosha National Park die urtümlichsten Wüstenlandschaften Afrikas entdecken – ohne auf Komfort zu verzichten. Folgen Sie den Spuren längst vergangener Kulturen und stehen Sie sprachlos vor beeindruckenden Felsgravuren – Bilderbücher längst vergangener Zeiten.

In **Botswana**, dem Land mit dem größten Binnendelta der Welt, können Sie erleben, wie ein Fluss – der Okavango – in die Kalahari-Wüste mündet und langsam versickert. Ein wahres Eldorado für die Tierwelt und damit auch für den Safari-Fan, der in einer einmaligen Landschaft Natur und Einsamkeit pur genießen kann.

Kenia, Tansania und **Sambia** sind seit jeher die Keimzellen des klassischen Safari-Tourismus, und es fällt schwer zu entscheiden, wo man lieber auf die Pirsch gehen möchte. **Simbabwe** gilt unter Kennern als das schönste Land Afrikas und verfügt über erstklassige Wildreservate. In **Ruanda** und **Uganda** bietet sich die einzigartige Möglichkeit, Berggorillas hautnah zu erleben. **Äthiopien** akzentuiert neben Natur vor allem „bunte" kulturelle Erlebnisse. Und wer einfach dem Müßiggang nachgehen möchte, kann sich auf den herrlichen Archipelen von **Mosambik** erholen. Oder vor dem Abflug aus Afrika in Wellness- und Spa-Oasen in Südafrika, Namibia, Botswana und Tansania entspannen, ein Sonderkapitel im Anhang widmet sich diesem Thema.

Lust auf mehr? Blättern Sie von Seite zu Seite, zu spannenden und immer neuen Traumzielen. Lassen Sie sich gefangen nehmen von einer anderen Welt, die tatsächlich noch existiert. Was liegt dann näher, als nun selbst auf Safari zu Ihrem ganz persönlichen Lieblingsziel aufzubrechen? Alle 101 Safari-Vorschläge lassen sich relativ leicht verwirklichen...

Ihr
Michael Iwanowski
Safari-Experte aus Passion

Safari und die richtige Ausrüstung

Eine Safari in Afrika ist etwas anderes als ein Pauschalbadeurlaub, bei dem man nur das entsprechende Strandoutfit dabei haben muss. Die richtige Ausrüstung ist hier unter anderem mitentscheidend für ein gelungenes Naturerlebnis. Wer bei der Vorbereitung ein paar grundsätzliche Dinge beachtet, kann aber getrost ins Abenteuer aufbrechen:

Fernglas: Unentbehrlich auf jeder Safari! Die besten Tier-Beobachtungen macht man in den frühen Morgen- und Abendstunden bei teilweise schwierigen Lichtverhältnissen. Ein gutes Fernglas sollte – neben einer guten Lichtstärke/Dämmerungszahl – über eine hochwertige Optik verfügen. In der Regel gilt dafür die Faustformel: möglichst großer Objektivdurchmesser bei eher geringer Vergrößerung.

Kamera-Koffer: Teure Kameras und Objektive gilt es auf Buckelpisten und Wasserdurchfahrten gut zu schützen. Gut eignen sich Transportkoffer aus verstärktem Kunststoff. Sie schließen staub- und wasserdicht ab, sind schwimmfähig und können zur Not auch mal als Sitzgelegenheit dienen.

Moskitonetz: Hier gilt es, lieber immer etwas größer zu wählen, dann ist das Klima darunter besser und man hat genug Abstand zum Netz, wenn man sich im Schlaf bewegt. Auf Fahrten durch den Busch eignen sich Netze mit nur einem Aufhängepunkt (Baldachin-Form) besonders gut. Man kann sie leicht am Geländewagen oder unter Bäumen abspannen. Durch grüne oder schwarze Netze kann man besser sehen als durch weiße.

Kopflampe: So hat man Licht zum Kochen oder Lesen, aber beide Hände frei! LED-Kopflampen sind sehr sparsam im Batterie-Verbrauch und fallen nicht groß ins Gepäck. Möglichst Modelle wählen, die mit AA- oder AAA-Batterien betrieben werden, denn die bekommt man überall auf der Welt.

Klappspaten: Ein Klappspaten ist nicht nur auf dem Weg zur Toilette sehr hilfreich, auch Zeltheringe lassen sich mit ihm prima in den Boden schlagen. Ist der Lack vom Schaufelblatt erstmal ab, eignet er sich auch ideal für ein „Schaufelfrühstück“. Einfach das Blatt morgens in die Glut legen, etwas Öl, Eier und Speck dazu, fertig ist das Frühstück!

Bekleidung: Baumwolle oder Baumwollmischgewebe ist die erste Wahl. Es gibt stichsichere Stoffe, die gleichzeitig auch einen hohen UV-Schutz bieten. Als Schutz vor großer Hitze ist ein Hut oder eine Schirmmütze empfehlenswert. Bei großer Hitze einfach den Hut mit Wasser anfeuchten, der Kühleffekt tritt sofort ein. Knöchelhohe Schuhe aus Leder eignen sich ideal in dornigem Buschland und auf sandigem Wüstenboden. Die Sohle sollte dick, aber flexibel sein.

Messer: Ein kleines Schweizer Offiziersmesser reicht völlig aus. Bei den Funktionen sollte man ein Modell mit Dosenöffner, Schere und Säge wählen. Wer mit dem eigenen Auto unterwegs ist, sollte eher ein gutes Multitool bevorzugen, weil man so – neben den verschiedenen Schraubendreher-Funktionen – auch über eine Zange verfügt.

Wasserfilter: Wasser kauft man entweder in Flaschen, kocht es ab oder filtert es vor Ort. Handbetriebene Wasserfilter sind die sicherste, schnellste und wirtschaftlichste Art, Wasser zu entkeimen. Zudem werden auch organische & anorganische Trübstoffe gefiltert. Besonders trübes Wasser sollte vorher durch ein T-Shirt vorgefiltert werden. Zur Konservierung von Wasser in Tanks/Kanistern können Micropur-Tabletten verwendet werden.

Schlafsack: Je nach Jahreszeit kann es nachts in Afrika empfindlich kalt werden. Kunstfaser-Schlafsäcke sind leicht und isolieren gut. In Verbindung mit einem Schlafsack-Inlay aus Baumwolle schläft es sich noch besser. Ist es nachts wärmer, schläft man nur im Baumwoll-Inlay.

Geldkatze/Gürtel: Die breiten Modelle nehmen selbst Flugtickets und Reisepass mit auf. Sie werden auf Höhe des Hosenbunds getragen, und sind – im Gegensatz zu Brustbeuteln – unter T-Shirts nicht zu sehen.

Nico Thomas ist Ausrüstungsexperte bei Globetrotter Ausrüstung in Hamburg und seit den 90er-Jahren leidenschaftlicher Afrika-Fahrer. Er arbeitete als Safari-Guide und verbrachte mehrere Monate mit einer wissenschaftlichen Expedition im Okavango-Delta.

Südafrika

Land am Kap der Guten Hoffnung

Zwischen den warmen Fluten des Indischen Ozeans und den kalten des Südatlantiks liegt Südafrika. Besonders landschaftlich bietet das Land am Kap der Guten Hoffnung großartige Kontraste und Szenerien. Wer je in Südafrika war, wird vom Flair kosmopolitisch geprägter Städte wie Kapstadt und Durban begeistert sein, sich gern an die so überwältigende afrikanische Tierwelt des Kruger National Parks zurückerinnern, wird an die weiten, einsamen Strände des Indischen Ozeans denken und das gemütliche Kapland mit seinen Bergen, fruchtbaren Tälern und der Architektur der alten Siedler vor Augen haben. Er hat vielleicht die einsamen Ebenen im Westen durchquert, die herrlichen Farbenspiele der roten Dünen und des Kumulushimmels in der Kalahari beobachtet, die grandiosen Berggiganten der Drakensberge oder die atemberaubende Tiefe des Blyde River Canyon auf sich wirken lassen. Er wird sich an die romantisch-wilde Küste der ehemaligen Transkei (heute Provinz Eastern Cape) zurücksehnen und die Vielfalt der verschiedenen Stämme mit ihren Sitten und Gebräuchen im Gedächtnis behalten.

Auch zwanzig Jahre nach dem Ende der Apartheid sind noch viele gesellschaftliche Probleme zu bewältigen. Trotz mancher Schwierigkeiten ist der Wille der Bevölkerung, von einem Nebeneinander zu einer toleranten und friedlichen Koexistenz zu gelangen, weiterhin unübersehbar.

Steckbrief Südafrika

Lage: an der Südspitze Afrikas, zwischen Atlantik und Indischem Ozean
Fläche: ca. 1,22 Mio. km^2
Einwohnerzahl: 50,59 Mio.
Hauptstädte: Tshwane/Pretoria (Exekutive), Kapstadt (Legislative), Bloemfontein (Judikative)
Staatsform: Parlamentarische Demokratie seit 1961 (noch als Teil des Commonwealth), Verfassung von 1997
Sprachen: 11 Amtssprachen, darunter Englisch, Afrikaans und viele Stammessprachen
Währung: Südafrikanischer Rand, ein Rand entspricht 100 Cent
Exportgüter: Perlen/Edelsteine/Münzen, Erze, Eisen/Stahl, Mineralprodukte, Obst/Gemüse u.v.m.
Bevölkerung: 79,5 % Schwarze, 9 % Menschen gemischter Herkunft („Coloured"), 9 % Weiße, 2,5 % Asiaten
Religion: 75,5 % Christen, andere Religionsgemeinschaften jeweils < 5 %
Klima: subtropisch bis mediterran
Beste Reisezeit: für Wildbeobachtung Juni bis August (Trockenzeit), im Kapland nimmt in dieser Zeit dagegen die Regenhäufigkeit zu
Impfungen: Gelbfieber (bei Einreise aus einem Risikogebiet), Tetanus, Diphtherie, Polio, Typhus, Masern (empfohlen bei längerem Aufenthalt speziell in Gauteng) und Hepatitis A und B (empfohlen bei längerem Aufenthalt) sowie Tollwut für Jagd- und Trekkingreisen; Malariaprophylaxe, besonders in und um den Kruger National Park (hohes Risiko von Oktober bis Mai)

1 Rundfahrt um die Kaphalbinsel – sagenhafte Aussichten

2 Klassische 4-Pässe-Fahrt – die schönsten Weinanbaugebiete am Kap

3 Franschhoek – kulinarisches Topziel Südafrikas

4 Rovos Rail – nostalgischen Luxus genießen

5 Wale und Haie in der Walker Bay – von Kap Agulhas nach De Kelders

6 Durch die Halbwüste Karoo – Strauße, Höhlen und Pässe

7 Entlang der Garden Route I – Wilderness Section und Knysna Section

8 Entlang der Garden Route II – Tsitsikamma Section

9 Addo Elephant National Park – Schutzgebiet der „grauen Eminenzen“

10 Königreich Lesotho – Rundtour und Pony-Trekking

11 Kimberley – Big Hole und Mokala National Park

12 Augrabies Falls National Park – Wasserfälle und Sukkulenten

13 |Ai-|Ais/Richtersveld Transfrontier Park – Kanusafari auf dem Oranje

14 iSimangaliso Wetland Park und Riesenschildkröten an der Rocktail Bay

15 Königreich Swasiland – durch die Rolling Hills

16 North West Province – Pilanesberg und Madikwe Game Reserve

17 Drakensberge – Tour über den Sani-Pass

18 Kruger National Park – der Safari-Klassiker

19 Panorama-Route – entlang des spektakulären Blyde River Canyon

20 Limpopo Province – Waterberg und Marakele National Park

21 Kgalagadi Transfrontier Park – grenzenloses Afrika-Abenteuer

1 Rund um die Kaphalbinsel – sagenhafte Aussichten

Niemand besucht Kapstadt, ohne einen Ausflug zum **Kap der Guten Hoffnung** zu unternehmen. Wenn das Kap auch nicht das südlichste Afrikas ist, spinnen sich doch viele Geschichten und Legenden um dieses natürliche Wahrzeichen. Vor dem Kap treffen sich auch der warme Agulhas- und der kalte Benguela-Strom (die genaue Stelle ist unklar). Doch nicht nur die bemerkenswerte Lage, auch die Fahrt an sich – besonders entlang des weltberühmten Chapman's Peak Drive – belohnen für die 170 km lange **Route um die Kaphalbinsel**:

An der Westküste zum Kap liegt der kleine Fischerei- und Touristenort **Hout Bay** malerisch an der gleichnamigen Bucht. Schon früh wurde die strategisch wichtige Lage des Ortes von den Europäern erkannt. *Jan van Riebeeck* nannte die waldreiche Bucht *Houtbaaitjen* (= Holzbucht) und veranlasste 1662 den Bau einer kleinen Straße. Nur wenige Jahre später wurden hier die ersten Farmländereien Südafrikas zugelassen. Mittlerweile ist Hout Bay ein beliebtes Wochenendziel, besonders Bootstouren vom Hafen nach Duiker Island können begeistern, z. B. beim Besuch der Seehundkolonie und der Vogelwelt.

Auf dem Weg von Kapstadt nach Hout Bay liegt der Clifton Beach mit seinen 12 Aposteln

Nach Süden geht es Richtung Fish Hoek über den **Chapman's Peak Drive**. Diese 150 m über dem Meer liegende und 10 km lange Strecke mit sagenhaften Aussichten gehört zu den schönsten Küstenstraßen der Welt. Nach der letzten scharfen Kurve zur Küste hin zeigt sich der ca. 6 km lange weiße Sandstrand von **Noordhoek**, an dem man reiten oder einen Spaziergang machen kann.

Weiter geht es zur **Cape of Good Hope Section**, die zum Table Mountain National Park gehört. Die ersten Menschen am Kap waren fischende Khoi, die hier wegen des rauen Klimas aber nur bedingt permanente Siedlungen unterhielten. Seit *Bartolomeu Dias* 1488 auf der Suche nach einem Seeweg nach Asien das Kap als erster Europäer entdeckte, spinnen sich Wahrheiten, Geschichten, Tragödien und Sagen um diesen geografisch auffälligen Punkt. Dass nicht das Kap der „südlichste Punkt Afrikas" ist, sondern das ca. 150 km südöstlich gelegene Kap Agulhas (s. S. 22), interessiert kaum jemanden. Schon die ersten Seefahrer haben das Kap als Wendepunkt bezeichnet. Sobald das felsige, oft im Nebel verhüllte und sturmanfällige Cape of Good Hope umrundet war, hatten sie es geschafft. In der *Section* gilt der Besuch des Kaps selbst als Muss, wobei die einzigartige Vegetation, die Spaziergänge zu den Wracks, Picknickmöglichkeiten am Strand und zwischen Juli und Oktober das Beobachten der Wale besonders lohnen.

Vom Kap nach Muizenberg geht es über **The Boulders**. Dieses kleine Naturareal weist eine besondere Attraktion auf: Eine Kolonie von Brillenpinguinen. 1983 fand man unter den windgeschützten Büschen oberhalb des Strandes ein einsames Pinguin-Pärchen. Mittlerweile haben die beiden sich vermehrt und andere Familien angezogen, so dass sich jetzt über 3.000 der sogenannten *Afrikanischen Pinguine* am kleinen Strandabschnitt **Boulders Beach** tummeln.

Der Cape Point markiert die Südspitze der Kaphalbinsel

Vorbei an Fish Hoek sollte man sich einen Besuch im Hafen von **Kalk Bay** nicht entgehen lassen. Wenn die bunten Fischerboote in den Hafen einlaufen, kann man den Fischern beim Anpreisen ihres Fangs zuschauen. Da fliegen Fische ans Ufer und Geldscheine tun selbiges in Gegenrichtung. Hier gibt es zudem den weithin bekannten Fish & Chips-Imbiss „Kalky's". An der Main Street reihen sich viele kleine Antiquitätengeschäfte aneinander, in denen das Stöbern richtig Spaß macht. Von Porzellan und Silber, über Bücher und Möbel bis hin zu alten Rasenmähern findet man hier alles. Das nahe **Muizenberg** ist vor allem bekannt für seinen schönen weißen Sandstrand mit in knalligen Farben angestrichenen Holz-Badehäuschen.

Von Muizenberg zurück in die Innenstadt Kapstadts geht es durch das Weinanbaugebiet Constantia Valley. Hier gibt es eine ganze Reihe von Weingütern, z.B. das **Steenberg Wine Estate**, Nationalmonument und ältestes Weingut Südafrikas. Die Cape-Dutch-Gebäude stammen aus dem Jahr 1682. Die erste Besitzerin kam 1662 aus Lübeck hierher. Angeschlossen sind u.a. ein erstklassiges Restaurant und eine wunderschöne 18-Loch-Golfanlage, die sich allerdings nur Hotelgäste, eingetragene Gäste und Clubmitglieder teilen. Eines der schönsten, aber auch am stärksten vermarkteten Beispiele des kapholländischen Baustils stellt das Herrenhaus des Weingutes **Groot Constantia** von 1699 dar. Inmitten einer anmutigen Landschaft gelegen, umgeben von Weingärten und schattigen Bäumen, kann man leicht nachempfinden, weshalb viele Europäer gerne im Kapland geblieben sind.

Kaphalbinsel
Länge der Route: 170 km
Lage: im Südwesten Südafrikas
Besonderheiten: Chapman's Peak Drive, Cape of Good Hope Section, Naturareal The Boulders, Steenberg Wine Estate
Reisezeit: Mitte Sept. bis April, in dieser Zeit ist mit wenig Regen zu rechnen
Information: www.chapmanspeakdrive.co.za, www.sanparks.org/parks/table_mountain, www.steenberg-vineyards.co.za

INFO

2 Klassische 4-Pässe-Fahrt – die schönsten Weinanbaugebiete am Kap

Die beliebte *Vier-Pässe-Fahrt* gehört mit Sicherheit zu einem Besuch des Kaplandes dazu. Nehmen Sie sich Picknick-Ausstattung mit, es gibt zahlreiche Stopps mit wunderschönen Aussichten.

Erste Station nach Kapstadt ist **Stellenbosch**, die zweitälteste Stadt Südafrikas, die berühmt ist für ihren Reichtum an historischer Bausubstanz. Auf einer Inspektionsreise ins Landesinnere kam der neu ernannte Gouverneur *Simon van der Stel* 1769 in das Gebiet des heutigen Stellenbosch und wurde von der Schönheit des Landes eingenommen. Stellenbosch ist Zentrum eines der besten **Weinanbaugebiete** Südafrikas. Hier, in den fruchtbaren Tälern des Berg-, Eerste- und Bree-Flusses, gedeihen Weinreben besonders gut. Die Winzereien, deren gepflegte Gebäude oft im kapholländischen Stil erbaut sind, liegen idyllisch zwischen den weiten Weinfeldern. Neben der Möglichkeit, die Weine zu verkosten, kann man im winzereieigenen Restaurant auch hervorragend essen.

Von Stellenbosch geht es gen Südosten. Sie passieren dabei unter anderem das historische, 1830 gegründete **Weingut Lanzerac**, ein neoklassizistisches Herrenhaus, das heute einen hervorragenden Ruf als Hotel und Restaurant besitzt. Der Spitzenwein des

Weingut bei Paarl

Hauses ist der *Cabernet Sauvignon*, den man auch in der Cocktailbar in den ehemaligen Ställen kosten kann. Dann geht es über den **Hellshoogte Pass**. Dieser Pass, nur wenige Kilometer östlich von Stellenbosch, ist mit 336 m wenig spektakulär und macht seinem Namen „Höllenhöhe“ keine Ehre. Dieser bezog sich einst darauf, dass Ochsenkarren die Strecke nur mühsam bewältigen konnten.

Vorbei am alten Weingut Boschendal geht es zum beschaulicheren Franschhoek (s. S. 18) und über den wunderschönen **Franschhoek Pass** mit seinen bezaubernden Aussichtspunkten hinunter in das Franschhoek-Tal. Ehemals hieß der Pass „Olifants Pass“, da Elefanten diesen Weg breitgetreten hatten. 1819 wurde der Weg über die 701 m hohe Passhöhe ausgebaut.

Über den **Viljoen Pass** (525 m), dessen Namensgeber *Sir Anthony Viljoen* war, einer der führenden Köpfe der Farmer der Gegend und politisch sehr engagiert, geht es Richtung Süden bis zum Obstanbaugebiet um Elgin und Grabouw. Ab hier verläuft die Straße über den **Sir Lowry's Pass** nach Somerset West. Wie etliche Passstrecken wurde auch dieser Pass ehemals von vielen Tieren als Pfad ausgetreten. Er verspricht eine wunderschöne Aussicht auf die False Bay und die Kaphalbinsel. Um Somerset besticht vor allem das oberhalb der Stadt gelegene, historische Vergelegen Wine Estate. Es ist ein Juwel unter den Weingütern. Gegründet wurde das Gut von *Adriaan van der Stel*, der 1699 seinen Vater *Simon* als Gouverneur abgelöst hatte.

Wer noch nicht genug hat von Pässen und Weingütern, kann Paarl einen Besuch abstatten und über den Bain's Kloof-Pass nach Worcester fahren: Wörtlich übersetzt bedeutet **Paarl** „Perle“, weil die Berge um die Stadt bei einem bestimmten Tageslicht eine perlenähnliche Farbe annehmen. Hier wurde 1876 die erste Afrikaans-sprachige Zeitung gedruckt und damit Afrikaans zur Schriftsprache erhoben. 1925 wurde Afrikaans neben Englisch als Amtssprache in Südafrika akzeptiert. Auch Paarl hat seine Weinroute, welche historische Weingüter berührt. Hinter dem Ort führen mehrere Wanderwege ab vom **Bain's Kloof Pass**, und auch die Aussichten von der Straße selbst lohnen die mühsame Kurverei.

Worcester rühmt sich der ersten offiziellen „Brandy Route“ zwischen Stellenbosch und Worcester. Die größere Destillerie, nach eigenen Angaben die größte der Welt, ist der „KWV Brandy Cellar“. Der südafrikanische Brandy, der bereits seit 1672 destilliert wird, galt seit jeher als ein hervorragender Tropfen, der es allemal mit anderen aufnehmen konnte. Literaturinteressierte seien darauf hingewiesen, dass der Literaturnobelpreisträger von 2003, *J.M. Coetzee*, in Worcester aufgewachsen ist. Sein Roman „Der Junge“ spiegelt teilweise seine Jugenderlebnisse in dieser Stadt wider.

INFO

4-Pässe-Fahrt

Strecke: ca. 124 km (Stellenbosch – 4-Pässe-Fahrt – Stellenbosch; ohne Paarl, Bain's Kloof Pass und Worcester)

Besonderheiten: Stellenbosch als zweitälteste Stadt Südafrikas, viel historische Bausubstanz, beste Weinanbaugebiete des Landes, spannende Passstraßen mit wunderschönen Aussichten

Information: www.wineroute.co.za, www.stellenbosch.org.za, www.lanzerac.co.za, www.vergelegen.co.za, www.paarlonline.com, www.worcestertourism.com

3 Franschhoek – kulinarisches Topziel Südafrikas

Franschhoek ist ein eher beschauliches Ziel der Weinroute. Die von französischen Hugenotten gegründete Ortschaft verfügt über gute Weinkellereien, ein Hugenotten-Museum, Herbergen und hervorragende Gastronomiebetriebe – darunter die besten Restaurants des Landes.

Schon *Jan van Riebeeck*, der erste Gouverneur am Kap, begann vor gut 350 Jahren mit dem Weinanbau. Bereits 1656 – nur sieben Jahre nach seiner Ankunft – erntete er den ersten Wein. Einen Qualitätsschub erhielt der südafrikanische Weinanbau, als **Hugenotten-Familien aus Frankreich** Zuflucht in den Tälern des Kaplandes suchten. Die Holländisch-Ostindische Handelskompanie suchte Siedler und fand die Hugenotten, die durch die Aufhebung des Edikts von Nantes ihre Glaubensfreiheit verloren, sich aber weigerten, ihren protestantischen Glauben aufzugeben und daher ihre Heimat verlassen mussten. So kam eine kleine Gruppe im April 1688 an Bord der „Oosterland" an. Franschhoek, 1688 gegründet von ca. 200 französischen Hugenotten, ist mit seinen ca. 15.000 Einwohnern deutlich kleiner als Stellenbosch und Paarl. Der Name bedeutet übersetzt „Französisches Eck", womit die Lage am Ostende des Drakenstein Valley andeutungsweise umschrieben ist. Ursprünglich hieß die Region aufgrund der hier herumstreunenden Elefanten „Oliphants Hoek".

Die Hugenotten brachten die Erfahrungen des Weinanbaus und Kellereikenntnisse aus Bordeaux, Burgund und der Provence mit. Damit waren nun auch vom Know-how her optimale Möglichkeiten gegeben, Südafrika zu einem der besten Weinanbaugebiete der Welt zu machen. Immer mehr Kapweine erlangten Berühmtheit, nicht zuletzt wegen der weltumspannenden Verflechtungen der Holländisch-Ostindischen Handelsgesellschaft, die Länder zwischen Europa und Batavia (heutiges Jakarta/Indonesien) versorgte. Viele Namen von Wein- und Obstgütern in der Umgebung weisen heute noch auf die französische Herkunft der Siedler hin, so z.B. Bien Donné, Cabrière und La Motte.

Franschhoek ist seit langem bekannt für seine erstklassigen Weine, die denen aus den größeren Orten in nichts nachstehen. Der Charakter des kleinen Ortes ist dabei aber weitgehend erhalten geblieben, und es ist noch gar nicht so lange her, dass nur die wenigsten Weingüter Besuchstouren angeboten haben. Boutiquen, Straßencafés, gemütliche Herbergen, eine erstklassige Gastronomieszene und vieles mehr locken inzwischen jedoch immer mehr Besucher an. Unter der Woche geht es aber noch sehr beschaulich zu. In Franschhoek gibt es dennoch einiges zu erkunden: Am Ostende der Main Road/ Huguenot Street sticht das **Hugenotten-Denkmal** (Huguenot Monument) unweigerlich ins Auge. In seiner (burisch angehauchten) Gestaltung oft umstritten, erinnert es an die Vertreibung der Hugenotten aus der europäischen Heimat. Gleich daneben befindet sich das **Huguenot Memorial Museum**. Es widmet sich der Geschichte der Hugenotten, die überwiegend französische Calvinisten waren, von der Zeit der religiösen Verfolgung in Europa und ihrer Aufsplitterung, über die erste Phase am Kap, als sie den Siedlern aufzeigten, wie guter Wein produziert wird, bis hin zur heutigen Zeit. Im angeschlossenen genealogischen Institut wird auf den Spuren der ersten Hugenotten geforscht.

Französische Gründung: das Weingut Dieu Donné

Um Franschhoek herum liegen wunderschöne Weingüter, die zu einer Weinprobe einladen. **Boschendal** ist über 300 Jahre alt, wurde von den Hugenotten gegründet und ist bis heute eines der größten und edelsten Estates des Landes. Aber auch kleinere Weingüter wie **Cabrière Estate**, bekannt für seine unkonventionelle Art, die guten Schaumweine nach Richtlinien der Champagner-Branche herzustellen, oder die idyllisch gelegenen **Dieu Donné Vineyards** lohnen einen Besuch.

Im Drakenstein-Tal, zwischen Franschhoek und Paarl, liegt **Babylonstoren**. *Die Farm wurde 1690 gegründet und wird heute noch bewirtschaftet (Birnen, Pflaumen, Zitronen, Wein). Das Gästehaus bietet Ein- und Zwei-Schlafzimmer-Chalets mit Fußbodenheizung (einige mit eigenem Kamin) und einem privaten Außenbereich mit Blick auf den unfassbar üppigen Garten. Haupthaus mit Lounge und Leseecke, zudem Spa und Fitnessraum. Das Restaurant Babel kreiert aus den selbst angebauten, biologischen Produkten eine frische Farmküche, die ihresgleichen sucht. Das Green House mit seinem Teegarten bietet tagsüber zusätzlich leichte Mahlzeiten an. Insgesamt ist das Gut ein Ort, der mit seiner minimalistischen Eleganz und seinem Luxus alle Sinne weckt (www.babylonstoren.com).*

INFO

Franschhoek

Lage: etwa 80 km östlich der Innenstadt Kapstadts, am Ostende des Drakenstein Valley

Einwohnerzahl: ca. 15.000

Geschichte: Franschhoek („französisches Eck“) wurde 1688 von Hugenotten gegründet, deren Weinanbau- und Kellereikenntnisse der Qualität der südafrikanischen Weine sehr zugute kamen

Information: www.franschhoek.org.za, www.boschendal.com, www.cabriere.co.za, www.dieudonnevineyards.com

4 Rovos Rail – nostalgischen Luxus genießen

„Der Stolz Afrikas“ – so bezeichnet Rovos Rail sein exklusives Zugerlebnis, das die Eleganz vergangener Tage wieder auferstehen lässt. Die gemächliche Fahrt durch wunderschöne Landschaften lässt das Herz eines jeden Eisenbahn-Freundes höher schlagen. Mit einer Original-Dampflok wird der Zug nur noch auf kurzen Strecken betrieben, das gebietet heute der Umweltschutz.

Seit über 20 Jahren reist der Gründer und Ideengeber von Rovos Rail, *Rohan Vos,* durch die Lande, um alte stillgelegte Loks und Waggons für seinen Zug zu kaufen und zu restaurieren. Jede der derzeit sieben Loks hat ihre eigene Geschichte und trägt den Namen eines seiner Familienmitglieder.

Diese einzigartigen Safari-Reisen durch das Herz Afrikas kombinieren einige der schönsten Landschaften mit dem Glanz und Abenteuer des Zugreisens der Goldenen Ära. Die mit Liebe restaurierten, **holzvertäfelten Waggons** aus den 1930er-Jahren bieten Unterkünfte von höchstem modernem Standard. Der Inbegriff von Luxus ist die **Royal Suite**, mit 16 m^2 eine der größten Suiten in einem Zug weltweit. Sie ist mit edlem Mahagoni vertäfelt, mit edwardianischem Dekor ausgestattet und verfügt über eine private Lounge sowie ein viktorianisches Bad inklusive Wanne und Dusche.

Der Zug schlängelt sich durch das ganze Land

Der vollverglaste „Observation"-Waggon mit offenem Balkon am Ende des Zuges ermöglicht einen besonders guten Rundblick. Im wunderschön restaurierten und klimatisierten Restaurantwagen genießt man in nostalgischer Atmosphäre hervorragende Speisen und köstliche Weine. Aufmerksames Personal verwöhnt die Gäste königlich, während am Fenster die unvergleichliche Landschaft Südafrikas vorbeizieht.

Tafeln wie zu viktorianischen Zeiten…

In den insgesamt sieben Personenwaggons findet eine überschaubare Zahl von Gästen Platz. Auf der ca. 1.600 Kilometer langen Strecke von **Tshwane (Pretoria) nach Kapstadt** folgt der Luxuszug einem alten Pionierweg durch das afrikanische „Bushveld" und fährt durch wunderschöne Weinanbaugebiete. Höhepunkte der Reise sind der Besuch der Diamantenstadt Kimberley (s. S. 34) sowie des historischen Matjiesfontein in der ariden Karoo. Ferner fährt Rovos Rail von Pretoria zu den Victoriafällen (3 Tage), von Pretoria nach Durban (3 Tage) und bietet neben Golf-Safaris auch eine Zugfahrt durch die namibische Wüste nach Swakopmund (9 Tage) an.

Weiterhin wird eine **14-tägige Reise bis Dar es Salaam** in Tansania von Kapstadt über Botswana, Simbabwe und Sambia angeboten. Vorbei an der Diamantenstadt Kimberley und der Hauptstadt Pretoria wird ein zweitägiger Stopp im Madikwe Game Reserve (s. S. 44) eingelegt, bevor es weitergeht zu dem faszinierenden Naturschauspiel der Victoriafälle. Über den Sambesi und hinein nach Sambia klettert der Zug bis an die tansanische Grenze, um dann durch spektakuläre Landschaften hinunter ins Rift Valley zu fahren. Vorbei am größten Wildpark Afrikas, dem Selous Game Reserve, findet das bequeme Leben an Bord des Luxuszuges in Dar es Salaam sein Ende.

INFO

Rovos Rail

Strecken: Die beliebte Strecke von Pretoria nach Kapstadt ist etwa 1.600 Kilometer lang. Auf der Reise von Kapstadt nach Daressalam werden rund 5.750 Kilometer zurückgelegt.

Besonderheiten: die einzigartige Landschaft des südlichen Afrika in alten Eisenbahnen und liebevoll restaurierten Waggons erleben

Information: www.rovos.com. Die Fahrt Tshwane (Pretoria)–Kapstadt dauert 3 Tage. Alle Reisen haben festgelegte Termine, Sonderfahrten wie die nach Dar es Salaam und Swakopmund finden teilweise nur einmal im Jahr statt. Der Rovos Rail ist auch über deutsche Reiseveranstalter buchbar, z.B. unter www.afrika.de.

5 Wale und Haie in der Walker Bay – von Kap Agulhas nach De Kelders

Kap Agulhas ist geografisch der südlichste Punkt Afrikas und offiziell die Trennlinie zwischen Indischem Ozean und Atlantik. Der 1848 hier errichtete Leuchtturm, heute Museum und Restaurant, konnte nicht das Auflaufen von über 100 Schiffen verhindern, die an diesem Küstenabschnitt untergingen.

Der **Agulhas National Park** liegt 170 km östlich von Kapstadt und beheimatet über 2.000 Pflanzenarten. Fynbos-Vegetation durchzieht den Park, wobei die meisten Blumen zwischen Mai und September blühen. Auf Naturpfaden kann man in diese Wunderwelt eintauchen.

Nachdem die Möglichkeit besteht, einen Abstecher über Elim zu machen – einem kleinen, denkmalgeschützten Ort, der 1824 von deutschen Ordensbrüdern eines Missionsordens gegründet wurde –, führt die Straße bei Pearly Beach an die Küste. Das Gewässer zwischen den vorgelagerten Inseln Dyer und Geyser Island wird auch **„Hai-Gasse"** genannt. Dyer Island ist zudem von Pinguinen bevölkert.

Danger Point, die Landspitze ein kleines Stückchen weiter westlich, schrieb 1852 Geschichte: Ein britisches Schiff lief hier auf Grund und begann zu sinken. Der Kapitän gab den bis dato üblichen Befehl „Rette sich wer kann!" („Every man for himself!"). Doch die Soldaten an Bord reihten sich an Deck auf und ließen Frauen und Kinder zuerst von Bord, in dem Wissen, dass es nicht genug Rettungsboote gab und verhinderten so eine aufkommende Panik. 442 Menschen starben trotzdem, ohne zu wissen, dass es von da an hieß: „Frauen und Kinder zuerst!".

Kurz hinter Danger Point liegt **Gans Bay (Gansbaai)**, das sich zwischen den umliegenden Touristenorten noch den Charme eines authentischen Fischereiortes erhalten hat. Ein Duft von Fish & Chips hängt in der Luft, und die große Fischfabrik sowie die Trawler im Hafen tun ein Übriges... Der Ort ist bekannt für das ökologisch umstrittene **Shark Cage Diving**: Wer schon immer mal einen weißen Hai unter Wasser und aus nächster Nähe beobachten wollte, hat hier in einem Käfig die Gelegenheit dazu. Weniger Abenteuerlustigen sei eine Bootsfahrt empfohlen.

Besonders schön zur **Walbeobachtung** ist der oberhalb der

Morgenstimmung bei Hermanus

Faszinierend: Wale vor der Küste

Klippen gelegene, kleine und beschauliche Küstenort **De Kelders** (Afrikaans für „die Höhlen"). Entlang des Küstenabschnitts haben sich zahlreiche Höhlen in das Gestein gegraben, die Klipgate Cave ist eine der berühmtesten. Sie liegt direkt außerhalb von De Kelders im **Walker Bay Nature Reserve**. Hier wurden jahrtausendealte Überreste der ersten Menschen gefunden, außerdem Werkzeuge aus Stein und Knochen, die mindestens 50.000 Jahre alt sein sollen. Der sieben Kilometer lange Klipgat Trail führt an dieser und anderen Höhlen vorbei und durch die einzigartige Fynbos-Küstenvegetation.

Auf der anderen Seite der Walker Bay liegt Hermanus, ein beliebter Badeort mit vielen Unterkünften, der im Gegensatz zu De Kelders überlaufen ist. Auch hier lassen sich von Ende August bis November Wale beobachten, im Oktober findet das **Whale Festival** statt.

In De Kelders liegt die **Whalesong Lodge** *auf den Klippen mit Blick über die Bucht. Hier werden regelmäßig Meeressäuger von der Terrasse aus gesichtet. Im* **Francolin Hof** *(www.francolinhof.co.za) in Hermanus hat man hinter sich majestätische Berge, vorn den Blick auf das Meer und direkten Zugang zum Fernkloof Nature Reserve, wo man wandern und klettern kann (www.whalesonglodge.co.za).*
Nicht weit von De Kelders liegt das **Grootbos Private Nature Reserve**, *eine wahre Traumlandschaft für Liebhaber der Kap-Vegetation, des Fynbos. Das Reservat ist über 25 km² groß und liegt über den Dünenausläufern der Walker Bay mit einem Panoramablick bis zum Kap der Guten Hoffnung. Die exklusiven Unterkünfte liegen verteilt, Trittpfade laden zum Erkunden der Umgebung ein. Gemüse und Salate kommen aus eigenem Anbau, dazu werden oft kulinarische Spezialitäten wie Langusten und lokale Fische gereicht. Ein Badestrand befindet sich in der Nähe. Die deutschen Gastgeber, Familie Lutzeyer, kümmern sich bestens um ihre Gäste (www.grootbos.com).*

INFO

Kap Agulhas / Walker Bay
Lage/Strecke: das Kap Agulhas ist der südlichste Punkt Afrikas, nach De Kelders an der Walker Bay sind es auf o.g. Strecke (ohne Abstecher nach Elim) ca. 95 km
Besonderheit: historisch interessantes Kap in der Seefahrtgeschichte, Walker Bay Nature Reserve, ausgedehnte Gebiete mit der landestypischen Vegetation Fynbos, Wal- und Haibeobachtung
Information: www.sanparks.org/parks/agulhas, www.gansbaai.com, www.gansbaaiinfo.com, www.hermanustourism.info, www.whalefestival.co.za

6 Durch die Halbwüste Karoo – Strauße, Höhlen und Pässe

Diese Tour verspricht atemberaubende Ausblicke und einen Einblick in die Einsamkeit der Karoo. Sie startet in **Oudtshoorn**, der mit ca. 85.000 Einwohnern bei Weitem größten Stadt in der Little Karoo. Sie liegt, von den umliegenden Bergen geschützt, in einem sanften Tal. Einst verband man die Stadt vor allem mit dem Afrikanischen Strauß, dem größten Laufvogel der Welt. Auf den Feldern um Oudtshoorn tummelten sich in den Boomjahren der Straußenfeder-Produktion über 100.000 Tiere. Nach dem 1. Weltkrieg ging es langsam bergab mit dem Federschmuck, aber in den 1970er-Jahren begann man sich seiner eigenwilligen Geschichte wieder bewusst zu werden. Heute boomt der Tourismus, einige neue **Straußenfarmen** sowie die für die Touristentouren eingerichteten Showfarmen sorgen seither für eine deutliche Belebung.

Nördlich von Oudtshoorn liegen die **Cango Caves**. Diese gehören zu den größten und ausgedehntesten Tropfsteinhöhlen-Systemen der Welt. Es herrschen hier 18 °C, 416 Stufen müssen auf der Standard-Tour bewältigt werden. Der Eingang zu den Cango Caves wurde schon zu Urzeiten von Buschmännern, die die Wände bemalten, als Behausung genutzt. Jedoch konnten die Bewohner der Vorzeit (ohne tragbares Licht) nicht weit in die Höhle eindringen. Nur Fledermäuse verirrten sich in der Tiefe und ihre Skelette wurden vom durchsichtigen Kalzit versteinert.

Weiter geht die Fahrt in die Berge. Der südliche Anstieg von Oudtshoorn ist nahezu durchweg vom Tal aus zu erkennen und schmiegt sich dicht an den Abhang der Swartberge. Der atemberaubende wie grandiose 1.586 m hohe **Swartbergpass** wurde

Nichts für schwache Nerven: der Swartbergpass

1881–86 unter Leitung von *Thomas Bain* erbaut. Für den Bau wurden ihm 240 Sträflinge zugeteilt, die fast ausschließlich per Hand gruben und hackten. Gesprengt wurde mit Schießpulver bzw. mit einer ganz eigenwilligen Methode: Man erhitzte die Felsen mit Feuer und schüttete dann kaltes Wasser darüber. Die Passstrecke ist nicht asphaltiert, schmal und oft sehr steil. Wer nicht schwindelfrei ist, sollte die Strecke nicht befahren.

Typisch Oudtshoorn: Tausende von Straußen

Wem das noch nicht genug Nervenkitzel ist: Nördlich der Swartberg-Passhöhe biegt eine knapp 50 km lange Schotterpiste ab zum **Gamkaskloof**. Die erst 1962 erbaute Trasse ist aber nur bei gutem Wetter und umsichtiger Fahrweise zu bewältigen. Richtig schön wird es auf den letzten, sehr steilen Kilometern, wenn die Piste in ein grünes Tal abfällt. Zurück geht es dann nur wieder über dieselbe Piste. Beide Strecken sind beliebt bei **Mountainbikern**. Zum Gamkaskloof führt sogar ein bekanntes Rennen: „To Hell and Back".

Weiter Richtung Prince Albert erlebt man die Great Karoo, wie sie wirklich ist: einsam. **Prince Albert** ist ein verschlafenes Nest, so wie man sich das inmitten der Karoo vorstellt. Die Produkte aus dieser Region (Mohair-Schafe, Oliven, Aprikosen, Feigen) werden im ganzen Land geschätzt. Und auch die kapholländische und viktorianische Bausubstanz (19 Gebäude stehen unter Denkmalschutz), kann sich sehen lassen. Der Ort ist wohl der beste Ausgangspunkt für Ausflüge und Wanderungen in die Swartberge oder zum 60 km entfernten **Meiringspoort**. Diese über 14 km lange, atemberaubende Schluchtdurchfahrt durch die Swartberg-Kette verbindet die Little und die Great (oder Central) Karoo miteinander.

Am besten lernt man etwas über die Great Karoo, wenn man im Nationalmonument **Swartberg Hotel** *in Prince Albert übernachtet. In dem hervorragend restaurierten Haus mit Landrestaurant hängen alte Fotos und die bis zu 70 Jahre alten Gästebücher in der Lounge machen ebenfalls deutlich, welche Bedeutung dem Ort einst durch den Swartbergpass zugekommen ist (www.swartberg.co.za).*
In der Little Karoo, an der Strecke zwischen Ladismith und Montagu, hat man die Möglichkeit, das Kennenlernen dieser speziellen Landschaft mit einer Safari zu verbinden. Im **Sanbona Wildlife Reserve** *steht neben einem Luxus-Zeltcamp eine Familienlodge zur Verfügung. Für Kinder gibt es extra ein Safariprogramm, Erwachsene können Vögel beobachten, bei Game Drives mitfahren oder an einer zweitägigen Wanderung zum Explorer Camp teilnehmen (www.sanbona.com).*

INFO

Halbwüste Karoo
Lage: im nordöstlichen Teil der Provinz Western Cape, die **Great Karoo** liegt oberhalb der Kette der Swartberge, die **Little Karoo** unterhalb
Größe: insgesamt ca. 500.000 km², dies entspricht einem Drittel der Landfläche Südafrikas
Name: „Karoo" bedeutet in der Khoi-Sprache „Land des Durstes"
Information: www.oudtshoorn.com, www.cango-caves.co.za, www.patourism.co.za

7 Entlang der Garden Route I – Wilderness Section und Knysna Section

Der kleine Ort **Wilderness**, der an sich keine Sehenswürdigkeiten bietet, hat sich wegen seiner Umgebung zu einem Feriendomizil mit vielen Unterkünften entwickelt. Bevor man ihn erreicht, sollte man auf der N2 einige Kilometer hinter George am Parkplatz auf der Anhöhe anhalten. Von hier aus bietet sich ein fantastischer Blick auf den fast 8 km langen Sandstrand, an dem die weißen Schaumkronen des Ozeans auslaufen. Parallel zum Meer verläuft – von einer alten Dünenkette getrennt – eine Seenkette, die umgangssprachlich als **The Lakes** bezeichnet wird.

Der ehem. Wilderness National Park ist seit März 2009 Teil des **Garden Route National Park**. Die oben beschriebene Landschaft um die Seenkette zwischen der Mündung des Touw River am Strand von Wilderness und der Mündung der Swartvlei Lagune bei Sedgefield bildet heute die **Wilderness Section**. Wie Perlen reihen sich von Westen her Island Lake, Langvlei, Rondevlei und Swartvlei, der größte Salzwassersee Südafrikas, aneinander. Erstere fließen über Touws- und Serpentine River ab, der Swartvlei dagegen über seine Lagune ins Meer. Ruigtevlei und Groenvlei gehören nur bedingt dazu. „Vlei“ bedeutet auf Afrikaans so viel wie „Sumpfsee“.

Der Salzgehalt der Seen nimmt zum Meer hin zu. Das Nebeneinander von Salz-, Brack- und Süßwasser sorgt für eine vielfältige Flora und Fauna. Deshalb zählt diese Gegend zu den artenreichsten Wasservogelgebieten Südafrikas (u.a. Flamingos, Löffler).

Es gibt eine Reihe von **Aktivitäten** zu tun, z.B. Wandern im Park (verschiedene Wanderwege, Dauer 1–5 Std.) mit wunderschönen Aussichten entlang des geschwungenen

Der Strand von Wilderness

Serpentine-Flusses, durch die Dünen oder um die einzelnen Seen herum. Da die Flüsse wenig Strömung aufweisen und die Seen zu klein sind für große Wellen, gehören auch Kanutouren zu den beliebtesten Freizeitaktivitäten.

Ca. 25 km westlich von Sedgefield liegt die Holz- und Austernstadt **Knysna**. Der Name dieses Ortes (sprich „Neiss-Na") stammt aus der Sprache der Khoikhoi und bedeutet wahrscheinlich „Ort des Holzes". Malerisch liegt er an der gleichnamigen, 20 km² großen Lagune, die von den beiden Sandsteinklippen **Knysna Heads** zum Indischen Ozean hin abgegrenzt wird.

Das Naturschutzgebiet **Knysna National Lake Area** ist seit 2009 ebenfalls Teil des Garden Route National Park. In diesem einzigartigen Ökosystem – ebenfalls ein ausgewiesenes Wasservogelgebiet – findet u.a. eine bedrohte Seepferdchenart eine Heimat. Viele Vogelarten, Antilopen, ja sogar vereinzelt Elefanten sind hier heimisch. Die Naturschutzbestrebungen werden großgeschrieben und die Wassersportaktivitäten stehen mit dem Ökosystem im Einklang.

Im **Knysna Forest** liegt die Diepwalle Forest Station, wo der Elephant Walk beginnt, der insgesamt 18,2 km lang ist und ca. 6½ Stunden Wanderzeit in Anspruch nimmt. Unterwegs kann man mehrere Riesen-Yellowwoodbäume sehen und, wenn man Glück hat, vielleicht sogar Elefanten. Denn nachdem in diesem Gebiet jahrelang **wilde Elefanten** gelebt hatten, diese aber vor den immer weiter vordringenden Menschen über den Elephant Walk flüchteten, siedelte man 1994 drei Elefanten aus dem Kruger National Park an. Von ihnen lebt nur noch Sally, die „Big Mama" der in den letzten Jahren aufgebauten Herde im Knysna Elephant Park. Aber auch außerhalb dieses Schutzgebietes sollen Wanderer immer wieder auf scheue Wildelefanten treffen …

In Wilderness nächtigt man gut im **Haus am Strand**, *wo sieben hübsche Ferienwohnungen mit Meerblick zur Verfügung stehen. Der Garten geht direkt in den Strand des Indischen Ozeans über (www.hausamstrand.com).*
In der Wilderness Section stehen Hütten (auch für Familien), Rondavels und Campingplätze zur Verfügung (buchbar über SANParks).
Bezaubernd und ruhig gelegen, abseits des Rummels von Knysna, liegt die **Fish Eagle Lodge**. *Ein Haus mit 9 angenehmen Zimmern, Pool und Weitblick auf die Berge und die Lagune (www.fisheaglelodge.co.za).*
Im Bereich des Knysna Forest kann man campen sowie in Treetop Forest Chalets im Harkerville Forest übernachten (buchbar über SANParks).

INFO

Wilderness Section / Knysna Section im Garden Route National Park
Lage: zwischen den Mündung des Touw River am Strand von Wilderness und der Swartvlei Lagune bei Sedgefield / 10 km westlich von Knysna
Größe: ca. 26 km² / ca. 106 km²
Besonderheiten: beide Sektionen sind artenreiche Wasservogelgebiete und bieten ausgiebige Möglichkeiten zum Wandern und für Wassersportaktivitäten
Information: www.sanparks.org/parks/garden_route, www.knysnaelephantpark.co.za, www.tourismwilderness.co.za, www.tourismknysna.co.za

8 Entlang der Garden Route II – Tsitsikamma Section

Der ehemalige Tsitsikamma Coastal National Park ist seit März 2009 Teil des **Garden Route National Park**. Der urige Name „Tsitsikamma" stammt aus der Khoi-Sprache und bedeutet „klares (oder sprudelndes) Wasser". Das Gebiet umfasst einen schmalen, ca. 80 km langen Abschnitt entlang der Küste und ist gekennzeichnet durch dichte Wälder mit z.T. sehr altem Baumbestand, häufigem Regen, vielen Bächen und Flüssen, Schluchten sowie einer malerischen Steilküste. Die wahre Schönheit und grandiose Natur dieser Landschaft bleiben nur dem Wanderer vorbehalten. Zwei der **schönsten Wanderwege Südafrikas** findet man hier:

Der **Tsitsikamma Trail** beginnt am Groot River Campingplatz im Nature's Valley, hat eine Länge von 72 km und bietet fünf Hütten als Übernachtungsstätten. Der Weg endet entweder am Tsitsikamma Total Village, am Storms River Village oder aber am Storms River Mouth Rest Camp. Dieser Trail führt durch die Waldareale – vorwiegend unterhalb der Berge. Es darf nur in östlicher Richtung gewandert werden. Gemeinsam mit dem Otter Trail bildet der Wanderweg eine kreisförmige Route.

Die Lagune im Nature's Valley

Der **Otter Trail** beginnt am Storms River Mouth Rest Camp, hat eine Länge von 48 km und endet im Nature's Valley. Der Trail dauert 5 Tage, unterwegs stehen 4 einfache Hütten für die Übernachtung zur Verfügung. Die Etappen sind zwischen 4,6 (ca. 3 Stunden) und 13,8 km (ca. 8 Stunden) lang. Es darf nur in westlicher Richtung gewandert werden. Der Trail ist aber nicht so einfach, wie es zu Beginn scheint. Flüsse müssen durchwatet und Felsen überwunden werden. Die Einsamkeit der faszinierenden Küstenlandschaft belohnt aber für alle Mühen. Zudem gibt es Gelegenheit zum Schnorcheln.

Die wichtigsten Sehenswürdigkeiten entlang der Strecke durch die Tsitsikamma Section: Das **Nature's Valley** mit seiner Lagune, dem satten Grün im Tal des Groot River und dem alles übertreffenden Strand ist ein Eldorado für Naturfreunde. Hier empfiehlt sich ein Strandspaziergang, eine Wanderung auf dem Salt River Mouth-Rundwanderweg (ca. 2 Std.) oder eine bis zu 7 km lange Kanutour auf dem Groot River.

Herzstück des Parks: Storms River Mouth

Mit 216 m ist die **Bloukrans Bridge** die höchste Brücke entlang der Garden Route und eignet sich hervorragend als Adrenalin-Schocker – sie ist unter den Top-5 der höchsten Bungee Jumps der Welt. Und wenn man sie überquert hat, befindet man sich nicht mehr in der Provinz Western Cape, sondern bereits in Eastern Cape.

Über die **Storms River Bridge** (ehem. Paul Sauer Bridge), die auf Höhe von 139 m über die schmale Schlucht des gleichnamigen Flusses führt, erreicht man das Herzstück des Park: Das Mündungsgebiet des Storms River (**Storms River Mouth**), zu dem eine Stichstraße 9 km westlich der Storms River hinunterführt. Die letzten 4 km vor Erreichen des Parkplatzes sind atemberaubend. Zuerst fällt die Straße steil ab zum Meer, dann bieten sich zwei schöne Haltebuchten für den direkten Ausblick darauf an. Für eine Übernachtung im Storms River Mouth Rest Camp spricht, dass der Parks tagsüber stark besucht ist. Abends kann man in Ruhe dem Meeresrauschen lauschen und die sich an den Felsen brechenden Wellen beobachten – ein ganz besonderes Erlebnis.

Neben den Rest Camps auf dem Gebiet des Nationalparks, von denen das **Storms River Mouth Rest Camp** *am meisten durch seine direkte Lage am Meer besticht (buchbar über SANParks), bietet sich eine Übernachtung in der* **Hog Hollow Country Lodge** *an. Sie verfügt über 16 individuelle Zimmer im afrikanischen Landhausstil mit jeweils eigenem Kamin. Die herrliche Lage mitten in einem Naturschutzgebiet bietet Ausblicke auf das Tal des Matjies River und die Tsitsikamma-Berge. Rundherum befinden sich Wanderwege (www.hog-hollow.com).*

INFO

Tsitsikamma Section im Garden Route National Park
Lage: zwischen Plettenberg Bay (ca. 30 km westlich von Knysna, s. S. 27) und Humansdorp (Provinz Eastern Cape)
Größe: ca. 80 km Küstenlinie
Besonderheiten: dichte Wälder mit sehr altem Baumbestand, viele Bäche und Flüsse, malerische Steilküste, weltberühmte Wanderwege

Information: Für den Tsitsikamma- und den Otter Trail gilt eine rechtzeitige Anmeldung, denn es wird nur eine begrenzte Zahl an Wanderern zugelassen.
Buchung über SANParks unter www.sanparks.org/parks/garden_route.
Über den beliebten Badeort Plettenberg Bay informiert www.plett-tourism.co.za.

9 Addo Elephant National Park – Schutzgebiet der „grauen Eminenzen"

Als die ersten Siedler in dieser Gegend nahe der Nelson Mandela Bay Municipality (Port Elizabeth) sesshaft wurden, begannen sie das Land zu roden. Doch Elefanten zestörten oft die angelegten Felder und man überlegte, wie man das Farmland gegen weitere Verwüstungen schützen konnte. Nach langen Diskussionen beauftragte die Kap-Regierung 1919 den Berufsjäger *Jan Pretorius* mit der Aufgabe, die „grauen Eminenzen" auszurotten. Bereits nach einem Jahr waren 120 Dickhäuter erlegt, doch mittlerweile empfand die Bevölkerung Mitleid mit den Tieren und protestierte gegen weitere Tötungen. Nur elf Elefanten überlebten das Massaker. Diese Tiere waren aufgrund der Verfolgung sehr gereizt und gefährlich. 1931 entschloss man sich daher, einen knapp 80 km² großen Lebensraum als Nationalpark für die Tiere bereitzustellen. Das gesamte Gebiet wurde mit elefantensicheren Zäunen umbaut.

Im Park zahlreich zu beobachten: Elefanten

Mittlerweile ist die Herde wieder auf etwa **400 Elefanten** angewachsen. Entlang einer Rundstraße, die auf kleine Beobachtungshügel führt, kann man Elefanten an Wasserlöchern beobachten. Inzwischen leben hier auch Schwarze Nashörner, Büffel, Leoparden, Kudus sowie andere Savannentiere. Zudem wurden über 170 Vogelarten gezählt. Die **Vegetation** besteht aus Kletterpflanzen und Bäumen, wobei kaum ein Baum höher als 4 m ist, da er vorher bereits von den Elefanten gestutzt wird. Typische Bäume sind der Spekboom, der Karoo Boer Bean und der Guarrie.

Heute umfasst der Park etwa 1.640 km² und befindet sich zzt. weiter in der Entwicklung: Das Projekt heißt „Greater Addo Elephant Park". Dafür will man genügend Farmland aufkaufen, um hier den drittgrößten südafrikanischen Park zu eröffnen, der 3.600 km² umfassen wird. Dazu werden auch 1.200 km² Meeres-Schutzgebiet gehören. Dieser Park reicht dann von der Kleinen Karoo bis zum Indischen Ozean, wo der Southern-Right-Wal als eines der größten Meerestiere die „Big Five" vom Land (Elefant, Nashorn, Büffel, Leopard, Löwe) zu den „Big Six" komplettiert. Hin und wieder wird auch der Weiße Hai hinzugezählt, macht **„Big Seven"**.

Hippos sind im Shamwari Reserve häufiger anzutreffen

Mittlerweile haben sich rund um den Addo Elephant Park, ähnlich wie am Kruger Park, einige **Private Game Reserves** etabliert. Diese bieten meist eine exquisite Küche, beste Unterkünfte und durch ausgebildete Game Ranger geführte Beobachtungsfahrten in offenen Geländewagen.

Im Nationalpark gibt es Cottages, Chalets und Rondavels (buchbar über SANParks). Eine ganz besondere Unterkunft ist das **Gorah Elephant Camp** *im Süden des Parks. 11 große und luxuriös ausgestattete Zelt-Suiten erinnern an ein Safari-Erlebnis im frühen 20. Jh. (über www.hunterhotels.com).*
Eines der privaten Schutzgebiete rund um den Park ist das mehrfach ausgezeichnete **Shamwari Game Reserve***. Es ist ca. 250 km² groß und beherbergt neben 18 verschiedenen Antilopenarten die „Big Five" und viele Tiere mehr. Insgesamt leben hier über 5.000 Tiere. Neben den Unterkünften (luxuriöse Lodges und ein Explorer Camp mitten im Busch) und der Safari-Arbeit v.a. mit Kindern liegt der Schwerpunkt dieses Reservats auf der Erhaltung und dem Schutz der ursprünglichen Fauna und Flora dieses Gebietes (www.shamwari.com).*

INFO

Addo Elephant National Park
Lage: ca. 70 km nördlich der Nelson Mandela Bay Municipality (Port Elizabeth)
Größe: 1.640 km²
Tiere: neben Elefanten auch Schwarze Nashörner, Büffel, Leoparden, Kudus, 170 Vogelarten u.v.m.
Information: www.sanparks.org/parks/addo

10 Königreich Lesotho – Rundtour und Pony-Trekking

Lesotho liegt als **Enklave** inmitten der Republik Südafrika und hat mit seiner faszinierenden Bergwelt und den Lebensformen eines schwarzafrikanischen Staates schon so manchen Reisenden begeistert. Lesotho ist ein Königreich, dessen Bewohner hauptsächlich von der Landwirtschaft für den Eigenbedarf leben. Buschmänner haben dieses Land schon vor Jahrtausenden bewohnt, wovon Felsmalereien noch heute Zeugnis ablegen. Es ist mit 30.355 km² eines der kleinsten Länder Afrikas und erhebt sich als **mächtiges Hochplateau** über das südafrikanische Hochland. Der höchste Berg ist hier der Thabana Ntlenyana, mit 3.482 m auch der höchste Berg im südlichen Afrika.

Pony-Trekking in Lesotho

Lesotho ist eine **reizvolle Alternative** zu den klassischen Reisezielen des südlichen Afrika, und der Afrikaliebhaber wird eine Tour auf dem „Dach Südafrikas" in unvergesslicher Erinnerung behalten. Eines darf man in diesem Land aber nicht erwarten: Luxus. Es verbirgt sich jedoch so einiges Unerwartete in jedem kleinen Dorf am Rande der Straße und die Gastfreundlichkeit der Basothos macht die Tour zu einem besonderen Erlebnis.

Im Südwesten des Landes, in Moyeni/Quthing, hat man die Möglichkeit in Richtung Osten bis Mphaki weiterzufahren und von dort bis Qacha's Nek. Sehenswert ist besonders die in Mphaki nach rechts abzweigende Piste über den Maphooaneng-Pass und die Quthing-Mission zurück zur Hauptstraße nach Moyeni. Sie gilt als eine der **schönsten Strecken im Land**.

Von Moyeni aus führt eine Teerstraße über Mohale's Hoek und Mafeteng nach Maseru, wobei man die Gelegenheit hat, sich das ländliche Leben in Lesotho näher anzuschauen.

Kurz hinter Mohale's Hoek bietet sich noch die äußerst reizvolle Alternative, über eine schmale Piste nach Qaba und zur wunderschön gelegenen Malealea Lodge zu fahren. 30 km hinter der Lodge führt die Piste wieder an die Hauptstraße nach Maseru.

Die **Malealea Lodge** *ist einfach-rustikal ausgestattet, aber absolut sauber und gepflegt. Sie bietet alles, was das Abenteuer Lesotho ausmacht (der Strom wird um 22 Uhr abgestellt). Von hier aus lassen sich Pony-Ausritte zu den verschiedensten Zielen in den nahe gelegenen Bergen machen, z.B. zu den* **Riboneng-Fällen**, *man kann wandern oder sich einfach in den Garten setzen, entspannen und dabei über das* **Makhaleng-Tal** *auf die dahinter liegende Thaba-Putsua Range schauen (www.malealea.co.ls).*

Von **Semonkong** aus kann man ebenfalls Wanderungen und Ausritte unternehmen. In der Nähe befinden sich auch die gleichnamigen Wasserfälle, die mit 192 m die höchsten des südlichen Afrika sind. Die Gischt dieser Fälle gab ihnen und dem Ort den Namen („Platz des Rauches"). Das Gebiet liegt so abgelegen, dass Lasten und Gepäck nur mit Eseln von und nach Maseru gebracht werden konnten, bevor 1971 das erste Auto überhaupt hier ankam. Wenige Kilometer weiter liegt das **Basotho Pony Trekking Centre**, mehrtägige Ausritte mit Übernachtung in einfachen Hütten zu verschiedenen Zielen im Land werden angeboten. Sie sollten allerdings keine Höhenangst haben. Die Pfade sind teilweise sehr schmal und es geht direkt am Berghang steil aufwärts.

Diese Strecke von Maseru durch den Norden des Landes bis zum Grenzübergang beim Sani-Pass in den Drakensbergen (s. S. 46) wird als „The Roof of Africa-Road" bezeichnet. Sie weist alleine fünf Pässe über 3.000 m auf (davon vier auf Lesotho-Gebiet). Entlang der Strecke findet man Spuren aller Geschichtsepochen, z.B. eine Reihe von **Buschmannzeichnungen**, erste Missionsstationen (Leribe, Berea) oder schließlich moderne Landbewässerungsflächen bei Leribe (Hlotse).

Hinter Butha-Buthe steigt die Strecke bis zum Sani Top auf 2.300 m an. Da die Straße teilweise nicht asphaltiert und im Winter (wegen Schneefalls) und während der Regenzeit nur schwer zu befahren ist, ist ein Geländewagen essentiell. Wer es allerdings wagt, diesen Abschnitt zu befahren, wird bei gutem Wetter mit einer einmaligen Landschaft belohnt.

Wer in den Bergen um Butha-Buthe Rast einlegen möchte, ist im **Afri-Ski Resort** *gut aufgehoben, wo sogar schon die südafrikanischen Meisterschaften im Skifahren und Snowboarden ausgetragen wurden (www.afriski.net). Außerdem in der luxuriösen* **Maliba Mountain Lodge** *im Tsehlanyane National Park. Ein Platz zur Erholung und zum Genießen der traumhaften Kulisse, besonders beliebt bei Honeymoonern (www.maliba-lodge.com).*

INFO

Lesotho
Lage: Königreich im östlichen Teil der Republik Südafrika
Größe: 30.355 km²
Einwohnerzahl: 1,9 Mio.
Staatsform: Unabhängigkeit seit 1966 (ehemalige britische Kolonie), parlamentarische Monarchie seit 1993
Hauptstadt: Maseru
Klima: gemäßigt warm, aber starke Temperaturschwankungen in den Höhenlagen
Information: www.ltdc.org.ls, www.gov.ls

11 Kimberley – Big Hole und Mokala National Park

Kimberley liegt im semiariden bis ariden Hochland der Northern Cape Province und verdankt seine Entstehung einzig den Diamantenfunden, die hier gemacht wurden. Namen wie *Barnato*, *Rhodes* und *de Beers* prägten nicht nur die Geschichte dieser Stadt, sondern auch die des ganzen Landes. Mit Recht kann man wohl behaupten, dass hier der Grundstein für den südafrikanischen Wohlstand gelegt wurde. Diese Vergangenheit hat bleibende Spuren hinterlassen: Das **Big Hole**, das größte je von Menschenhand geschaffene Loch, legt Zeugnis vom Diamantenfieber der 80er-Jahre des 19. Jahrhunderts ab.

Im Jahre 1867 (in manchen Quellen wird 1866 genannt) wurde durch Zufall **der erste Diamant** in Südafrika gefunden: Der Burenjunge *Erasmus Stephanus Jacobs* las auf dem „Veld" einen besonders glitzernden Stein auf. Es war tatsächlich ein Diamant, dessen Gewicht ganze 21,75 Karat betrug. Wenig später wurden Diamanten auf der Farm Vooruitzicht gefunden, die den Brüdern *Diederick* und *Nicolaas Johannes de Beer* gehörte. Hier sammelte der Holländer *Corneilsa* eine Streichholzschachtel voller Diamanten. Am 18. Juli 1871 brachte der Namibier *Esau Damon* von einem nahe gelegenen Hügel sogar eine Handvoll Diamanten mit.

Den Hügel bezeichnete man als **Colesberg Koppie**, und diese Stelle wurde für viele Jahre das Zentrum des Diamantenrausches. Bald aber war der Hügel abgetragen, und wie die Ameisen gruben sich Tausende von Schürfern in die Tiefe. Bis zu 16.000 Claims waren zeitweise abgesteckt. Chaotische Verhältnisse bestimmten den Alltag, und bald entstand auf dem Gelände von Vooruitzicht eine Stadt mit dem Namen *New Rush*. Am Rande des sich allmählich vertiefenden „Big Hole" wurden Hütten, Häuser und Straßen erbaut – Grundstein für das spätere Kimberley, benannt nach dem britischen Kolonialminister *Earl of Kimberley*.

Bis zum 14. August 1914 wurden aus dem „Big Hole" Diamanten herausgeholt. Inzwischen war ein Loch mit einem Umfang von 1,6 km entstanden. Immer tiefer drang man auf der Suche nach Diamanten – und wurde fündig. Bis zur Tiefe von 400 m arbeiteten die Männer im Tagebau, danach legten sie Schächte an und gruben bis auf 1.100 m weiter. Über 28 Mio. Tonnen Abraum mussten bearbeitet werden, um an die Ausbeute von 14.504.566 Karat zu gelangen, was rund **3 Tonnen Diamanten** entspricht (Wert ungefähr 150 Mio. Euro). Das „Big Hole" lief voll Wasser, dessen Oberfläche heute ca. 135 m

Beeindruckend: das Big Hole

unterhalb des Randes liegt; dieser See ist an die 240 m tief.

Landschaft im Mokala National Park

Kimberley hat heute etwa 185.000 Einwohner. Bis auf wenige Hochhäuser hat die Stadt ihren kleinstädtischen Charakter nie ganz abstreifen können. Einige alte Gebäude und Pubs zeugen noch heute von der aufregenden Zeit. Der Innenstadtbereich ist großenteils modern und langweilig gestaltet. Sehenswert ist das **The Big Hole Museum**. Es liegt direkt am Big Hole, und von einem Aussichtspunkt erhält man einen guten Überblick über das Gelände. Das Minenmuseum lässt die Geschichte des Diamantenrausches wieder lebendig werden und zeigt u.a. den zehntgrößten je gefundene Diamanten (616 Karat), der 1974 in der Dutoitspan Mine entdeckt wurde.

Für einen Tagesausflug von Kimberley bietet sich der mit rund 200 km² kleine, erst 2007 eingeweihte **Mokala National Park** an. Er ersetzt den alten Vaalbos National Park, der im Zuge der Landrückgabe an die Bevölkerung aufgelöst wurde. Folgende Tierarten können beobachtet werden: Spitz- und Breitmaulnashorn, Wasserbüffel, diverse Antilopenarten wie Eland, Pferdeantilope und Weißschwanzgnu. Der größte Teil der Vegetation besteht aus Kalahari-Dornsavanne.

Im Nationalpark stehen Campingplätze und die gehobene Mosu Lodge zur Verfügung (buchbar über SANParks).
In Kimberley selbst nächtigt man angenehm im wohlsituierten Viertel **Belgravia** *südöstlich des Zentrums, z.B. im* **Edgerton House** *(www.edgertonhouse.co.za) oder im* **Milnor House** *(www.milnerhouse.co.za). Sehenswert sind auch viele der alten, gut restaurierten Häuser in der Nachbarschaft, die ab 1873 gebaut wurden.*

INFO

Kimberley und Umgebung
Lage: Kimberley ist die Hauptstadt der Provinz Northern Cape, sie liegt ca. 500 km vom Großraum Tshwane (Pretoria)/Johannesberg entfernt. Auf dem Weg nach Kapstadt hält hier der Rovos Rail (s. S. 20). Das **Big Hole** liegt mitten in Kimberley, der **Mokala National Park** rund 75 km südwestlich des Stadtzentrums.
Information: www.kimberley.co.za (Stadt), http://thebighole.co.za (Big Hole und Museum), www.sanparks.org/parks/mokala (Mokala National Park)

12 Augrabies Falls National Park – Wasserfälle und Sukkulenten

Für die San und Khoikhoi war der Oranje „die Mutter aller Flüsse". Sie nannten ihn *Igarib*, „den großen Fluss". Allein der Oranje ermöglicht Leben in diesen extrem trockenen Halbwüstenlandschaften im Norden Südafrikas. Die Quelle des Oranje, der einen Gesamtlauf von 1.860 km aufweist, liegt auf 3.160 m Höhe in den Drakensbergen, wo hohe Niederschläge für eine ganzjährige Wasserführung sorgen. Er hat einen unruhigen Lauf, viele Katarakte und Sandinseln, so dass er nicht schiffbar ist. Doch bei der Bewässerung sowie bei der Wasserversorgung spielt er als größter Fluss Südafrikas eine herausragende Rolle.

Naturspektakel: die Augrabies-Wasserfälle

Kurz vor der Grenze zu Namibia sorgt der Oranje für ein besonderes Naturschauspiel: Er stürzt hier in eine tiefe Schlucht, die er vor ca. zwei Mio. Jahren in den rötlichen Granit gegraben hat. Die Augrabies-Fälle, seit 1967 zum **Augrabies Falls National Park** erklärt, gehören zu den sechs **größten Wasserfällen der Welt**. Insgesamt 146 m tief stürzen die braunen Fluten beim Hauptfall in die rote Granitschlucht, während der spätsommerlichen Hochwasserzeit ergänzen weitere 19 Fälle das Naturspektakel. Die gesamte Schlucht ist 9 km lang und bis zu 260 m tief.

Im Zuge einer Anhebung der Landmassen vor 70 Mio. Jahren begann der Oranje, sich in den Untergrund einzugraben. Man vermutet, dass der Fluss im Laufe der Zeit eine große Menge von Diamanten transportiert haben dürfte, um sie später vor allem in seinem Mündungsbereich abzulagern. Dort liegt heute **Oranjemund**, das Zentrum des namibischen Diamantenabbaus.

Die **Pflanzen- und Tierwelt** ist vielfältig: Es wachsen wilde Olivenbäume, Köcherbäume und Kapweiden. Turmschwalben, Bachstelzen, Finken, Regenpfeifer, Trappgänse und Fischadler können beobachtet werden. Ebenso beanspruchen Paviane, Steinböcke, Springböcke und Klippspringer diese Gegend als Lebensraum.

Der erste Weiße, der an die Augrabies-Fälle kam, war der schwedische Söldner *Hendrik Wikar*, der aus seiner Garnison am Kap flüchtete und sich auf eine dreijährige Wanderschaft durch die Wildnis des Nordens begab. Am 6. Oktober 1778 gelangte er an die Fälle, die die Bewohner *Ankoerebis* oder *Loukurubes* nannten, was „Ort des Kraches" bedeutet.

Der Augrabies Falls National Park bietet **vielseitige Möglichkeiten zum Camping**, *hat einen schön gelegenen Caravan-Platz und bietet außerdem noch Übernachtungen in Chalets und Familiencottages an (buchbar über SANParks).*

Unmittelbar vom Camp führt ein kurzer Weg zur Schlucht des Oranje sowie zu den Wasserfällen. Der Weg geht über Felsen und ist zur Schluchtseite hin durch Gitter gesichert. Doch Vorsicht: Etwa am Ende des offiziellen Weges gibt es große **Potholes** (herausgewaschene, ausgeschmirgelte runde Löcher, bis zu 2 m tief), in die man hineinfallen kann. Empfehlenswert ist eine Fahrt mit dem Wagen auf der Parkstraße Richtung Westen. Man gelangt hier in wenigen Minuten zu verschiedenen spektakulären Aussichtspunkten wie **Ararat** (unvergesslicher Blick in die Schlucht des mäandrierenden Oranje), **Oranjekom** (spektakuläre Landschaftsszenerie) und **Echo Corner** (eindrucksvolle Schlucht des Oranje mit sehr schönem Blick zu beiden Seiten, wo man das Echo testen sollte).

Sukkulenten haben sich perfekt an die trockene Umgebung angepasst

Im Nationalpark kann man Bekanntschaft machen mit den für Südafrika (und für Namibia) so typischen **Sukkulenten** (= wasserspeichernden Pflanzen) wie den Lithops, die in erstaunlicher Weise an das trockene Klima angepasst sind. Diese Trockenheitskünstler haben verschiedene Strategien, um mit dem ariden Lebensraum zu Recht zu kommen: Sie speichern Wasser im Stamm, in Wurzeln oder Blättern, vor Verdunstung schützen sie sich durch Wachsüberzüge (z.B. *Aloen* und *Welwitschia*), Behaarung oder dichte Bestachelung (z.B. *Euphorbia*). Manche Sukkulenten haben ihren Stamm sogar in die Erde verlegt (z.B. *Welwitschia*). Die Wasseraufnahme geschieht durch Blätter oder Pfahlwurzeln.

INFO

Augrabies Falls National Park
Lage: in der Northern Cape Province, 120 km westlich von Upington
Größe: 820 km²
Besonderheit: Die Augrabies-Fälle gehören zu den sechs größten Wasserfällen der Welt
Pflanzen: Sukkulenten (z. B. Köcherbäume)
Information: www.sanparks.org/parks/augrabies

13 |Ai-|Ais/Richtersveld Transfrontier Park – Kanusafari auf dem Oranje

2003 gegründet, besteht der |Ai-|Ais/Richtersveld Transfrontier Park als **länderübergreifender Nationalpark** aus dem Gebiet des südafrikanischen Richtersveld National Park und dem des namibischen Ai-Ais Hot Springs Game Park. Im äußersten Nordwesten der Northern Cape Province von Südafrika gelegen, ist der Richtersveld National Park eine der letzten Wildnisse des südlichen Afrika. 2007 wurde die Region aufgrund ihrer biologischen Vielfalt zum Weltnaturerbe der UNESCO erklärt. Das Gebiet ist eine *mountain desert*, eine Gebirgswüste mit weniger als 50 mm Jahresniederschlag. Oft bringen Morgennebel die erforderliche Feuchtigkeit vom Meer (Ursache: der kalte Benguelastrom).

Durch die Begründung des Nationalparks sollten zum einen die umliegenden Gemeinden der Städte Kuboes, Sanddrift, Lekkersing und Eksteenfontein vom Tourismus profitieren, zum anderen sollte die einzigartige Biodiversität des Parks geschützt werden. Außerdem wollte man mit der Öffnung der Grenze helfen, das kulturelle Erbe und den **Lebensraum der Nama** zu erhalten. Der Park ist eine der letzten Regionen, in denen die Nama ihren traditionellen Lebensstil, die mobile Viehhaltung, aufrecht erhalten können. Es finden sich zudem einige archäologische Stätten: Die ältesten Relikte menschlichen Lebens wurden in einer Höhle bei Die Toon gefunden und stammen schätzungsweise aus dem Jahre 2.200 v. Chr.

Der Park ist bekannt für die wasserspeichernden **Sukkulenten**, die sich den klimatischen Bedingungen angepasst haben. Dazu gehören die Köcherbäume, artverwandte Stammsukkulenten, wie die *Aloe Pillansii* sowie die nur hier vorkommenden *halfmen*

Einsame, grenzübergreifende Weite

(*Pachypodium namaquanum*). Der Name geht auf die ungewöhnliche Form des Baums zurück, der oben auf seinem Stamm nur eine kleine runde Krone hat, die an einen Kopf erinnert. Insgesamt soll es im Park über 2.700 Pflanzenarten geben, darunter über 500 endemische Arten.

Die hier lebenden **Tiere** haben sich ebenfalls an das harsche, aride Klima angepasst. In den etwas grüneren Gebieten am Oranje leben ca. 200 Vogelarten und einige Säugetiere. Perfekt an die Lebensbedingungen angepasst haben sich außerdem 36 Eidechsenarten und über 15 Schlangenarten, die den Park bevölkern.

Der Park ist durch ein **Wegesystem** gut erschlossen, wobei es in einigen Flusstälern sehr sandig werden kann. Ebenso sind die Abstiege von der Hochfläche zum Oranje, z.B. zum Camp De Hoop, selbst für geübte Offroad-Fahrer eine Herausforderung. Im südlichen Teil sind die Wege in ausgezeichnetem Zustand.

Ein Erlebnis: Kanusafari auf dem Oranje

Ein besonderes Abenteuer und weit mehr als eine Kanufahrt ist eine **Safari auf dem Oranje**: Der Fluss entspringt in den Drakensbergen und sein kurviger Verlauf führt durch ganz Südafrika, bis er in Oranjemund in den Atlantik mündet. Flusstouren am Rande des Parks versprechen faszinierende Landschaftserlebnisse, Entspannung, unglaubliche Sonnenuntergänge, Abendessen am Lagerfeuer und sternenklare Nächte am Flussufer. In 4–6 Tagen kann man Ruhe und Abenteuer genießen und dabei einige der versteckten Schätze und Wege dieser einsamen Gegend entdecken, übernachtet wird in Zelten. Nebenbei erschließt sich das Ökosystem der Wüste. Hier leben z.B. der Fischadler, der Goliath Heron und der grüne Malachite Kingfisher, der auf der Suche nach Nahrung in den Fluss taucht.

Direkt am westlichen Eingang Nationalparks bietet das **Sendelingsdrift Rest Camp** *zehn ansprechende, aber einfache Chalets für Selbstversorger mit einem herrlichen Blick auf den Oranje an. Dieses und die weiteren Rest Camps buchbar über SANParks.*

INFO

|Ai-|Ais/Richtersveld Transfrontier Park
Lage: südlich des Oranjeflusses, an der Grenze zu Namibia
Größe: 1.625 km²
Besonderheiten: Gebirgige, bizarre Landschaft, herrlich am Oranje-Ufer gelegen, wasserspeichernde Sukkulenten (z.B. Köcherbäume)

Kanusafari auf dem Oranje: u.a. Felix Unite River Adventures (www.felixunite.com) und The River Rafters (www.riverrafters.co.za) bieten Kanu- und Schlauchboottouren auf dem Oranje und anderen Flüssen im südlichen Afrika an
Information: www.sanparks.org/parks/richtersveld

14 iSimangaliso Wetland Park und Riesenschildkröten an der Rocktail Bay

Der iSimangaliso Wetland Park (bis 2007 St. Lucia Wetland Park) wurde 1999 aufgrund seiner außergewöhnlichen Vielfalt in Flora und Fauna zum ersten **UNESCO-Weltnaturerbe** in Südafrika erklärt und bildet einen Makrokosmos aus Kultur, Tier- und Pflanzenleben, Mineralien und vielfältigen Landschaften. Der Park umfasst dabei Meeressysteme wie Korallenriffe, Strände und Küstenbewaldung, Salz- und Frischwassermarschland, offene Flussmündungen, üppige Küstenstreifen mit Mangroven, Schilf, Buschland und trockene Waldgebiete. *iSimangaliso* bedeutet in Zulu „Wunder" und geht auf den Beamten *Ujeque* des legendären Zulu-Königs *Shaka* zurück, der nach einem Besuch der Gegend von den gesehenen Wundern erzählte. Daraus entstand das Zulu-Sprichwort *„Ubone isimanga esabonwa uJeqe kwelama Thonga"* (*„Wenn du Wunder gesehen hast, hast du das gesehen, was Ujeque in Thonga gesehen hat"*).

Über 400 Hippos leben im Wetland Park

Der **Lake St. Lucia** mitten im Naturschutzgebiet war ursprünglich kein See, sondern Küstengebiet. Bewaldete Sanddünen trennen heute das See-System vom Indischen Ozean. Vor über 60 Mio. Jahren wich an der Stelle des heutigen Naturschutzgebietes das Meer allmählich zurück, als sich das Land hob. Zurück blieben seichte Vertiefungen, die heute von Lagunen, Seen und Meeresbuchten ausgefüllt werden. Hier gibt es ideale Lebensbedingungen vor allem für die Vogelwelt. Über 520 Arten sind hier vertreten, u.a. Pelikane, kaspische Seeschwalben, Ibisse, Störche und Flamingos. An den Flussmündungen leben Krokodile, die zu manchen Jahreszeiten auch den See bevölkern. Weit mehr als 400 Flusspferde sind hier beheimatet, Riedböcke, Buschböcke sowie das Nyala, eine Antilopenart, sind ebenfalls anzutreffen.

Auch in diesem Reservat gibt es die Möglichkeit zur Teilnahme an organisierten Wildniswanderungen. So beginnen beispielsweise **dreitägige Touren** in Charters Creek. Ein erfahrener Wildhüter ist mit dabei. Mit Booten gelangt man in die Wildnis, in der man zweimal übernachtet und täglich etwa 16 km wandert.

Nördlich des Lake St. Lucia, innerhalb des iSimangaliso-Parks, liegt der **Sodwana Bay National Park**. Die unglaubliche Fischvielfalt und die südlichsten Korallenriffe Afrikas machen das Gebiet zu einem Topspot für Angler und Taucher. In der Nebensaison ist der ruhigere Strand ein Traum, das Meer mit 21–27 °C wohl temperiert und es bieten sich einsame Tauch- und Schnorchelmöglichkeiten.

Von Ende Oktober bis Januar sorgen die weiblichen Loggerhead- und Leatherback-Schildkröten nachts für ein atemberaubendes Naturschauspiel, wenn sie aus dem Wasser an den Strand gekrochen kommen, um ihre Eier im warmen Sand abzulegen. Es sind zwei der insgesamt fünf Arten, die in Afrika leben. Seit 100 Mio. Jahren schwimmen sie z. T. bis zu 3.500 km von Kenia und gut 2.000 km vom Kap Agulhas (s. S. 22) aus dem Süden Südafrikas hierher an die Küste von **Maputaland**. Als bester Platz zum Beobachten dieses Schauspiels gilt **Rocktail Bay**. An den meisten Strandabschnitten sind die tiefen Spuren der bis zu 900 kg schweren Leatherback-Schildkröten (die größere der beiden Arten) zu sehen. Jedes Weibchen kommt bis zu zehnmal während einer Saison an den Strand. Meeresschildkröten gehören trotz wachsenden Schutzes zu den äußerst gefährdeten Tierarten.

Geschützt: die Brutstätten der Schildkröten

Die Küste der Sodwana Bay umfasst einen Streifen von dichten und dschungelartig bewachsenen Sanddünen. Hier finden sich der wild wachsende Bananenbaum, der Mildwood-Baum sowie Zikaden. Weitere Höhepunkte liegen unter Wasser: Mehrere Riffe bieten eine faszinierende Unterwasserwelt. Das **7 Mile Reef**, das im Durchschnitt in 18 m Tiefe liegt, zählt mit der 3–4 m hohen Unterwasserdüne am Ende des Riffs zu den schönsten Riffen der Welt.

Der etwa 10 km nördlich von Sodwana liegende Lake Sibaya/Mabibi ist mit 77 km² der größte natürliche Süßwassersee Südafrikas. Die Gegend ist sehr ruhig und beschaulich und eignet sich zum Beobachten der Vogelwelt und der im See lebenden Flusspferde und Krokodile.

Sowohl im iSimangaliso- als auch im Sodwana Bay-Park sind Camper willkommen, ebenso werden Chalets angeboten (buchbar über KZN Wildlife).
20 Minuten Fußweg von der Rocktail Bay entfernt lockt das **Rocktail Bay Beach Camp** *mit 17 geräumigen, zeltartigen Unterkünften in Strandnähe und einem großen Angebot an Aktivitäten (buchbar über www.wilderness-safaris.com).*

INFO

iSimangaliso Wetland Park
Lage: ca. 200 km nördlich von Durban
Größe: 3.320 km²
Tiere: über 520 Vogelarten, außerdem über 400 Flusspferde, Krokodile und Schildkröten
Besonderheiten: UNESCO-Weltnaturerbe seit 1999; von Oktober bis Januar Eiablage der Riesenschildkröten am Strand der nahen Rocktail Bay
Information: www.kznwildlife.com, www.isimangaliso.com

15 Königreich Swasiland – durch die Rolling Hills

Swasiland ist mit 17.364 km² kaum größer als das deutsche Bundesland Schleswig-Holstein und doch bietet es dem Reisenden ein vielseitiges Landschaftsbild. Hohe Berge (bis 1.800 m), weite Ebenen und traumhaft gelegene Dörfer gilt es zu entdecken. Besonders reizvoll sind das **Bergland im Westen**, das von vielen tiefen Flusstälern durchschnitten ist, und die **Wildparks**, die abseits der Hauptreiserouten einen geruhsamen Aufenthalt versprechen.

Das Leben der Swasi ist noch sehr mit den alten Traditionen verbunden. Zu den meisten feierlichen Anlässen wird **traditionelle Kleidung** angelegt und nach alten Sitten und Gebräuchen gefeiert und getanzt. Doch selbst im alltäglichen Leben sieht man noch viele Menschen in Trachten herumlaufen. Besonders die Chiefs halten an dieser Tradition fest und es ist nichts Ungewöhnliches, wenn man in Stoff gewickelte Männer (diese Tracht nennt man „Emahiya") mit modernen Aktenkoffern durch die Straßen von Mbabane laufen sieht. Die Hauptstadt ist nach Chief *Mbabane* benannt, der einst verantwortlich für die königlichen Viehbestände war. Da Chief *Mbabane* ein sehr strenger Mann war, wird seither das Wort „Mbabane" von den Swasi für „bitter" und „scharf" gebraucht. Mbabane bietet sich an für Ausflüge entlang der Tea Road, dem Pine Valley, nach Pigg's Peak oder in das Grand Valley mit seinen faszinierenden Ausblicken.

Südöstlich der Hauptstadt liegt das **Ezulwini Valley**. Ezulwini bedeutet „Platz des Himmels". Benannt wurde das Tal nach dem früheren königlichen Kral. Hier liegen die meisten Hotels des Landes und die meisten Sehenswürdigkeiten sind nicht weit. Im Ezulwini Valley findet man auch zahlreiche Craft Shops. Sie reihen sich wie eine Perlen-

Die traumhafte Bergwelt Swasilands

kette an der Hauptstraße auf. Im Herzen des Ezulwini Valley gelegen ist das **Lobamba Royal Village**. Hier befinden sich Königskral, Parlamentsgebäude, Nationalmuseum und weitere Staatsgebäude wie der Embo State Palace, wo der König seine Untertanen empfängt und Audienzen abhält.

Von Mbabane Richtung Norden geht es auf dem gut ausgebauten Highway über Höhen und durch Täler, wobei man einen guten Eindruck von der **Bergwelt der Rolling Hills** Swasilands bekommt und viele schöne Ausblicke hat. Schließlich gelangt man nach Pigg´s Peak. Der nur aus einer Straße bestehende, dafür aber mit einem Casino ausgestattete Ort entstand – wie sollte es in dieser Gegend anders sein – durch einen Goldfund. 1885 entdeckte der Franzose *William Pigg* eine so reiche Ader, dass hier für die nächsten 80 Jahre die größte Goldmine des Landes operieren konnte.

Etwa 10 km nördlich von Pigg's Peak liegt die **Phophonyane Falls Ecolodge**. *Die ehemalige kleine Farm liegt in der Nähe von Wasserfällen, und ein Teil der Unterkünfte (Cottages, eingerichtete Zelte) befindet sich direkt am Fluss. Die elf Einheiten versprechen einen angenehmen und ruhigen Aufenthalt, wenn auch keinen großen Komfort. Besonders beeindruckend sind die Vegetation und die artenreiche Vogelwelt, die man auf Wanderwegen im angeschlossenen Nature Reserve erkunden kann (www.phophonyane.co.sz).*

Südwestlich von Pigg's Peak liegt das **Malolotja Nature Reserve**, Swasilands schönster Park. Auf 180 km² bietet sich für Naturliebhaber eine Fülle von Attraktionen, wie z.B. der Ngwenya Mountain (1.829 m). Neben bekannten Savannentieren wie Zebra, Gnu und Kuhantilope kommen viele Reptilien vor. Besonders interessant ist die Geologie. Es gibt hier die **ältesten Sedimentgesteine der Erde** und fossile Algen datieren 3,5 Mrd. Jahre zurück. Im Süden des Parks kann man, nach vorheriger Anmeldung im Parkbüro, die wohl älteste Mine der Welt besichtigen, die Ngwenya Mine. Hier haben Menschen bereits vor 45.000 Jahren Hämatite und Smectite abgebaut, welche sie zum Färben und als Kosmetik benutzten.

Im Osten des Landes, schon fast an der Grenze zu Mosambik, liegt der **Hlane Royal National Park**, das wohl bekannteste und mit 300 km² größte Wildschutzgebiet des Landes. Der Name *Hlane* bedeutet in Swasi „Wildnis". Er wurde 1967 von König *Sobhuza II.* offiziell zum Schutzgebiet erklärt. Im Laufe der Jahre versuchte man, den Wildbestand aufzustocken. Es gibt mittlerweile Elefanten, Nashörner, Giraffen, Wasserbüffel, Strauße, Zebras, Krokodile und viele andere Savannentiere. In letzter Zeit nistet hier sogar jedes Jahr ein Storchenpaar, das wohl südlichste in ganz Afrika. Einmal im Jahr findet die *Butimba*, die vom König eröffnete Jagd, statt. Daran dürfen nur erfahrene, geladene Jäger teilnehmen.

INFO

Swasiland
Lage: Königreich im äußersten Osten Südafrikas, an der Grenze zu Mosambik
Größe: 17.364 km²
Einwohnerzahl: 1,37 Mio.
Staatsform: absolutistische Monarchie
Hauptstadt: Mbabane
Klima: ganzjährig erträgliche Durchschnittstemperaturen, die mit zunehmender Höhe fallen; Regenzeit Oktober bis März
Information: www.thekingdomofswaziland.com, www.biggameparks.org

16 North West Province – Pilanesberg und Madikwe Game Reserve

Die North West Province ist das ehemalige Homeland **Bophuthatswana**. Dies war ein nahezu klassisches Relikt der Apartheid mit sieben voneinander isolierten Teilen und sicherlich auch heute noch nicht *das* Reisegebiet Südafrikas, aber es gibt doch Einiges zu sehen. Neben dem Vergnügungskomplex **Sun City** (www.sun-city-south-africa.com), der ca. 170 km von Johannesburg entfernt liegt und sowohl nationale wie auch internationale Gäste anzieht, bieten der Pilanesberg National Park und das Madikwe Game Reserve ruhige Alternativen mit Safari-Feeling.

Auf Pirschfahrt im Pilanesberg Park

Direkt nördlich an Sun City anschließend liegt der **Pilanesberg National Park** in einem erloschenen alkalischen Vulkankrater – davon gibt es nur drei auf der ganzen Welt. Das Zentrum dieses Kraters ist von drei konzentrischen Hügelketten umgeben. Der Pilanesberg ist mit 1.687 m die höchste Erhebung der North West Province.

Bis in die Mitte der 1970er-Jahre war diese Region Farmland. Als die Regierung beschloss, hier einen Nationalpark zu errichten, mussten die Farmer auf neue Siedlungsgebiete ausweichen. Danach wurde ein hoher Wildschutz-Zaun errichtet, und in der sogenannten **Operation Genesis** siedelte die Southern African Nature Foundation hier Tiere an: Aus Namibia stammen die Elenantilopen, aus dem ehemaligen Transvaal die Zebras und Wasserböcke, aus KwaZulu-Natal Breit- und Spitzmaulnashörner und vom Addo Elephant Park (s. S. 30) Elefanten und Büffel. Mittlerweile gibt es auch Geparde, Leoparden, Zebras, Löwen, Kudus und Hyänen zu sehen. Über **8.000 Großtiere** sind heute hier beheimatet, dazu über 300 Vogelarten. 150 km gut ausgebaute Sandpisten erschließen das Gebiet.

Der etwa 580 km² große Park musste erst der einheimischen Bevölkerung „schmackhaft" gemacht werden. Es war klar, dass sie von einem Wildschutzpark nicht begeistert sein würde, schließlich stellt das Wild traditionell eine wichtige Nahrungsquelle dar, die nun verloren war. Die **Bedeutung der Wildtiere** für die hier ansässigen Batswana lässt sich ermessen, wenn man weiß, dass ihr Wort für „Antilope" gleichzeitig die allgemeine Bezeichnung für „Fleisch" ist.

Die exklusive **Ivory Tree Game Lodge** *liegt im Norden des Pilanesberg-Parks beim Bakgatla Gate. Die 63 großzügigen Suiten mit Bad (edle Außendusche mit Blick in den Himmel!) bieten alle Annehmlichkeiten, dazu eine atemberaubende Umgebung mit besten Safari-Möglichkeiten. Dazu kann man sich im angeschlossenen Spa verwöhnen lassen (über www.anthology.co.za).*

Sonnenaufgang im Madikwe Game Reseve

Von Sun City bzw. dem Pilanesberg National Park geht es über Nebenstraßen und Schotterpisten nach Nordwesten bis zum Grenzübergang Derdepoort Gate (ca. 120 km). Hier, an der Grenze zu Botswana (ca. 20 km bis zur Hauptstadt Gaborone), liegt das **Madikwe Game Reserve**. Die Grenzen des ca. 75 km² großen Gebietes, das aus Gras- und Buschebenen und einzelnen Inselbergen besteht, bilden im Osten der Marico River und im Süden die Dwarsberg Mountains.

Hier leben in reicher Vegetation Elefanten, Breitmaul- und Spitzmaulnashörner, Büffel, Giraffen, Zebras, Geparden und Antilopen – insgesamt etwa **12.000 Tiere** (66 Säugetierarten, zusätzlich etwa 300 Vogelarten). Damit ist Madikwe das viertgrößte Wildreservat in Südafrika und besitzt die zweitgrößte Population an Elefanten.

Im Madikwe Game Reserve ist **kein Tagesbesuch möglich**. *Man muss eine Reservierung für eine der Lodges vorweisen können, z.B. für die* **Impodimo Game Lodge** *mit 10 luxuriösen Suiten. Die freistehenden Hütten liegen direkt an einem Hügel – mit herrlichem Blick auf die Landschaft. Die Lodge hat keine Umzäunung, so sind beeindruckende Tierbeobachtungen möglich. Mit den Rangern kann man auf Fuß-Safari gehen (www.impodimo.com).*

INFO

Pilanesberg National Park / Madikwe Game Reserve

Lage: ca. 170 km / 290 km nordwestlich von Johannesburg
Größe: 580 km² / 75 km²
Besonderheiten: beide Parks sind sehr tierreich und bieten beste Voraussetzungen für Safaris
Information: www.pilanesberg-game-reserve.co.za, www.pilanesbergnationalpark.org / www.madikwe-game-reserve.co.za

17 Drakensberge – Tour über den Sani-Pass

Der 2.428 km² große **Ukhahlamba Drakensberg Park** umfasst die höchsten und spektakulärsten Berge Südafrikas. Bei einer Tour durch den Norden des Landes gehört ein Abstecher zu dieser seit dem Jahr 2000 zum UNESCO-Weltnaturerbe ernannten „Barriere aus Speeren", wie das Gebirge in der Zulu-Sprache heißt, zu einem der Höhepunkte.

Uralte Felsmalereien (Battle Cave)

Vor etwa 25 Mio. Jahren drangen durch Risse im Gesteinsgefüge Lavamassen nach oben. Die durch Vulkane eruptierten Basalte bilden heute das Dach Südafrikas, auf dem hervorragende Bedingungen zum Wandern, Reiten, Klettern, Mountainbiken und Angeln bestehen. Die weltweit größte Anhäufung von Buschmann-Zeichnungen (*San Rock Art*) ist dabei ein kulturelles Highlight. Die San haben bis vor 100 Jahren hier gelebt. Besonders beeindruckend sind die Malereien in den Höhlen von Giant's Castle, Injisuthi und Kamberg. Wegen der atemberaubenden Landschaft sollte man mindestens eine Übernachtung in einem der Naturparks **Garden's Castle**, **Giant's Castle** oder **Cathedral Peak** einplanen. Dort kann man z.B. auf einer Tageswanderung die artenreiche Fauna und Flora vor großartiger Kulisse genießen.

Zu den spektakulärsten Erlebnissen gehört eine Fahrt über den steilsten Pass Südafrikas, den **Sani-Pass** in den südlichen Drakensbergen. Er folgt dem Lauf des Umkomanazana River nach Lesotho. Mulis und Packesel sind hier beliebte Transportmittel. Die Bezeichnung des Passes geht auf einen Basotho-Chief zurück und nicht, wie der Name vermuten lässt, auf die San, die die Berghöhlen dieser Region lange Zeit bewohnten.

Innerhalb einer Stunde gelangt man von den grünen Bergausläufern zu Beginn des Anstiegs (1.400 Meter Höhe) über den steilen Sani-Pass hinauf auf den **Sani Top** in 2.874 m Höhe mit der **Sani Mountain Lodge** in rauer alpiner Landschaft, die auch „Tibet of Africa" oder „The Roof of Africa" genannt wird. Früher gelangte man nur mit Basotho-Ponys über den damaligen Versorgungsweg und den neben dem am Bushman's Nek noch einzigen Zugang von KwaZulu-Natal nach Lesotho.

Heute ist der Sani Top der höchste Punkt im südlichen Afrika, den man mit dem Auto erreichen kann. In zum Teil abenteuerlicher Geschwindigkeit rauschen große Lkw die äußerst steile und mit dicken Steinen versehene Piste des **Sani-Passes** rauf und runter. Für normale Pkw ist die Piste ab dem südafrikanischen Grenzposten gesperrt und es geht nur noch mit einem Geländewagen weiter. Grobe Steine, die schmale Piste und der steile Abgrund sorgen für manchen Nervenkitzel. Besonders schwierig zu fahren sind die letzten 14 Serpentinen, die sich haarnadelförmig den extrem steilen Hang hinaufwinden.

Landschaft in den Drakensbergen (Cathedral Peak)

Unterhalb des südafrikanischen Grenzpostens gibt es eine Aussichtsplattform, von der aus man einen Großteil des Passes sehen kann. Wegen schneller Wetterumschwünge kann es je nach Jahreszeit auch schon mal schneien. Der kleine Grenzposten von Lesotho liegt 16 km hinter dem SA Police Post oben auf dem Hochplateau und ist zusammen mit den Rundhütten der örtlichen Bewohner als „the loneliest settlement in Africa" bekannt.

Bei der Frage, wo nun wirklich der höchste Pub Afrikas liegt, scheiden sich die Geister. Für die Südafrikaner jedenfalls ist der Pub auf dem Sani-Pass mit Blick auf die atemberaubend steile Piste der einzig echte Pub in Afrika in dieser Höhenlage. Geografisch gehört zwar die auf 3.555 m Höhe liegende Seilbahnstation des Pico de Teide (3.717 m) auf Teneriffa zu Afrika. Doch als Pub geht die öffentliche Alkoholschänke natürlich nicht durch… Die **Sani Mountain Lodge** liegt 2.874 m hoch und verfügt – überzeugen Sie sich selbst – natürlich über einen richtigen Pub!

Die direkt neben dem Posten liegende **Sani Mountain Lodge** *bietet neben dem Pub auch kleine Mahlzeiten und Unterkunft. Wenn dunkle Regenwolken aufziehen, sollte man hier oben übernachten. Dann können Sie am nächsten Tag die Tageswanderung (30 km vom Sani Top) zum Thabana Ntlenyana (3.482 m), dem höchsten Berg südlich des Kilimanjaro, unternehmen. Man kann sich auch auf dem Pferd zum Gipfel begeben (www.sani mountain.co.za).*

INFO

Drakensberge
Lage: Provinz KwaZulu-Natal, an der Ostgrenze des südafrikanischen Binnenhochlandes
Höhe: bis zu 3.482 m
Tiere: Antilopen, Zebras, Nashörner, Elefanten und Büffel
Besonderheit: 25 Mio. Jahre altes Lavagestein, UNESCO-Weltnaturerbe seit 2000

18 Kruger National Park – der Safari-Klassiker

Das riesige Gebiet von ca. 20.000 km² – immerhin 1,7 % der Gesamtfläche Südafrikas – lockt jährlich bis zu 1,5 Mio. Besucher an und ist sicherlich der **Höhepunkt** einer jeden Südafrika-Reise. Der Nationalpark grenzt im Osten an Mosambik und im Norden an Simbabwe. Es ist leicht, hier auf die Pirsch zu gehen: Das gesamte Parkgebiet ist von einem Straßennetz (1.863 Straßenkilometer, z.T. asphaltiert) durchzogen. Man darf auf keinen Fall von den vorgeschriebenen Wegen abweichen. Während der Hochsaison kommt es daher öfter zu Fahrzeugstaus, wenn jemand Tiere in der Nähe der Straße entdeckt... Doch Afrika-Neulinge, aber auch viele Wiederholungsreisende, sehen darin keinen Nachteil.

Der Kruger Park ist ein staatlich verwaltetes Naturschutzgebiet, ebenso sind die Camps staatlich organisiert. Das Parkgebiet ist ganzjährig geöffnet. Die beste Zeit, um **Tiere zu beobachten**, sind die Trockenmonate Juni bis September: In dieser Zeit ist die Savanne trocken und die Tiere ziehen an die verbliebenen Wasserstellen, so dass man die Chance hat, sie aus unmittelbarer Nähe beobachten zu können. Da auch die Vegetation um diese Zeit wesentlich lichter ist, kann man die Tiere eher entdecken.

Im Kruger National Park werden faszinierende, **mehrtägige Wildniswanderungen** auf sieben verschiedenen Pfaden angeboten. Erfahrene und bewaffnete Trail Ranger begleiten die Besucher und erklären alles Wissenswerte über die Fauna und Flora des Parks. Die Lage der Trail Camps wird je nach Landschaftsform ausgesucht. Die Unterkunft besteht aus rustikalen 2-Bett-Hütten. Eine dieser Wanderungen ist der **Wolhuter Trail**. Er erstreckt sich vom Berg-en-Dal-Camp über Ship Mountain und den Afsaal-Picknickplatz durch eine landschaftlich wunderschöne Wildnis. Historische Attrak-

Savannenlandschaft im Kruger Park

tionen von unschätzbarem archäologischen Wert, wie Buschmannzeichnungen und Funde der Stein- und Eisenzeit, werden besucht. Der Trail wurde nach dem Ranger *Harry Wolhuter* benannt, einem der ersten Ranger im damaligen „Sabie Game Reserve".

Selten zu sehen: Hyänenwelpe

Schon 1898 wurde das Gebiet zwischen dem Sabie- und dem Crocodile-Fluss vom Volksrat der Südafrikanischen Republik unter **Präsident Paul Kruger** als „Sabie Game Reserve" unter Schutz gestellt. Wobei es damals nicht in erster Linie um den Schutz der Wildnis ging, sondern darum, immer noch genug Jagdwild vorzufinden. 1926 erhielt der Park seinen heutigen Namen im Gedenken an den Präsidenten.

Für tierverwöhnte Reisende ist der Aufenthalt in einem der **privaten Wildschutzgebiete am Westrand** des Parks zu empfehlen: Hier dürfen die Wildhüter kreuz und quer durch den Busch fahren, hervorragende Tiererlebnisse sind quasi garantiert. Allerdings kostet der Aufenthalt in solchen privaten Camps ein Mehrfaches des Aufenthalts im staatlich kontrollierten Kruger National Park.

Die schönsten staatlichen Camps *sind Shingwedzi (nördlicher Teil, inmitten von Mopane-Bäumen und Mlala-Palmen, oft Elefanten, Nyalas und Elenantilopen), Letaba (nördlicher Teil, am Südufer des Great Letaba River inmitten von Mahagoni-Bäumen, häufig Löwen, Leoparden und Elefanten) und Lower Sabie (südlicher Teil, kleines Camp am Sabie-Fluss, oft große Elefanten- und Büffelherden, zudem Löwen und viele Vögel). Buchbar über SANParks. Eines der* **privaten Wildschutzgebiete** *ist das* **Kapama Game Reserve**, *wo neben den „Big Five" weitere 35 Säugetier- und 350 Vogelarten leben. Die Lagen der vier edlen Lodges bilden die unterschiedlichen Landschaften des 130 km² großen Reservates ab. Es kann in Suiten oder festen Zelten übernachtet werden, für Familien gibt es eigene Einheiten. Game Drives und Bush Walks sind im Preis enthalten, außerdem ist Elefantenreiten und ein Besuch im Wellness Centre möglich (www.kapama.co.za).*

INFO

Kruger National Park
Lage: ca. 400 km nordöstlich von Johannesburg in den Provinzen Mpumalanga und Limpopo
Größe: 20.000 km²
Tiere: die „Big Five", daneben fast alle anderen Afrika-typischen Tiere
Beste Tierbeobachtungszeit: die Trockenmonate Juni bis September
Information: www.sanparks.org/parks/kruger

19 Panorama-Route – entlang des spektakulären Blyde River Canyon

Im Nordosten der Provinz Mpumalanga liegt eine der **schönsten Landschaften Südafrikas**. Hier, an der Nahtstelle des Highvelds und des Lowvelds, erschließt die Panorama-Route großartige landschaftliche Szenerien, deren Höhepunkt der **Blyde River Canyon** ist. Die beiden Flüsse Blyde und Ohrigstad River haben die einmalige Landschaft geschaffen: 32 km lang ist der Blyde River Canyon, der kürzere Diepkloof Canyon 16 km. Vom Hochland, das Höhen von über 2.000 m erreicht, bricht eine Landstufe ins Lowveld ab, das durchschnittlich 300–600 m hoch liegt.

Panorama am Blyde River Canyon

Die Namen der beiden Zuflüsse haben eine eigene **Geschichte**: Im Winter 1840 leitete der Voortrekker *Hendrik Potgieter* eine Expedition zum portugiesischen Hafen Laurenço Marques (heute Maputo/Mosambik). Die Frauen wurden auf den malariafreien Höhen in der Nähe von Graskop zurückgelassen. Als die Männer zur vereinbarten Zeit nicht zurückkehrten, glaubten die Frauen, dass ihnen Unheil zugestoßen sei, und nannten den Fluss, an dem sie campierten, „Treur" (Trauer). Dann brachen die Frauen Richtung Ohrigstad auf, doch auf ihrem Wege wurden sie von *Potgieter* und seinen Männern am weiter westlich fließenden Fluss eingeholt. Zur Feier des Wiedersehens nannten sie den Fluss daraufhin „Blyde" (Freude).

Die **Panorama-Route** umfasst das westliche Gebiet der Drakensberge, die steil – über 1.000 m – über eine Randstufe ins Lowveld abbrechen. Durch diese Randstufe haben sich Flüsse ihren Weg gebahnt und so gibt es hier viele Schluchten und Wasserfälle. Die uralten präkambrischen Gesteine (Dolomite und Quarzite) sind sehr oft mit verschiedenfarbigen Flechten bedeckt. Große Gebiete sind wiederaufgeforstet, andere ursprünglicher bewachsen.

Die Rundtour kann z.B. in **Sabie** starten. Der kleine Ort liegt 1.109 m über dem Meer, direkt am Abhang des Mount Anderson (2.285 m) und des Mauchbergs (2.115 m). Letzterer wurde nach *Carl Mauch* benannt, dem deutschen Geologen, der 1871 die berühmten Ruinen von Great Simbabwe (s. S. 202) entdeckte. Der Ort ist von dichten Wäldern umgeben, in seiner Nähe liegen herrliche Wasserfälle wie z.B. die Sabie Falls, die Lone Creek Falls (68 m, eindrucksvoller Wasserschleier) und die Bridal Veil Falls („Brautschleier"-Wasserfälle).

Weiter geht es zu den **MacMac Pools**, herrlichen Naturpools mit wunderbar klarem, kaltem Wasser, in denen man schwimmen kann. Die Zwillings-Wasserfälle MacMac Falls stürzen 56 m tief in eine bewaldete Schlucht. 1873 entdeckte *Johannes Muller* in diesem Flusslauf Gold, zwar in guter Qualität, doch in relativ geringen Mengen, die es nicht zuließen, dass zu viele Goldgräber erfolgreich waren. Trotzdem kam es zu einem regelrechten „rush" in diese Gegend. 1874 besuchte der damalige südafrikanische Präsident *Thomas François Burgers* die Fundstätte und war erstaunt, sehr viele Schotten bei der Arbeit zu sehen: Jeder Zweite war irgendein „Mac" – und fortan hießen die Zwillings-Wasserfälle einfach „MacMac".

Ein Stück weiter, vorbei am Aussichtspunkt God's Window, liegt an den **Bourke's Luck Potholes** der Zusammenfluss des Blyde River mit dem Treur River. Die Löcher sind eine interessante geologische Erscheinung, die schon vor Jahr Millionen entstanden ist. Damals, als der Fluss noch mehr Wasser und Geröll mitführte, wurden diese **Strudelkessel** in dem Untergrund aus weicherem Gestein ausgehöhlt. Man kann sie heute auf Pfaden und über kleine Holzbrücken erreichen. Hier fand *Tom Bourke* um 1870 Gold, zwar keine sehr ergiebigen Vorkommen, aber dennoch fühlte er sich glücklich – „lucky" – deshalb der Name „Bourke's Luck Potholes". Hinter den Potholes stürzt sich der Blyde River in eine Schlucht, die Tiefen von bis zu 800 m erreicht. Hier beginnt der Blyde River Canyon seinen spektakulären Verlauf.

Schön nächtigen in diesem Gebiet kann man in der luxuriösen **Tanamera Lodge**, *die an den Hängen des Sabie-Tals liegt und tolle Ausblicke in die Wälder des Lowveld verspricht. Die sieben Chalets liegen einsam im Busch und bieten neben romantischer Atmosphäre Highlights wie Naturbadewannen und Wasserfallduschen (www.tanamera.co.za).*

Für Wanderfreunde stehen **zwei Fernwanderwege** und weitere kleinere Wanderwege zur Verfügung, die eine intensive Begegnung mit dieser Landschaft ermöglichen: Der *Blyde River Canyon Hiking Trail* (ca. 33 km, 2,5 Tage) und der *Fanie Botha Hiking Trail* (ca. 79 km, 5 Tage).

INFO

Blyde River Canyon
Lage: im Nordosten der Provinz Mpumalanga, nahe dem Kruger Park
Höhe: 300–2.000 m
Besonderheiten: Die am Canyon vorbei führende Panorama-Route umfasst eine Vielzahl an Wasserfällen und Zusammenflüssen mit interessanten geologischen Formationen
Information: www.mpumalanga.com, www.lowveldtourism.com

20 Limpopo Province – Waterberg und Marekele National Park

Etwas abgelegen im Norden des Landes, aber dafür umso reizvoller, ist das relativ ursprünglich gebliebene, hügelige Gebiet der Limpopo Province. Es beeindruckt allein schon durch seine unterschiedlichen und teilweise noch **sehr natürlichen Landschaftsformen**. Interesse weckt aber vor allem die **Kultur** des Landes. Kaum von fremden Einflüssen berührt, spiegelt sie noch einiges von den alten Mythen Afrikas wider, die in anderen Gebieten kaum noch zu finden sind.

Landschaft am Waterberg

Nach unzähligen Weiden und Dörfern kommt man plötzlich zu einer etwas größeren Siedlung und einer Straßenkreuzung mit Ampel – die wohl erste Ampel seit Hunderten von Kilometern für Reisende aus Richtung Osten. Dies ist Thohoyandou, die ehemalige Hauptstadt des Homelands. Hier in der Nähe gibt es einige Sehenswürdigkeiten, viele davon sind eng mit der **Kultur der VhaVenda** verbunden und gelten teilweise als heilig. Die ersten Bewohner des Landes waren Buschmänner, die als Jäger und Sammler in den Wäldern lebten und große Wildherden jagten. Ihr Vermächtnis sind die Felszeichnungen, die in entlegenen Höhlen versteckt sind. Von den **großen Seen Zentralafrikas** wanderten die Vorfahren der VhaVenda ab dem 12. Jahrhundert nach Süden. Die VhaVenda sind seit jeher **gute Handwerker** und zählen heute zu den besten Holzschnitzern, Korbflechtern, Webern und Töpfern im südlichen Afrika.

Die **Soutpansberge** erstrecken sich im Norden über 130 km von Ost nach West. Die „Salzpfannenberge", die ihren Namen den zu ihren Füßen liegenden Salzpfannen verdanken, erheben sich bis auf 1.900 m und sind Teil der Waterberg-Gruppe. Aufgrund des günstigen Klimas leben die meisten VhaVenda in den südlichen Bergregionen.

Inmitten der Soutpansberge westlich von Louis Trichardt (Makhado) liegt die ***Sigurwana Lodge*** *in einem 50 km² großen Reservat. Spektakuläre Aussichten, alte Felsformationen und klarstes Quellwasser – ein Ort von jahrtausendealter Schönheit. Die Hauptlodge und ihre vier reetgedeckten, stilvollen und individuell gestalteten Chalets liegen eingebettet in einer gepflegten Gartenanlage. Herzliche Betreuung durch das engagierte Inhaberpaar Neil und Liesel Wright (www.sigurwana.co.za).*

Löwenparade im Marakele National Park

Die im südwestlichen Teil der Limpopo Province liegende **Waterberg-Region** wurde bisher noch wenig beachtet und zählt gerade deshalb heute noch zu den einsamsten Gebieten. Benannt wurde die Region rund um den Waterberg von den ersten hier siedelnden Voortrekkern nach dem reichlich vorhandenen Wasser. Besonders in der Regenzeit traten die vielen Flüsse über die Ufer und bildeten zum Teil riesige Wasserflächen. Insgesamt ist das Gebiet im Laufe der Zeit trockener geworden und ist zum großen Teil Savanne. Die Berge gehen auf vulkanischen Ursprung zurück und sind reich an Mineralien. Daher hat sich um die heute geschützte Bergwelt eine lukrative Bergindustrie entwickelt. 2001 wurden die rund 15.000 km² um den Waterberg und die vielen einzeln stehenden Berge, die sogenannten Kransberge, zum **Biosphärenreservat der UNESCO**.

Ende des 19. Jahrhunderts waren in dieser Region die meisten Tiere durch die Jagd ausgerottet, doch heute weist sie alle Vertreter der „Big Five" und viele andere Tiere auf. Davon profitiert der jüngste der Nationalparks Südafrikas, der ca. 500 km² große **Marakele National Park**. Die nicht asphaltierten Naturwege im Park sind Sand- und Schotterpisten und erfordern zur Erkundung des Gebiets einen Allradwagen. In der Tswana-Sprache heißt *Marakele* so viel wie „Heiliger Zufluchtsort". Und genau das ist der Park für die Tiere, die hier in einem Übergangsgebiet zwischen den trockenen westlichen Landschaften und dem feuchteren Osten Südafrikas leben. Angesiedelt wurden hier Elefanten, Nashörner, Büffel, Giraffen und Nilpferde, aber es gibt auch Löwen, Rappenantilopen und vor allem 800 Paare Kapgeier. Das Landschaftsbild ist durch die Bergregion des Waterberges geprägt: Es gibt Bergzüge, grüne Hügel und tief eingeschnittene Täler – und damit auch einen Artenreichtum an Vegetation. Seltene Yellowwood-Bäume, Zedern, Zykaden und Baumfarne (bis 5 m hoch) gilt es zu bestaunen.

Im Marakele National Park findet sich ein **Campingplatz** *sowie das Safari-Zeltcamp* **Tlopi Tented Camp** *(buchbar über SANParks).*

INFO

Marakele National Park
Lage: ca. 270 km nordwestlich von Johannesburg, ca. 40 m nördlich von Thabazimbi
Größe: 500 km²
Tiere: Elefanten, Nashörner, Büffel, Giraffen, Nilpferde, Löwen, Antilopen, Kapgeier
Beste Tierbeobachtungszeit: Mai bis Oktober (Trockenzeit)
Information: www.sanparks.org/parks/marakele

21 Kgalagadi Transfrontier Park – grenzenloses Afrika-Abenteuer

Dieser auf südafrikanischem und botswanischem Staatsgebiet liegende Wildpark bietet **grenzenloses Afrika-Abenteuer** inmitten der rotsandigen Kalahari. Wo Herden von Gemsböcken, Elenantilopen und Oryx-Antilopen ziehen, imposante Kalahari-Löwen im Schatten der Bäume ruhen und Leoparden auf ihren nächsten Fang lauern – das ist der Kgalagadi Transfrontier Park. Dazu gehören auch die wuselnden Meerkatzen, die kleinen geselligen Webervögel und räuberische Halsband-Zwergfalken, die kleinsten Falken Afrikas.

Nach vielen Jahren der Verhandlung einigten sich beide Staaten 1967 darauf, ein einzigartiges, 38.000 km² großes Ökosystem politisch zu ermöglichen: Der botswanische Gemsbok Park und der südafrikanische Kalahari Gemsbok Park wurden vereinigt. Jedoch verläuft die **Grenze zwischen Südafrika und Botswana** entlang dem Nossob-Fluss. Damit das Wild bei seinen Wanderungen nicht behindert wird, ist die Grenze offen: Lediglich Grenzsteine im Nossob Rivier klären den Reisenden darüber auf, ob er sich gerade auf südafrikanischem oder botswanischem Gebiet befindet. Der Grenzübergang Mata Mata zwischen Namibia und Südafrika an der westlichen Parkgrenze ist seit 2007 wieder geöffnet und problemlos passierbar.

Die Wege, entlang denen man das Wild beobachten kann, folgen den beiden Flüssen Auob und Nossob. Doch nur selten fließt hier Wasser. Die **zwei Flusstäler** unterscheiden sich landschaftlich sehr. Während der Auob Rivier (*Rivier* = Bezeichnung für Flusstal) enger, grasreich und mit vielen Bäumen bestanden ist (vor allem mit Kameldornbäumen, einer Akazienart), liegt der Nossob Rivier breit und weit vor dem Besucher. Im Jahre 1931 wurde der Nationalpark errichtet, vorher diente das Gebiet als Farmland. Da es jedoch sehr mühsam war, lohnend Landwirtschaft zu betreiben, gab man die Region als Wirtschaftsland auf. Insbesondere in der sommerlichen Regenzeit erwarten den Besucher entlang es Auob Rivier sowie an der südlichen Querstraße zwi-

Majestätisch: der Kalahari-Löwe

Über staubige Pisten

schen Nossob und Auob Rivier unbeschreiblich schöne Farbenspiele: Rötliche Dünen, grüne Akazien, ein tiefblauer Himmel und zum Greifen nahe Haufenwolken sichern ein grandioses Naturerlebnis.

Im Gebiet des Nationalparks tummeln sich **große Herden** von Springböcken, Oryx-Antilopen, Blaugnus und Straußen. Der Gemsbock, die Wüstenantilope, ist das Emblem des Parks. Oft kann man auch Löwen und Geparde beobachten. Der schwarzmähnige Kalahari-Löwe ist einer der beeindruckendsten Bewohner des Parks.

Das Hauptcamp im Park und gleichzeitig Hauptquartier der Parkverwaltung **auf südafrikanischer Seite** *ist das* **Twee Rivieren Camp** *im Süden, am ausgetrockneten Flussbett des Nossob. Das von dornigem Bushveld umgebene* **Mata Mata Camp** *am Auob River im Nordwesten ist für die vielen Giraffen bekannt, und inmitten von Savannanbäumen liegt das* **Nossob Rest Camp** *direkt am gleichnamigen Fluss. In allen Rest Camps gibt es kleine Läden für Selbstversorger, wobei es hier nur die allernötigsten Lebensmittel gibt. Feuerholz wird überall verkauft, ebenso alle Arten von Getränken. Alle Camps sind sehr gepflegt. Ebenso ist in allen Camps eine Tankstelle vorhanden. Neben den drei größeren Rest Camps sind noch sechs rustikale, nicht umzäunte Wilderness Camps buchbar (alles über SANParks).*
Auf botswanischer Seite *gab es lange nur ausgewiesene Campingplätze, seit 2013 gibt es die ersten festen Unterkünfte: Unter dem Namen TaShebube eröffneten drei Luxus-Camps, die ihre Lage alle im wildreichen Tal des Nossob haben (www.tashebube.com).*

Kgalagadi Transfrontier Park
Lage: 360 km nördlich von Upington
Größe: 38.000 km²
Tiere: Löwen, Geparde, Leoparden, Antilopen
Besonderheit: grenzübergreifender Park in Südafrika und Botswana
Information: www.sanparks.org/parks/kgalagadi

INFO

Namibia

Afrikas herbes Paradies

Namibia, jenes urweltlich anmutende Land zwischen den Wüsten Namib und Kalahari und zwischen den Fremdlingsflüssen Kunene und Oranje gehört zu den am dünnsten besiedelten Gebieten der Erde. Eine stürmische See liegt vor seinen Küsten, die kalten Gewässer des antarktischen Benguela-Stroms sorgen für niedrige Temperaturen und häufige Nebel in den Küstenregionen. Im Landesinneren herrscht die meiste Zeit des Jahres ein extrem trockenes Klima mit hohen Temperaturunterschieden zwischen Tag und Nacht. Die weiten Savannenflächen des Binnenhochlands sind daher nur sehr extensiv landwirtschaftlich nutzbar.

Namibia ist ein Land der Weite: Auf einer Fläche, die 2½-mal so groß ist wie Deutschland, leben nur zwei Millionen Menschen – und davon 80 % im äußersten Norden des Landes, wo ein regenreiches Klima vorherrscht und Ackerbau betrieben werden kann. Je weiter man nach Süden kommt, desto trockener wird es.

Namibia ist vor allem ein Landschafts- und Safari-Erlebnis: Natur pur ist angesagt. Wer hierhin zum Baden kommt, hat das falsche Reiseziel gewählt. Die touristische Infrastruktur ist hervorragend. Spezialisierte Safariunternehmen bieten sogar Touren in so abgelegene Gebiete wie das Kaokoveld und die Skelettküste an.

Steckbrief Namibia

Lage: im Süden Afrikas, an der Atlantikküste; angrenzend an Angola, Sambia, Botswana und Südafrika
Fläche: 824.292 km²
Einwohnerzahl: 2,26 Mio. (2012)
Hauptstadt: Windhoek
Staats- bzw. Regierungsform: Parlamentarische Demokratie
Sprachen: Englisch ist Amtssprache, Afrikaans dominierende Umgangssprache; die verschiedenen Stämme sprechen z.T. eigene Sprachen
Währung: Namibia-Dollar
Exportgüter: Diamanten, Uranerze, Blei, Kupfer, Zink, Fleisch, Fisch, Karakulfelle
Bevölkerung: Ovambo: ca. 50 %, Kavango: ca. 10 %, Damara: ca. 6,5 %, Nama: ca. 5 %, Weiße: ca. 5 %, Herero: ca. 7,5 %, Caprivianer: ca. 2,5 %, San: ca. 2 %, Baster: ca. 2 %, Tswana: ca. 0,8 %, Himba: ca. 0,3 %
Religion: 90 % Christen (davon 62 % Protestanten, 20 % Katholiken); ferner Anhänger von Naturreligionen
Klima: subtropisch-kontinental mit starken tages- und jahreszeitlichen Schwankungen; stark schwankende Regenfälle, die von Südwesten nach Nordosten zunehmen (0 bis max. 600 mm)
Beste Reisezeit: allg. trockenes, sonnenreiches Klima – Reisen ganzjährig möglich; während der Regenzeit (Januar bis April) allerdings große Hitze und häufig kurze, aber heftige Regenfälle
Vorgeschriebene bzw. empfohlene Impfungen: Gelbfieber (vorgeschrieben bei Einreise aus einem Risikogebiet), Tetanus, Diphtherie, Hepatitis A+B (empfohlen); außerdem: Malaria-Prophylaxe

22 Fish River Canyon – Wandern in der Schlucht zwischen Wüsten

23 Namibias „Wilder Westen“ – Kolmanskuppe und das Geheimnis der Wildpferde von Aus

24 Keetmanshoop – von missionarischen Ambitionen und den Möglichkeiten der Wasserspeicherung

25 Urige Gästefarmen in den Tirasbergen – authentisches Farmleben

26 NamibRand Nature Reserve – gerettetes Wüstenparadies

27 Das Naukluft-Gebirge – Tipp für Wanderer

28 Sossusvlei – faszinierende Wüste

29 Die Namib und der Kuiseb Canyon – „Wenn es Krieg gibt, gehen wir in die Wüste“

30 Swakopmund und die Wunder-Welwitschia

31 Cape Cross – Heimat der Seebären

32 Wandern im Erongo-Gebirge – Felsenzeichnungen und „Bull’s Party“

33 Das Brandbergmassiv – geheimnisvoller schwarzer Fels

34 Twyfelfontein – Namibias erstes Welterbe

35 Waterberg Plateau Park – Naturwunder mit historischer Bedeutung

36 Palmwag und Umgebung – auf den Spuren der Spitzmaulnashörner

37 Etosha National Park – Namibias Tierparadies

38 Die Skelettküste – urtümlich und spektakulär

39 Kaokoveld – durch den wilden Norden

40 Der Caprivi-Streifen – Namibias langer Finger

22 Fish River Canyon – Wandern in der Schlucht zwischen Wüsten

Der Fish River Canyon gilt – nach dem Grand Canyon des Colorado – als der zweitgrößte Canyon der Erde. Er beginnt bei Seeheim im Norden und hat seinen Ausgang bei Ai-Ais im Süden. Der etwa 650 km lange Fish River entspringt im östlichen Naukluft-Gebirge, wird bei Mariental durch den Hardap-Damm aufgestaut und mündet schließlich in den Oranje. Trotz seiner Größe sei der Besucher vor Enttäuschungen gewarnt: Im Vergleich zum Grand Canyon ist der Fish River deutlich weniger eindrucksvoll.

Trotzdem ist die 161 km lange Schlucht einen Besuch wert und bietet insbesondere für Wanderer einen ganz speziellen Reiz. Der Canyon liegt in der Übergangszone zweier Wüstensysteme, der Nama- und der Sukkulenten-Karoo (der artenreichsten Wüste der Welt). Diese faszinierende Pflanzen- und Tierwelt sowie die skurrilen Formationen Jahrmillionen alter Gesteine und uralte Felsgravuren gibt es zu entdecken. Die Flora umfasst einzigartige Pflanzen wie Köcherbäume, Kandelaber-Euphorbien oder Tamarisken; in dem Gebiet leben Bergzebras, Klippspringer, Kudus, Springböcke und Strauße.

Wenn man heute auf den Fish River hinabschaut, mag man kaum glauben, dass er einst die Kraft hatte, eine so große Erosionsleistung zu vollbringen. In der Tat fließt er heute nur äußerst langsam, z.T. mit Unterbrechungen zwischen der winterlichen Trockenzeit und der sommerlichen Regenzeit. Gerade in der Trockenzeit sieht man nur vereinzelte Tümpel. Die entscheidenden Erosionstätigkeiten liegen schon lange zurück. In den

Fantastische Aussicht

sogenannten **Pluvialzeiten** (Regenzeiten) führte der Fluss vor vielen Millionen Jahren sehr viel Wasser, sodass er sich in die Quarzite, Dolomite und Kalksteine hineinfressen konnte. Im Gegensatz zum Grand Canyon in Arizona/ USA ist der Fish River Canyon nicht ausschließlich ein Produkt der Erosion. Vielmehr ist der Hauptteil der Schlucht ein **Einbruchstal**.

Mit dem Maultier durch den Canyon

Neben **Wanderungen** am Canyonrand kann man sich auch in das Tal begeben und dem Flusslauf des Fish River folgen. Fußwanderungen sind vom 1. Mai bis 15. September gestattet. Die Länge der Wanderung vom Aussichtspunkt im Norden nach Ai-Ais im Süden beträgt 86 km. Dafür muss man je nach Konstitution ca. 3–5 Wandertage veranschlagen. Dabei sollte man sich nicht überschätzen: Selbst in den Wintermonaten kann es mittags über 40 Grad heiß werden. Und man muss alles selber mitschleppen, was man für die Wandertage braucht. Feste Übernachtungsplätze gibt es nicht. Belohnt wird der Wanderer durch die wildromantische Szenerie des Canyons.

Wer sein Gepäck nicht selber tragen möchte: Ein besonderes Erlebnis ist ein 4- bis 5-tägiges **Maultier-Trekking** durch den Canyon: die Natur erkunden, in kaum berührter Umgebung wandern, am Lagerfeuer träumen und unter freiem Sternenhimmel einschlafen... Die Maultiere tragen die Ausrüstung, während sich die Wanderer frei bewegen können. Die Tagesetappen dauern ca. 8 Stunden. Am Abend wird gezeltet (www.gondwana-collection.com).

Etwa 20 km vom Hauptaussichtspunkt des Canyons entfernt kann man wunderbar in der **Cañon Lodge** *übernachten. Man wohnt in originellen, z. T. in den Fels gebauten riedgedeckten Unterkünften, die sich perfekt an die Landschaft anpassen. Das alte Farmhaus (1908) dient als Restaurant, das mit guter namibischer Küche verwöhnt (www.gondwana-collection.com).*

INFO

Fish River Canyon
Lage: im Süden Namibias
Größe: 161 km lang, 549 tief, bis zu 27 km breit
Besonderheit: zweitgrößter Canyon der Welt
Informationen zu Wanderungen: Gruppengröße mind. 3 Personen, Genehmigung muss man vorher beim NWR (www.nwr.com.na) in Windhoek einholen. Vorlage eines ärztlichen Attestes (nicht älter als 40 Tage) vor Beginn der Wanderung in Ai-Ais oder beim Aussichtspunkt (Nähe Camp Hobas).

23 Namibias „Wilder Westen“ – Kolmanskuppe und das Geheimnis der Wildpferde von Aus

Auch Namibia hat seine „Ghost-Town“: Der alte Diamantenort **Kolmanskuppe**, benannt nach dem Nama Coleman, der hier 1905 mit einem Ochsenkarren stecken blieb und verdurstete, liegt seit den 1930er-Jahren verlassen in der Wüste. 1908, nachdem der Eisenbahnarbeiter Zacharias Lewala die ersten Diamanten entdeckt hatte, begann der Ort, der zunächst nur ein Ausgrabungscamp sein sollte, zu boomen. Bis zu 300 Familien lebten zeitweise hier und noch heute mag man erahnen, wie sehr man bemüht war, in dieser unwirtlichen Gegend eine lebenswerte Oase entstehen zu lassen. 1911 wurde Kolmanskuppe an die Elektrizität von Lüderitz angeschlossen. Eine Entsalzungsanlage übernahm die Frischwasserversorgung, nachdem vorher allmonatlich ein Schiff aus Kapstadt 1.000 t Wasser gebracht hatte. Der aus den Diamantenfunden stammende Reichtum der Bewohner von Kolmanskuppe lässt sich an der luxuriösen Infrastruktur der Stadt erkennen; dazu gehörten ein mit italienischen Terrazzoplatten gefliestes Schwimmbad, eine Schule und ein Krankenhaus, in dem das erste Röntgengerät des südlichen Afrika stand. Ein Kasino, ein Restaurant und eine Bar dienten wie auch das Theater der Unterhaltung. Nachdem jedoch die Diamantenvorkommen abgebaut waren und die Mine 1930 stillgelegt wurde, verließen die Menschen nach und nach die Stadt. Die Wanderdünen der Namib eroberten ihr Territorium zurück.

Inzwischen hat man den Ort als Museumsstadt wieder hergerichtet. Zentrum ist das alte Kasino. Ein kleines Museum macht die alte Zeit vor allem durch Fotos wieder lebendig.

Ungefähr sechs Tage können die Pferde ohne Wasser auskommen

Fährt man von Kolmanskuppe landeinwärts in Richtung Aus, kann man mit etwas Glück in der Nähe von Gharub die **Namib-Wildpferde** beobachten. Gharub liegt etwa 105 km östlich von Lüderitz und war einst per Eisenbahn mit der Hafenstadt verbunden. Hier bohrte man nach Grundwasser und brachte es in Fässern nach Lüderitz. Erst 1990 wurde der Bahnhof geschlossen, aber die Pferde konnten weiter eines der Bohrlöcher nutzen.

Niemand kennt die genaue Zahl der Pferde, doch man vermutet, dass es etwa 250–300 sind, die sich hier an die ariden Bedingungen der Halbwüste und Savanne angepasst haben. Bezüglich ihrer unklaren **Herkunft** gibt es mehrere Vermutungen: so könnten sie von den Pferden der Schutztruppe stammen, die einst um Aus stationiert war. Oder sie sind entlaufene Tiere von einstigen Gestüten in der Umgebung. Weiteren Zulauf sollen die

Wildpferde von Ausreißern aus den südafrikanischen Truppen bekommen haben, die 1915 im 1. Weltkrieg hier verloren gingen. Sicher ist jedenfalls, dass es ursprünglich keine Pferde auf dem afrikanischen Kontinent gegeben hatte, sie wurden erst von den Europäern hierher gebracht. Es handelt sich also nicht um richtige Wildpferde, sondern um verwilderte Pferde.

Namibische Wildpferde

Die Pferde konnten sich hier vermutlich deshalb so gut halten, weil sie eine Quelle vorfanden und weil es an natürlichen Feinden, wie z. B. Leoparden, fehlte. Äußerlich sind die Wildpferde eher Ponys ähnlich geworden, denn die natürlichen Bedingungen grenzen körperliche „Üppigkeit" ein. Man beobachtete, dass die Pferde praktisch nur morgens oder nachts grasen, tagsüber suchen sie die wenigen schattigen Stellen auf. An die Wasserknappheit im Gelände haben sie sich gut angepasst: Sie können ca. sechs Tage unterwegs sein, ohne zu trinken, während ein nicht-adaptiertes Pferd maximal drei Tage ohne Wasser auskommt.

Als Unterkunft für beide Ziele bietet sich das **Gondwana Sperrgebiet Rand Park** *bei Aus an. Der Park liegt im Osten des Diamanten-Sperrgebietes. Hier treffen die Wüsten Karoo und Namib aufeinander. Die Unterkünfte der Eagle's Nest Lodge schmiegen sich an Granitfelsen, jedes Chalet hat eine eigene Küche, einen Kamin und ein Wohnzimmer. Von der Terrasse schaut man in die endlose Namib. Im modernen Desert Horse Inn gibt es gut ausgestattete Doppelzimmer. Auch die Campingplätze sind hervorragend gestaltet, schattig und mit Wasser, Licht und Strom versorgt (www.klein-aus-vista.com).*

Frühstück mit Aussicht im Eagle's Nest

INFO

Kolmanskuppe
Lage: im Südwesten, 15 km östlich von Lüderitz
Größe: in der Blütezeit bis zu 400 Einwohner
Besonderheit: geheimnisvolle Geisterstadt
Information: Führungen durch **Kolmanskuppe** finden täglich (vormittags) statt, das erforderliche Permit dafür erhält man bei Lüderitz Safaris & Tours (Bismarckstraße). Ausflüge zu den **Wildpferden** kann man am Ortseingang von Aus im Aus Information Center erhalten.

24 Keetmanshoop – von missionarischen Ambitionen und den Möglichkeiten der Wasserspeicherung

Keetmanshoop liegt 1.002 m über dem Meeresspiegel an den Ufern des Swartmodder River. Dieser ist meistens trocken und führt nur in Zeiten kurzer, heftiger Regengüsse Wasser. Nicht von ungefähr hieß der Ort einst „Swartmodder“ (schwarzer Schlamm). 1866 wurde Keetmanshoop als **Missionsstation** der Rheinischen Mission gegründet, um die Nama in dieser Region zu bekehren. Die Geldmittel stellte der wohlhabende deutsche Industrielle Johann Keetman zur Verfügung, der diesen Ort aber nie besuchte. Keetmanshoop bedeutet so viel wie „Hoffnung Keetmans“. Die Stadt wuchs um die Missionsstation herum; die 1895 erbaute Steinkirche ist auch heute noch dominierender Blickfang. Im alten kaiserlichen Postamt (1910 erbaut) befindet sich heute ein Informationsbüro für Reisende. Keetmanshoop wird auch als Hauptstadt des Südens bezeichnet; immerhin ist es die viertgrößte Stadt des Landes.

Die Gegend um Keetmanshoop ist sehr rau und äußerst trocken; der Niederschlag pro Jahr beträgt nur 100–200 mm. Das Trinkwasser stammt vom Naute-Damm, der den Löwen River aufstaut (ca. 50 km südwestlich). Keetmanshoop dient heute Reisenden in den Süden (nach Südafrika) und in den Westen (Fish River Canyon, Lüderitz) als Zwischenstopp.

Berühmt ist der **Köcherbaumwald**, der in der

Anpassungsfähiger Köcherbaum

Nähe von Keetmanshoop auf dem Gelände der Farm Gariganus liegt. Hier wachsen ca. 300 sogenannte Baum-Aloen *(Aloe dichotoma)*, die zu den Sukkulenten gerechnet werden. Die Gruppe der Sukkulenten ist vor allem durch ihre Fähigkeit der langfristigen Wasserspeicherung gekennzeichnet.

Sukkulenten – Künstler der Wasserspeicherung

Man unterscheidet verschiedene Sukkulentenarten:

- Blatt-Sukkulenten, denen die stark verdickten, manchmal walzenförmigen Blätter als Wasserspeicher dienen
- Stamm-Sukkulenten, bei denen die verdickten Sprossen Wasser speichern (z.B. die Köcherbäume)
- Wurzel-Sukkulenten mit verdickten, Wasser speichernden Wurzeln (z.B. die *Welwitschia mirabilis*, deren kurzer Stamm im Boden steckt, wobei feine Haarwurzeln das Wasser des Bodens aufsaugen)

Zu den „Tricks" der Sukkulenten gehören auch Wachsüberzüge, die vor Verdunstung schützen, Behaarung oder dichte Bestachelung (z.B. bei *Euphorbia*) und die Verlegung des Stammes in die Erde.

Die Bezeichnung „Köcherbaum", die dem Wald seinen Namen gab, ist wie folgt zu erklären: Die San (Buschmänner) höhlten die Äste der Bäume aus und die das Pflanzenmark umgebende Rinde diente als Köcher für die Pfeile. In ganz Namibia stehen Köcherbäume unter Naturschutz. Sie erreichen eine Höhe von etwa 8 m. Die bizarre Verästelung der Bäume lockt die kleinen **Siedelweber-Vögel** an, die hier mit viel Fleiß ihre gigantischen Nester bauen. Mehrere hundert Vögel leben dann unter dem riesigen Dach, das sie vor Hitze schützt. Die Einfluglöcher ins Nest befinden sich an der Unterseite.

Besonders eindrucksvoll ist die Beleuchtung des Köcherbaumwaldes bei **Sonnenuntergang**, wenn sich die Silhouetten der Köcherbäume malerisch gegen den rotblauen Horizont abheben.

Ganz in der Nähe des Köcherbaumwalds liegt der **Giant's Playground** (Spielplatz der Riesen). Hier kann man zahlreiche bizarre Felsformationen bewundern, zwischen denen sich ebenfalls Köcherbäume befinden. Dieser imposante ‚Steingarten' hat einen Durchmesser von fünf Kilometern. Der Rundweg nimmt ca. 45 Minuten in Anspruch.

Übernachtungstipp: Die **Pension Gessert** *ist eine nette und persönlich geführte Pension mit sieben Zimmern und gutem Frühstück (www.natron.net/gessert). Das* **Quivertree Forest Camp** *liegt direkt am Köcherbaumwald und bietet einfache Bungalows und schattige Campingplätze (www.quivertreeforest.com).*

INFO

Keetmanshoop
Lage: 500 km südlich von Windhoek
Größe: ca. 22.000 Einwohner
Besonderheiten: viertgrößte Stadt Namibias; ehemalige Missionsstation; in der Nähe liegt der Köcherbaumwald

25 Urige Gästefarmen in den Tirasbergen – authentisches Farmleben

Die **Tirasberge** erstrecken sich entlang dem Namib-Rand. Man erlebt rote Dünen und steil aufragende Berge auf kürzester Entfernung. Das an die 2.000 m hohe Bergmassiv erstreckt sich über ein weitläufiges Gebiet von 1.250 km². Vor der Besiedlung durch die Europäer haben hier San gelebt, woher die Felsmalereien, Sammelplätze, Feuerstellen und Gräber stammen. Sie lebten von der reich bestückten Antilopenwelt der ausgedehnten Grasflächen: Oryx, Kudu, Springbock, Klippspringer, Buschböckchen. In vergrabenen Straußeneiern bewahrten sie das seltene Wasser, auch wilde Melonen waren Feuchtigkeitsspender.

Begegnung mit einem Oryx in den Tirasbergen

Leider sind die San aus diesem Teil Namibias vertrieben worden. Sie suchten damals bewusst Trockengebiete aus, da sich hier das Wild an den wenigen Wasserstellen sammelte und so leichter Beute zu machen war. Die Felszeichnungen verraten jedoch, dass einst sämtliche Wildarten bis an die Dünenwelt ästen. Die hohen Gipfel mit unangetasteten Schluchten sind noch natürliche Brutstätten mehrerer Adlerarten. Vor allem brütet hier der Afrikanische Adler, der sich von Klippschliefern, Pavianen und Vögeln ernährt. Das hier beheimatete Namaqua-Flughuhn fliegt 80–100 km weit, um Wasser zum Brüten zu sammeln. Mitten in den Bergen, auf 1.600 m Höhe, liegt die ehemalige Gästefarm **Landsberg**. Hier leben noch Geparde und Leoparden. Man bekommt sie zwar kaum zu Gesicht, sie können aber in trockenen Jahren zur Plage für den Farmer werden, wenn sie Kälber und Schafe reißen.

Nur 15 km von Landsberg entfernt erreicht man **Koiimasis** (www.namibia-farm-lodge.com). Der Name bedeutet „Versammlungsplatz" – und noch immer kann man Stellen finden, an denen frühere Bewohner ihre Versammlungen abhielten. Die Farm liegt eingebettet in eine breite Fläche zwischen den Tirasbergen und Koiimasisnase. In dem kleinen Paradies leben prächtige Ziervögel, darunter viele einheimische Arten. Die Berge laden zum Wandern ein. Ein großartiger Köcherbaum-Bestand erinnert an den Köcherbaumwald, San-Relikte finden sich an vielen Stellen. Auf dieser Farm kann man zelten und das freie Leben in der Wildnis genießen, oder es sich in wunderschönen Chalets gut ergehen lassen.

Durch die **Farm Kanaan** (www.kanaannamibia.com) mit ihren zarten Pastelltönen – diese Gästefarm und die umgebenden Dünenlandschaften sind ein Traum für alle Fotografen – erreicht man die Pad 707, eine der landschaftlich schönsten Strecken des Landes. Vorbei an der **Gästefarm Namtib** (www.namtib.net) liegt fast in den roten Dünen auf 1.000 m Höhe **Gunsbewys** (www.kidogo-safaris.de). Die Dünen erheben sich bis zu 150 m Höhe. Neben vielen endemischen Käfern, Eidechsen, Geckos und Vögeln lebt hier der Palmatogecko – so angepasst an den Dünensand, dass er sich mittels seiner Schwimmhäute rasch in den Sand eingraben kann. Man findet die Gänge der Dünengrille, die ebenso wie der Palmatogecko nachtaktiv ist. Das durchsichtige Tier kann ebenso weit wie hoch springen und vergräbt sich in Tunneln. Dank des Schießverbots

Traum eines jeden Fotografen: rote Dünen, blauer Himmel (Farm Kanaan)

hat sich eine stattliche Spießbockpopulation entwickelt. Fast jeder Besucher fotografiert hier sein „ganz besonderes Bild“ von diesen Oryx-Antilopen. Auch hier, am Fuße der Tirasberge, finden sich Reste von Siedlungen der San. Vom winzigen Gästehaus aus wird man die Sonnenuntergänge mit rot aufleuchtenden Bergen und glühend untergehender Sonne nicht vergessen. Eine freiliegende Hochterrasse bietet nachts einen 360-Grad-Rundblick über den gesamten südlichen Sternenhimmel.

Dank der Lufttrockenheit über der Wüste erscheinen die Sterne in einer unwahrscheinlichen Klarheit! 35 km weiter, an der C 13 gelegen, erreicht man die Farm **Tiras** (www.kidogo-safaris.de). Durch Alt-Tiras verläuft die ursprüngliche Pad von Lüderitz ins Inland. Viele Sukkulenten gedeihen in der von der Natur verwöhnten Landschaft. Naturskulpturen stehen hier wie von Meisterhand geschaffen. Lithops – lebende Steine – sind zu sehen. Viele Arten würde man in den trockenen Zeiten selbst nie entdecken. Sie warten dann, vom Sand bedeckt, unter der Erdoberfläche auf den nächsten Regen. In Felsspalten gedeihen Bäume, die von oben nach unten wachsen! Der „Sundowner“-Platz am Rande der Berge mit Blick in die Neisipfläche und hinüber zum Rooirand, der im Abendlicht rot aufleuchtet, ist eine Besonderheit.

Alle Farmen bieten ein besonders individuelles Namibia-Erlebnis. Meist werden nur sehr wenige Gäste auf einmal aufgenommen, die dann die außergewöhnliche Landschaft in Ruhe genießen können.

INFO

Tiras Mountain Conservancy
Lage: im Südwesten
Größe: 125 km²
Besonderheit: privates Naturschutzgebiet
Information: www.tirasberge.de

26 NamibRand Nature Reserve – gerettetes Wüstenparadies

Ursprünglich lagen im heutigen Gebiet des NamibRand Nature Reserve neun kommerziell arbeitende Farmen. Durch lang andauernden Dürren waren die Farmer gezwungen, Wild zu jagen. Bald entwickelte sich die Überzeugung, dass mit dem Wild mehr Geld zu verdienen war als mit dem armseligen Rinder-Farming, und der **Raubbau an der Natur** nahm rapide zu. Manche Farmer schreckten nicht zurück, Wild aus dem Namib-Naukluft-Park anzulocken, um es abzuschießen.

Kein Wunder, dass die Wildbestände dezimiert wurden. Nur die Farm Gorrasis betrieb Artenschutz, doch letztendlich vergeblich, da die Tiere von Nachbarfarmern abgeschossen wurden. In dieser Situation erwarb der Windhoeker Geschäftsmann J. A. Brückner 1984 die Farm „Gorrasis", die er in den Folgejahren durch den Zukauf der Farmen „Die Duine" und „Stellarine" vergrößerte. Seine Idee, ein **großes privates Naturschutzreservat** zu schaffen, führte zur Gründung einer privaten Holdinggesellschaft, in der sich weitere Privatinvestoren bereitfanden, Geld für den Kauf der Nachbarfarmen Wolwedans, Jagkop, Verweg, Kwessiegat und Vreemdelingspoort bereitzustellen.

Zwischen den Farmen wurden alle Zäune niedergerissen und Wasserstellen erschlossen, um der Tierwelt einen **ökologisch intakten Lebensraum** zu gewähren. Vorsichtig wurde der Wildbestand ergänzt. Auf dem nun zusammenhängenden Gebiet erfreut den Besucher die **Vielfalt der Wüstenlandschaften** der Namib: Weite Sand- und Schotterflächen wechseln mit endlos silbrig schimmernden Grasflächen. Eindrucksvolle, bizarre Gebirge definieren den Gegensatz zu grasbewachsenen, roten Dünenlandschaften.

Überraschende Farbenvielfalt in der Wüstenlandschaft

Sonnenuntergang im NamibRand Nature Reserve

Viele der ursprünglich hier beheimateten Tiere und Pflanzen haben ihre Heimat wiedergefunden. Neben dem Großwild, wie Oryx-Antilopen, Kuh-Antilopen, Zebras, Straußen und Leoparden, gibt es die kleineren Vertreter der Fauna, repräsentiert z. B. durch Tenebrio-Käfer, Geckos, Schlangen, Maulwürfe und Erdhörnchen. Die **Vogelwelt** – mittlerweile sind 120 Arten identifiziert worden – hat sich auf das trockene Klima eingerichtet. Insbesondere gibt es Wachteln, Kiebitze, Adler, Falken und Geier zu beobachten. Die Vielfalt der Wüstenvegetation wird vor allem nach den seltenen kurzen Regenschauern offensichtlich. Den Besucher dürften in besonderer Weise die unglaublich schönen **Farbenspiele** faszinieren, die so wirken, als stammten sie nicht von dieser Welt.

2012 wurde das Gebiet von NamibRand zum ersten „**Dark Sky Reserve**" (*www.darksky.org*) Afrikas ernannt. Durch die saubere Luft, wenig Niederschlag und mangelnde Lichtquellen hat man hier einen ganz besonders guten Blick in den faszinierenden afrikanischen Sternenhimmel. Einige Unterkünfte haben Teleskope, die in die Unendlichkeit des Weltalls entführen.

Im NamibRand-Gebiet kann man unter der Führung ausgebildeter Wildhüter Safaris zu Fuß oder im Geländewagen unternehmen (www.toktokkietrails.com). Es gibt sogar die Möglichkeit, von einem Heißluftballon aus die Landschaft zu bewundern. Die Eingriffe in die Natur sind äußerst gering, die Unterkunftsmöglichkeiten limitiert und der Landschaft angepasst, so z.B. in der **Sossusvlei Desert Lodge**. *Hier, „am Rande der Unendlichkeit", schweift der Blick über weite Ebenen zu orangen Dünen in der Ferne. Die Lodge bildet eine Einheit mit den Farben der umliegenden Berge – die Steine stammen von hier. So weitläufig die Landschaft, so groß sind die eigenen Suiten in wüstenangepassten Bungalows. Schlafzimmer, Wohnbereich und Bad bieten freie Sicht in die Einsamkeit. Die gute Küche wartet mit afrikanischen Spezialitäten auf (www.andbeyond.com).*

NamibRand Nature Reserve
Lage: ca. 60 km südlich des Sesriem Canyon; ca. 400 km südwestlich von Windhoek
Größe: 1.720 km²
Tiere: Oryx-Antilopen, Zebras, Strauße, Leoparden etc.
Besonderheiten: privates Naturschutzgebiet, erstes Dark Sky Reserve Afrikas
Information: www.namibrand.com

INFO

27 Das Naukluft-Gebirge – Tipp für Wanderer

Naukluft bedeutet so viel wie enge (nau) Schlucht (Kluft). Während der deutschen Kolonialzeit war die Naukluft, durch die zu Regenzeiten ein starker Bach fließt, ein heftig umkämpftes Gebiet. Der Namahäuptling Witbooi nutzte die günstige Lage, um von hier aus Angriffe gegen die deutschen Truppen zu führen.

Das Naukluft-Gebirge ist so etwas wie ein kleiner Geheimtipp – die meisten Touristen fahren hier einfach vorbei. Die höchsten Erhebungen reichen bis 1.949 m über den Meeresspiegel. Das Gebiet erhält – im Vergleich zur Umgebung – relativ gute Niederschläge, die jährlich zwischen 50 und 500 mm schwanken. Der meiste Regen fällt während der teils heftigen Gewitter zwischen Dezember und April. Die Niederschlagsmenge nimmt in Richtung Namib-Wüste ab. So kommt es, dass es im Gebirge zahlreiche Quellen und Bäche gibt, die selbst in der Trockenzeit über Wasser verfügen und dafür sorgen, dass in ihrer Nähe eine **erstaunliche Vegetation** gedeiht. Im Winter kann es empfindlich abkühlen und die Temperaturen können nachts unter 0 °C sinken. Auf verschiedenen Wanderwegen kann man im Naukluft-Gebirge die einzigartige Natur und Landschaft genießen: Der **Waterkloof-Wanderweg** ist etwa 17 km lang. Man wird vom staatlichen Campingplatz aus in einem Rundweg geführt, wobei man zunächst einem Bachbett stromaufwärts folgt und die höchste Stelle (1.910 m) etwa in der Mitte des Weges erreicht. Auf dem Rückweg vom Plateau folgt man der Naukluft-Klamm. Der Weg nimmt etwa sechs Stunden in Anspruch.

Natürliches Fenster im porösen Dolomitgestein

Der **Oliven-Wanderweg** fängt ebenfalls in der Nähe des staatlichen Campingplatzes an und ist ca. zehn Kilometer lang. Man muss etwa 3½–4 Stunden Wanderzeit ansetzen. Nach einem steilen Anstieg erreicht man die Hochebene, wo man herrliche Aussichten genießen kann. Der Abstieg erfolgt durch ein Flusstal. An einer Stelle ist es etwas abenteuerlich: Bei der Überquerung eines Wasserfalls muss man sich an Ketten entlanghangeln. Unterwegs kann man Felsenadler beobachten.

Der **Naukluft-Wanderweg** ist eine besondere Herausforderung für trainierte Wanderer! Der Trail ist 120 km lang und nimmt ca. vier Tage in Anspruch. Übernachtungen sind in alten Farmhäusern und Hütten möglich. An allen Hütten gibt es Wasser, allerdings muss man einen Schlafsack und den gesamten Proviant mitführen. Wer lieber mit dem Auto unterwegs ist, der sollte sich die **Vier-Pässe-Fahrt** vom Naukluft-Gebiet aus nicht entgehen lassen. Auf dieser Rundfahrt erlebt man die bizarr-grandiose Welt der mittleren Gebirgslandschaft Namibias und die Pässe Remshoogte, Gamsberg, Gaub und Spreetshoogte.

Die Vegetation ist hier üppiger als im kargen Umland

Die Pässe haben sehr unterschiedliche Schwierigkeitsgrade: Der Remshoogte- Pass (ca. 1.700 m über NN) hat einen Gradienten von 1:10, ist also problemlos befahrbar. Die Steigung verläuft von West nach Ost. Der Gamsberg-Pass ist wohl der bekannteste Pass in Namibia. Gradient: 1:9, die Steigung verläuft von West nach Ost. Die Passstraße führt unterhalb des 2.347 m hohen Gamsberges, einer Art Tafelberg, entlang. Der Gaub-Pass ist ein harmloser Pass mit einem Gradienten von 1:18. Die Steigung verläuft von Süden nach Norden.

Der Spreetshoogte-Pass ist der Pass der Pässe... Der Gradient beträgt hier im Extremfall 1:4½. Der Pass ist nun auch gut für Pkws befahrbar, nachdem man bestimmte Kurven und lockere Schotterflächen durch umfangreiche Bauarbeiten (die wesentlichen Teile sind nun befestigt) entschärft hat. Oben auf dem Plateau-Abbruch wird man mit einer grandiosen Aussicht belohnt. Man kann hier (wild) campieren und den abendlichen Sonnenuntergang genießen. Die Strecke ist insgesamt 409 km lang, lässt man den Spreetshoogte Pass aus, sind es nur 289 km.

Unter dem Namen Naukluft Experience haben sich die Gästefarmen Büllsport und Ababis zusammengeschlossen (www.naukluft-experience.com). Die engagiert geführte **Gästefarm Ababis** *mit geschmackvollen Zimmern, hervorragender Küche und einer gemütlichen Veranda, die etwas an „Jenseits von Afrika" erinnert, ist ideal als Ausgangspunkt für Ausflüge in die Naukluft und zu den Dünen ins Sossusvlei (www.ababis-gaestefarm.de). Auch Büllsport bietet geschmackvoll eingerichtete Zimmer im alten Gästehaus (www.buellsport.com).*
Das **Campen im Namib-Naukluft-Park** *eignet sich aufgrund der vielen frechen Affen, die den Aufenthalt etwas ungemütlich machen können, nur für robustere Naturen. Ansonsten aber sind die schattigen und mit Sanitäranlagen ausgestatteten Plätze vom NWR ein guter Ausgangspunkt für Wanderungen.*

INFO

Namib-Naukluft-Park
Lage: an der Atlantikküste
Höhe: bis zu 1.949 m
Größe: 50 000 km²; 2½-mal größer als der Etosha National Park
Tiere: Hartmannzebras, Gemsböcke, Kudus, Leoparden
Besonderheit: größter Naturpark Namibias
Information: www.nwr.com.na/namib_naukluft_national_park.html

28 Sossusvlei – faszinierende Wüste

Knallrot ragen sie bis zu 300 Meter in den stahlblauen Himmel. Die Nachmittagssonne zeichnet scharfe Kanten auf die Dünen von Sossusvlei. Ihre Schattenseiten erscheinen pechschwarz. Die berühmte Lehmsenke im Westen Namibias inspiriert unzählige Fotografen zu den schönsten Bildern, Postern und Postkarten. Das Gebiet liegt im Namib-Naukluft-Park, ist aber zweifellos trotz aller Naturschönheit ringsum der **Höhepunkt der Namib-Wüste**. Einige Dünen, auf deren Oberfläche der Wind zwar den Sand verweht, die aber weder ihren Standort noch ihre Form verändern, sind nummeriert. Düne 45 ist eine der bekanntesten, deshalb liegt vor ihr ein kleiner, runder Schotterparkplatz. Wer den Sonnenuntergang auf der Düne genießen will, kann dort sein Auto abstellen und zu Fuß ein schönes Plätzchen suchen. Wandern ist überall erlaubt, Fahrzeuge müssen auf den markierten Pisten bleiben.

Seltener Anblick: der Sesriem Canyon mit Wasser

In der Regenzeit füllt sich manchmal **die Senke mit Wasser**. Doch das passiert selten. Antilopen, Springböcke und Strauße leben in Abhängigkeit von diesem Wasser und von den Pflanzen, die sich die Feuchtigkeit aus dem Grundwasser holen. Die Dünennamib ist der „sandige" Teil dieser Wüste, der sich auf etwa 300 km zwischen Kuiseb-Canyon und Koichab-Fluss (Lüderitz) erstreckt. Bis zu 135 km reicht die Sandwüste ostwärts ins Land. Die meisten Dünen gelten heute als „versteinert", da sie in regenreichen Zeiten verdichtet und damit hart wurden. Die Sande, aus denen die Dünen am Sossusvlei aufgeweht sind, stammen aus dem Mündungsbereich des Oranje, der seine Schwemmsande an der Küste ablagert. Dieser Sand wird durch nordwestliche Winde herantransportiert.

Unregelmäßig führt der Tsauchab Wasser bis ins Vlei hinein. Nach dem Austrocknen bleiben rissige, hellgraue bis weiße Lehmflächen zurück. In den Sommermonaten ist es hier zu heiß zum Wandern, nur kurze Spaziergänge sind den Besuchern möglich. Doch **zumindest auf die ersten Dünen** sollte man steigen, denn der Ausblick ist einzigartig: Kleinere Vleis liegen gelb-weiß inmitten der orange-roten Dünen und heben sich wie kleine Punkte ab. Nur vom Flugzeug aus oder während einer Ballonfahrt ist zu erkennen, dass sich westlich von Sossusvlei noch weitere Senken anschließen, die jeweils durch Dünenberge getrennt sind. Man kann deshalb davon ausgehen, dass der Tsauchab in der geologischen Vergangenheit ungehindert den Atlantik erreichte.

Um das Sossusvlei herum sieht man auf den kleinen Dünen **Nara-Melonen**, ein Hinweis darauf, dass im Untergrund genügend Feuchtigkeit ist, denn das Kürbisgewächs benötigt viel Wasser. Deshalb hat die Pflanze bis zu 30 m tiefe Pfahlwurzeln. Da das Gewächs keine Blätter hat, ist die Verdunstung auf ein Minimum reduziert. Gewaltige Kameldornbäume findet man in der Nähe des Campingplatzes am Eingang des Sossusvlei sowie an den beiden Parkplätzen am Sossusvlei selbst. Diese riesigen Bäume verfügen über ein tiefes, weit verzweigtes Wurzelsystem und erreichen Höhen von bis zu 15 m. Sehr oft begleiten Kameldornbäume ein Trockental. Die halbmondförmigen Früchte sind ein Leckerbissen für viele Tiere. Kurz vor dem Eingangstor ins Sossusvlei zweigt ein Weg zum nahen Sesriem Canyon ab. Hier hat sich der Tsauchab etwa 50 m tief in das schieferartige Gestein hineingefressen. Der Name „Sesriem" leitet sich von frühen Erzählungen der ersten Siedler ab: Man brauchte sechs aneinander geknotete (Ochsen-) Riemen, um von unten Wasser heraufzuholen. Für den Besuch des Canyons benötigt man eine Erlaubnis, die man am Eingang zum Sossusvlei erhält.

Das Sossusvlei ist 65 km vom Eingang bei Sesriem entfernt. Für Pkw- Fahrer endet die Fahrt am Parkplatz unter den Kameldornbäumen. Von hier aus sind es noch 5 km zum Sossusvlei, die man im Geländewagen, per Shuttle oder zu Fuß zurücklegen kann. Letzteres kann sehr anstrengend werden, da der tiefe Sand und die Hitze zu schaffen machen.

Die einzige Übernachtungsmöglichkeit im Park ist die **Sossus Dune Lodge** *der staatlichen Namibia Wildlife Resorts. Die Lodge ist umweltverträglich, da sie in erster Linie aus Holz, Leinen und Stroh besteht, im attraktiven „afro-village"-Stil erbaut, und ermöglicht den Gästen durch ihre einzigartige Lage ein bewegendes Naturerlebnis. Da die Lodge im Park liegt, kann man das Sossusvlei vor Sonnenaufgang erreichen und bis nach Sonnenuntergang dort bleiben. Nach der Rückkehr genießt man die Ruhe, Stille und Pracht der Wüste unter afrikanischem Himmel. Die Sossus Dune Lodge bietet geführte Touren an, um den Besuchern die Schönheit und biologische Vielfalt der Wüste vor Augen zu führen (www.nwr.com.na).*

Im Park gelegen: Sossus Dune Lodge des NWR

INFO

Sossusvlei
Lage: im Namib-Naukluft-Park
Tiere: Oryx-Antilopen, Springböcke, Strauße
Höhe der Dünen: bis zu 300 m über dem Meeresspiegel

29 Die Namib und der Kuiseb Canyon – „Wenn es Krieg gibt, gehen wir in die Wüste“

Die Namib ist eine der **ältesten Wüsten der Welt**. In der Sprache der Nama heißt Namib so viel wie „riesige, öde Fläche“. Die Wüste liegt im subtropischen Klimabereich, trotzdem ist die Temperatur der küstennahen Teile aufgrund des kalten Benguela-Stroms niedrig. Die Namib ist – bis auf ihre Küstenzone – fast nebellos und bezieht die meiste Feuchtigkeit aus Regen und Tau.

Die Namib ist **extrem lang und schmal**: Sie erstreckt sich vom südlichen Angola (Kunene) bis nach Südafrika (Olifants River). Ihre breiteste Stelle beträgt knapp 200 km. In ihrer Ost-West-Ausdehnung kann die Namib in zwei Teile gegliedert werden: in die ca. 50 km breite Küstenzone und den Inland-Teil. Die Küstenzone ist stark durch das Meer beeinflusst. Der nordwärts fließende Benguela-Strom sorgt hier für Kühle und Nebel zu jeder Jahreszeit.

Vom landschaftlichen Erscheinungsbild her sowie aufgrund unterschiedlicher Flora und Fauna kann die Namib noch einmal in verschiedene Regionen eingeteilt werden: Im Norden befindet sich die unwirtliche **Skelettküste** (vgl. S. 92), die schon vielen Seefahrern zum Verhängnis wurde. Zwischen dem Ugab- und Kuiseb-Fluss liegt die **Zentral-**

Spuren vergangener Zeit: Buschmannzeichnungen am Canyon

Namib, die von der menschlichen Besiedelung und der wirtschaftlichen Relevanz her der wichtigste Teil der Namib ist. Daneben gibt es die **Dünen-Namib**, die sich vom Kuiseb-Fluss bis fast nach Lüderitz erstreckt. Zu Hochwasserzeiten (also besonders in früheren Klimaperioden) haben Flüsse riesige Sandmassen hierhergebracht, die nach dem Austrocknen der Flüsse zurückblieben und vom Wind zu Dünen aufgeweht wurden. Die Dünen-Namib ist unbesiedelt, nur in den östlichen Randgebieten werden Karakulschafe gezüchtet. Zuletzt gibt es die besonders kiesreiche **Süd-Namib,** in der einige kleine Sukkulenten wachsen. Die Gegend ist größtenteils Diamantensperrgebiet.

Blick in den Kuiseb Canyon

Der **Kuiseb Canyon** am Rande der Namib ist ein markanter Einschnitt in die Landschaft. Wie der Fluss *Fish*, so führte auch der Kuiseb in der Vergangenheit sehr viel Wasser und konnte sich so in das relativ weiche Gestein einschneiden. Die wilden Schluchtwände werden von Damaschiefer sowie weichem Kalkstein gebildet.

Diese Landschaft war für die beiden Geologen **Henno Martin** und **Hermann Korn** Zuflucht im Zweiten Weltkrieg. Die beiden Deutschen sollten 1940 interniert werden und versteckten sich im Kuiseb Canyon. Als Geologen kannten sie die Gegend bestens. Vier Tage lang bereiteten sie sich vor, danach flüchteten sie mit ihrem alten Lastwagen und ihrem Hund. Bei Carp Cliff errichteten sie ihr erstes Lager. In dem Buch **„Wenn es Krieg gibt, gehen wir in die Wüste"** beschreiben sie ihren zweijährigen Ausstieg und berichten über die harten Lebensbedingungen. Als der Kuiseb bei Carp Cliff austrocknete, mussten sie nach 2½ Jahren diese Stelle verlassen und an einem anderen Ort eine neue Heimat finden. Doch noch vor Kriegsende mussten sie aufgeben, da Korn wegen Vitamin-B-Mangels sehr krank wurde. Die Behörden allerdings übten Nachsicht mit den beiden und stellten sie als Geologen ein. Der Erlebnisbericht ist sehr spannend und zugleich wahrheitsgetreu geschrieben – eine ideale Lektüre zur Einstimmung auf das Land.

Die ***Gästefarm Niedersachsen*** *in der Nähe des Canyons liegt sehr einsam in einer zerklüfteten Schiefergebirgslandschaft. Die Gästezimmer sind einfach, es gibt aber einen tollen Ausblick von der Terrasse auf das Umland. Sehr beliebt ist bei Astronomen der Sternbeobachtungsplatz. Aufgrund der sauberen Höhenluft und der extremen Dunkelheit kann man sehr gut Sterne fotografieren. Empfehlenswert ist die „Henno Martin Tour", bei der es tief hinein in die Riviere des Nausgomab und des Kuiseb und anschließend hinauf in die Berge geht. An der gut erhaltenen zweiten Wohnstätte der Geologen Dr. Henno Martin und Dr. Korn hat man Gelegenheit, nachzuvollziehen, wie diese Männer gelebt und überlebt haben (www.guide.com.na/niedersachsen).*

INFO

Namib
Lage: an der Westküste
Größe: 95.034 km²
Besonderheit: enthält einige der höchsten Sanddünen der Welt

30 Swakopmund und die Wunder-Welwitschia

Swakopmund, die zweitgrößte Stadt Namibias, ist kulturell und architektonisch in ganz besonderem Maße durch die **deutsche Kolonialzeit** geprägt. Noch haben viele Straßen und Gebäude deutsche Namen, sie werden jedoch im Zuge der „Eingemeindung" nach und nach umbenannt. Ca. 10 % der rund 44.700 Einwohner sind deutscher Abstammung. Die meisten Hotels und Pensionen lassen den Besucher eher an ein Nordseebad denken als an Afrika. Als Badeort kommt das Städtchen den hitzegeplagten Namibiern vor allem in den Sommerferien gelegen, wenn es im Binnenland äußerst heiß ist. Dann tun die Nordseetemperaturen gut. Die gesamte Infrastruktur des Ortes und der weiter nördlich gelegenen Siedlungen ist auf **Feriengäste** abgestimmt. Viele verbringen in Swakopmund auch ihren Lebensabend. Diese Rentner bilden zusammen mit den Arbeitnehmern der Mine, der Salzfabriken und der touristisch orientierten Unternehmen das wirtschaftliche Rückgrat der Stadt.

Der Name Swakopmund stammt vom **Fluss Swakop** ab, welcher südlich der Stadt in den Atlantik mündet – wenn er, was aber eher selten vorkommt, Wasser führt. Swakop ist die lateinische Schreibweise des Nama-Wortes „Tsoaxoub", was „Exkremente" bedeutet. Die Nama bezeichnen den Fluss deshalb so, weil er sehr große Schlammmassen mit sich führt.

Wer eine gemütliche und familiäre Atmosphäre schätzt, dem werden die überschaubare Anlage und der liebevoll gepflegte Garten des **Cornerstone Guesthouse** *in Swakopmund gefallen. Die sieben Zimmer sind sauber und verfügen über je ein eigenes Bad*

Relikte der Kolonialherrschaft

und eine Veranda. Das Frühstück lässt keine Wüsche offen (www.cornerstoneguesthouse.com).

Zu empfehlen ist Swakopmund als Ausgangsort für einige interessante Safaris und Ausflüge, so z.B. nach Sandwich Bay, zur Robbenkolonie Cape Cross (s. S. 78) oder in die unmittelbar hinter der Stadt beginnende Wüste.

Für Pflanzenkundler, Mineralogen und Landschaftsliebhaber gibt es einen etwas ungewöhnlichen Ausflug in die Umgebung von Swakopmund, der von dort aus als Halbtages-Safari angeboten wird: die 160 km lange **„Welwitschia-Route"**, auf der die einzelnen naturkundlichen Sehenswürdigkeiten mit Nummern-Steintafeln gekennzeichnet sind. Interessante Stationen dieser Route sind u. a. großflächige Flechtenfelder und sukkulente Talerbüsche.

Höhe- und Endpunkt der Route ist die große, wahrscheinlich ca. 1.500 Jahre alte **Welwitschia mirabilis** – ein „lebendes Fossil". Sie gehört zur Gruppe der Sukkulenten. Ihr Hauptverbreitungsgebiet ist ein relativ schmaler Landstreifen, der sich von Namibias Namib-Wüste bis nach Südangola hinzieht. Während in der Namib bei Swakopmund die Pflanzen sehr alt sind, findet man jüngere Pflanzen erst ab Khorixas. Die Ursache ist der von Süden nach Norden zunehmende Niederschlag, der jungen Pflanzen das Überleben sichert. Der rübenförmige Stamm der Welwitschia kann bis zu 3 m tief in der Erde stecken. Sie verfügt über Pfahlwurzeln mit vielen Verzweigungen. Außer den beiden Keimblättern entwickelt die Pflanze nur zwei sehr lange, lederartige Blätter mit Zellulosefasern, die am Stamm beginnen und zum Ende hin zerschlissen sind. Diese Blätter liegen auf dem Boden auf und werden daher durch den Wind zerzaust. Wenn die Blätter mit dem heißen Wüstensand in Berührung kommen, verdorren sie. Es sieht dann so aus, als ob sie verbrannt seien. Die weibliche Blüte der Welwitschia sieht Kiefernzapfen ähnlich. In der Mitte befindet sich die Samenanlage. Hier suchen Tiere (z. B. Bienen, Fliegen, Hummeln) in der Blütezeit Nektar. Manchmal fressen bzw. knabbern auch Zebras, Gazellen und Oryx-Antilopen an der Pflanze, die vielen kleineren Tieren der Umgebung Schatten, Schutz und Nahrung bietet.

Der Name „mirabilis" stammt aus dem Lateinischen und heißt so viel wie „wunderbar". Der Gattungsname dieser Pflanze *Welwitschia* geht auf den Namen des Botanikers F.M.J. Welwitsch (1806–1872) zurück. Bei einer Forschungsreise entdeckte dieser österreichische Wissenschaftler die nie zuvor in der Literatur erwähnte Pflanze.

Bis zu drei Meter tief reichen die Wurzeln der Welwitschia in die Erde

Swakopmund
Lage: im Westen, an der Atlantikküste
Größe: 44.700 Einwohner (2011)
Besonderheiten: deutscher Kolonialstil, Nordseeklima

INFO

31 Cape Cross – Heimat der Seebären

Unverhofft wurde das abgelegene, unwirtliche Cape Cross um 1900 für einige Jahre zu einem wichtigen **Wirtschaftsstandort**. Rund um das Kap tummelten sich Tausende von Robben, die seit dem 17. Jahrhundert wegen ihres Fleisches, des Öls und der Felle heiß begehrt waren. Auch Guano-Lager gab es in der Gegend, sie befanden sich auf kleinen Erhebungen, die auf der Salzfläche lagen (einem Teil des früheren Meeres, das dann ausgetrocknet ist). 1903 allerdings neigten sich die Guano-Lager dem Ende zu; auch die Robben waren sehr stark dezimiert, und die wirtschaftlichen Aktivitäten liefen aus.

Starke Bindung zwischen Mutter und Nachwuchs

Heute leben am Kreuzkap wieder ca. 250.000 Südafrikanische Seebären, eine Robbenart, die zur Familie der Ohrenrobben gehört. Die Kolonie bei Cape Cross ist deshalb so groß, weil hier der Plankton-Gehalt des Benguela-Stromes für **Fischreichtum** sorgt. Die felsige Landzunge und Kieselsteinstrände machen diesen Platz zusätzlich attraktiv. Insgesamt gibt es an der Küste Namibias 23 Robbenkolonien, die zusammen ca. eine Million Tiere aufweisen.

Am Kreuzkap gibt es das ganze Jahr über Robben. Außerhalb der Paarungszeit sieht man aber kaum **Bullen** in der Kolonie; sie kommen erst im Oktober an Land, um ihren ‚Haremsbezirk' zu besetzen. Ausgewachsene Bullen wiegen normalerweise bis zu 190 kg, doch zu Beginn der Brunftzeit sind sie so fett gefressen, dass sie es auf ein Gewicht von **bis zu 360 kg** bringen können. Diese Fettreserven verbrauchen sie innerhalb der nächsten sechs Wochen, da sie ihre Territorien mit viel Kraftaufwand verteidigen müssen. Die **Kühe** sind erheblich kleiner als die Bullen und wiegen nur bis zu 75 kg. Ein paar Wochen nach den Bullen kommen die trächtigen Kühe an Land, um hier ein einziges Junges zu gebären. Die Tragzeit dauert ca. acht Monate. Etwa fünf bis 25 Kühe bilden den Harem eines Bullen, und bereits sieben Tage nach der Geburt beginnt wieder die Brunftzeit. Folglich ist eine Robbenkuh praktisch bis auf wenige Tage im Jahr trächtig.

Die meisten Robben werden gegen Ende November/Anfang Dezember geboren. Ihr Geburtsgewicht beträgt 4,5–7 kg, ihre Pelze sind pechschwarz. Schon eine Stunde nach der Geburt beginnen die Jungen, bei der Mutter zu saugen. Die Mutter entwickelt eine sehr starke Bindung zu ihrem Nachwuchs. Doch sie muss ihr Junges verlassen und wegen der Nahrungssuche aufs Meer hinausschwimmen.

Die Cape Cross Lodge

Durch **gegenseitiges Rufen** finden sich Mutter und Kind wieder. Fast ein Jahr säugt die Mutter ihr Junges. Im Alter von vier bis fünf Monaten beginnen die Kleinen, Schalentiere und kleine Fische zu fressen. Und im Alter von sieben Monaten können sie bereits bis zu vier Tage im Wasser bleiben. Zu 50 % ernähren sich Robben von **kleinen Fischen**, wie der Bastardmakrele und der Sardine, die in Schwärmen leben. Aber auch Krustentiere und Tintenfische werden nicht verschmäht. Bei alten Robben fand man in den Mägen sogar Kies und Steine, die vor allem verdauungsfördernd sind, aber auch dazu dienen, das Gleichgewicht besser zu halten.

Das Robbenreservat ist täglich geöffnet. Es gibt hier keine Unterkünfte; Trinkwasser und Toiletten sind aber vorhanden. Achtung: An Robbenkolonien stinkt es fürchterlich. Nach einiger Zeit gewöhnen sich jedoch die meisten Besucher an den Gestank.

Anfang 2013 wurde bei der **Cape Cross Lodge** *das* **Historical Cape Cross Museum** *eröffnet, das die historische Bedeutung des Ortes u.a. mit einer Fotoausstellung beleuchtet. Illustriert wurde das Museum von zwei namibischen Künstlerinnen, zudem sind historische Artefakte zu sehen. Der moderne Hotelbau liegt 4 km südlich der Cape-Cross-Robbenkolonie und verfügt über helle, große Räume. Das Restaurant ist auch für Besucher offen (www.capecross.org).*

INFO

Seebären
Name: *Arctocephalus pusillus* (engl.: *Cape Fur Seal*)
Gewicht: Weibchen bis zu 75 kg, Männchen 190 kg, bis zu 360 kg in der Brunftzeit
Alter: Seebären können bis zu 20 Jahre alt werden.
Verbreitung: Südafrika, Namibia, Australien

32 Wandern im Erongo-Gebirge – Felsenzeichnungen und „Bull's Party"

Das **Erongo-Gebirge** liegt im ehemaligen Damaraland, westlich der Stadt Omaruru. Die wildromantische Bergszenerie lädt zu Wanderungen ein. Besonders berühmt ist die Phillips-Höhle (benannt nach Emil Phillip, dem einst die Farm Ameib gehörte). Dieser auf der Höhe eines Berges gelegene Felsvorsprung ist ca. 50 m lang und zehn Meter tief und steht unter Denkmalschutz. Von der Höhle aus hat man einen fantastischen Ausblick auf die umliegenden Berge. Der französische Forscher und Geistliche Abbé Breuil besuchte diesen Ort und widmete den hier gefundenen **Felszeichnungen** ein ganzes Buch. Besonders eindrucksvoll ist die Figur eines weißen Elefanten, in dessen Leib ein roter Bock eingemalt ist. Der Bock ist jedoch aller Wahrscheinlichkeit nach jüngeren Datums. Die Phillips-Höhle erreicht man auf einem **markierten Fußweg**, der ca. 30 Minuten in Anspruch nimmt. In der Sommerzeit allerdings ist diese Wanderung recht anstrengend, da es in dem zu durchwandernden Talkessel sehr heiß ist. Ebenso ist der Anstieg auf die Höhe recht mühsam, sodass man auch im Winter leicht ins Schwitzen gerät. Deshalb sollte man auf jeden Fall etwas zu trinken mitnehmen und sich an den vorgegebenen Weg halten.

Eine weitere Sehenswürdigkeit ist die auf dem Gelände der Farm Ameib liegende „**Bull's Party**": Diese überdimensionalen, runden Steinkugeln sind Produkte der Erosion. Aufgrund der hohen Temperaturunterschiede heizt sich der Gesteinskörper an der Außenseite stark auf, während das Innere stets kälter bleibt. Allmählich lockert sich deshalb das Gestein, die Außenhaut blättert ab. Dieser Platz eignet sich besonders für ein Picknick, da es hier genügend Schatten gibt.

Beeindruckende Felsformationen

Mehrere Unterkünfte machen das Gebirge zu einem lohnenden Stopp:
Die **Hohenstein Lodge** *bietet komfortable Zimmer mit Terrasse an. Von jedem Zimmer hat man einen tollen Ausblick auf den Hohenstein (2.316 m). Schwimmbad sowie Restaurant vorhanden. Mögliche Aktivitäten: Wandern auch mit Führung), Birdwatching-Touren (mehr als 400 Arten sind zu beobachten), Klettern im „Boulder Forest", Panoramafahrten mit Guide. Unter der Bezeichnung* **„Absolut Erongo"** *bietet Hohenstein zudem ein 2-Tage-Paket mit Wanderungen und einer Übernachtung im abgelegenen Etemba Wilderness Camp an (www.hohensteinlodge.com).*
Die **Gästefarm Eileen** *liegt am Rande der Berge. Die Gastgeber bieten ein echtes Farmerlebnis in familiärer Atmosphäre. Geführte Wanderungen und Farmrundfahrten mit Wildbeobachtung werden angeboten (www.erongo.iway.na).*
Die **Farm Ameib** *wird des Öfteren als ein „Bilderbuch der Malereien" bezeichnet. Hier sollte man – auch wenn man nicht im Gästehaus übernachtet – einen Zwischenstopp einlegen und die Sehenswürdigkeiten der Farm und Umgebung bewundern. Auf dem Farmgelände befinden sich die schönsten Wandergebiete und Sehenswürdigkeiten des Gebirges: die berühmten Rundfelsen der „Bull's Party" sowie die Felsmalereien der Phillip's Höhle (www.ameib.com).*

Bewohner der Erongo-Region

Die **Erongo Wilderness Lodge** *besticht durch ihre kreative Architektur: Zelte mit Veranda auf festen Plattformen, z. T. angelehnt an mächtige Felsen, tolles Beispiel für Harmonie zwischen Architektur und Landschaft. Sehr schöner Restaurantbereich, Pool mit Sonnendeck. Tolle Wandermöglichkeiten, z. B. zu Felszeichnungen, gute Tierbeobachtungsgelegenheiten (artenreiche Vogelwelt). (www.erongowilderness.com).*
Die **AiAiba Lodge** *liegt am Nordrand des Erongo-Gebirges. In der Nähe befinden sich fantastische Fundstellen prähistorischer Malereien. Es gibt hier zehn riedgedeckte Bungalows mit jeweils eigener Terrasse. Es herrscht insgesamt eine sehr persönliche Atmosphäre (www.aiaiba.com).*

INFO

Erongo-Gebirge
Lage: 50 km nördlich von Usakos
Höhe: 2.319 m (Hohenstein)

Besonderheiten: Namensgeber für die politische Region Erongo, überdimensionale Steinkugeln bei der Farm Ameib

33 Das Brandbergmassiv – geheimnisvoller schwarzer Fels

In den ariden Wüsten- und Trockensavannenzonen Namibias findet man häufig tiefschwarz glänzende Gesteine, die im Volksmund als „Wüstenlack" bezeichnet werden. Tatsächlich aber handelt es sich um das Ergebnis chemischer Prozesse an der Oberfläche der Gesteine, hervorgerufen durch extreme Sonneneinstrahlung und die damit verbundene Hitze. Der Wüstenlack ist eine **glänzende Mineralkruste** auf Fels- und Gesteinsflächen, die aus einer 1–3 mm dünnen Schicht von Mangan-, Kieselsäure- oder Eisenverbindungen besteht, welche durch das Aufsteigen von Lösungen an der Gesteinsoberfläche an gereichert wird. Kondensierende Feuchtigkeit (z. B. Tau) sowie die hohe Verdunstung begünstigen die Entstehung von Wüstenlack, und da sich dieser mantelartig um das Gestein herumlegt, nennt man ihn auch „Wüstenrinde".

Überzogen von „Wüstenlack": der Brandberg

Unter diesem Deckmantel können sich daher Gesteine unterschiedlicher Farbe verbergen. Der Glanz kommt vor allem durch sogenannten „Windschliff" zustande: Feine Sandpartikelchen, vom Winde transportiert, schleifen Fels und Gesteinsflächen allmählich blank („Wüstenpolitur").

Ein Beispiel ist das gewaltige Brandbergmassiv im Westen Namibias, in dem sich die große Tsisabschlucht befindet. Seine Gesteinsmassen erwecken z. T. den Eindruck, dass es hier gebrannt habe. Die Umrisse des Brandbergmassivs sind von der Form her oval, ca. 30 km lang und 23 km breit. Hier befindet sich der **höchste Berg Namibias**, der

2.580 m hohe Königstein. Als erster Bezwinger wird Reinhard Maack genannt, der den Berggipfel am 2. Januar 1918 erreichte.

Elefanten am Fuße des Brandbergs

Im Gebiet des Brandbergs wurden **ca. 45.000 Felszeichnungen** gefunden, an deren Entstehung verschiedene ethnische Gruppen beteiligt waren und von denen die ersten bereits 2.000 Jahre vor unserer Zeitrechnung geschaffen wurden. Neben Jagdszenen und schamanischen Motiven ist die berühmteste Zeichnung die ca. 45 cm hohe sogenannte „White Lady". Reinhard Maack interpretierte sie als Darstellung eines Kriegers, befand sie aber für nicht allzu spektakulär. Die Zeichnung geriet in Vergessenheit, bis der französische Priester und Prähistoriker Abbé Breuil in den 1950er-Jahren hierherkam, Kopien des Gemäldefrieses anfertigte und die Zeichnung trotz Fehlen weiblicher Formen enthusiastisch als Darstellung einer Frau mit einem Gefäß bzw. einer Lotusblüte in der Hand beschrieb. Heute geht man davon aus, dass die Zeichnung einen **Krieger oder Schamanen** darstellt und die Gegenstände in der Hand der Figur eine Jagdausrüstung andeuten. Das Weiße an der „Dame" ist eine Art von Körperbemalung, wie sie bei vielen afrikanischen Kulturen (Himba, Herero, Xhosa) zu rituellen Zwecken üblich war und auch heute noch ist.

Die „White Lady"

Der **Fußmarsch** zur „Weißen Dame" dauert ca. eine Stunde und ist nur mit Führung möglich. Auf dem Weg ist es fast das ganze Jahr über sehr heiß, sodass man die Mittagszeit auf jeden Fall meiden sollte. Man muss über Felsen und Steine klettern; ein nicht leichter, aber lohnender Ausflug.

Im Herzen des Damaralandes liegt das **Damaraland Camp**, *im nördlichen Teil des Huab-Flusses und mit Blick auf das Brandbergmassiv. Die zehn komfortablen Zelte bieten einen grandiosen Blick auf die Landschaft (www.wilderness-safaris.com).*
Direkt am Fuße des Brandbergs liegt die **White Lady Lodge** *mit einfachen Chalets und Restaurant mit Blick auf den Brandberg (www.brandbergwllodge.com).* **Namibia Tracks & Trails** *bietet eine mehrtägige Campingtour durch die Berge und Täler des Damaralands an (www.namibia-tracks-and-trails.com).*

Brandbergmassiv
Lage: im Westen, 90 km vom Atlantik entfernt
Höhe: bis zu 2.580 m (Königsstein), höchste Erhebung Namibias
Fläche: 760 km²
Besonderheiten: Felsmalereien

INFO

34 Twyfelfontein – Namibias erstes Welterbe

Twyfelfontein ist der reichste Fundort von Felsgravuren in Namibia und seit 2007 als das erste **UNESCO-Weltkulturerbe** des Landes anerkannt. Die Gravuren wurden schon zu deutscher Kolonialzeit bzw. kurz danach gefunden, genau ist aber das Entdeckungsdatum nicht bekannt.

In dem Übergangsgebiet zwischen Namib und dem inneren Hochland müssen schon in sehr früher Zeit Grasweiden bestanden haben. Die großen Tierherden, die hier gelebt haben, sammelten sich an den wenigen Wasserstellen, um ihren Durst zu löschen. Ein Leichtes für den Jäger der Frühzeit, hier Beute zu machen. Deshalb waren die Randgebiete, die sich unmittelbar an die Wüste anschlossen, ziemlich **dicht besiedelt** (so das Erongo-Gebirge, das Khomas-Hochland, die Spitzkoppe, die Naukluft, der Brandberg und Twyfelfontein). In der Nähe dieser Wasserstellen finden wir heute die von Jägern geschaffenen Felsbilder.

Der **prähistorische Künstler** benutzte wahrscheinlich einen Quarzmeißel. Die Gravuren finden sich auf meist sehr ebenen Platten, die heruntergestürzt sind. Da das Gestein ausgehärtet ist, wäre es heute unmöglich, mit einem Meißel Figuren in diese Platten einzugravieren. Mit den Werkzeugen der Frühzeit konnte man nur relativ frisch heruntergestürzte Felsplatten bearbeiten. Das heißt, die Felsen, auf denen die tiefsten Gravuren zu finden sind, mussten kurz vor der Bearbeitung hinabgestürzt sein. Die Tiefe der Gravuren beträgt in der Regel 1–3 mm, sehr selten 5–8 mm. Die Gravuren lassen sich allgemein nach **drei Motivgruppen** einteilen: Tiere, Fährten dieser Tiere, Darstellungen abstrakter Natur. Die Darstellungen von Tieren sind meist sehr **naturgetreu**. Bestimmte Eigenschaften werden absichtlich besonders betont und in der Darstellung übertrieben, so z. B. die Leichtfüßigkeit eines Springbocks oder der lange Hals der Giraffe.

Auch Felsmalereien finden sich bei Twyfelfontein

Ein grober Aufschluss über das **Alter** ergibt sich aus der sog. Patina, womit man die Oxidation der äußeren Gesteinsschicht bezeichnet. Diese Oxidation geht anfangs schnell vor sich, lässt aber mit zunehmender Gesteinstiefe nach und dringt dann nur noch langsam vor. Alte Gravuren erkennt man daran, dass sie farblich mit dem nicht bearbeiteten Teil der Steinplatte übereinstimmen. Doch ist die Patinierung nur ein schlechter Maßstab für exakte Altersbestimmungen, denn man weiß bislang nicht, wie schnell sie in Namibia erfolgt. Die Patinierung ist abhängig von der Möglichkeit, wie sich Wasser am Felsen sammeln kann, der Gesteinsart, der salzhaltigen Luft, die vom nahen Meer weht. Die Spannbreite der Datierungen reicht von Gravuren aus unserer Zeit bis hin zu solchen aus der Zeit um 24000 v. Chr. Die ältesten Gravuren stammen also vielleicht aus einer Zeit, in der noch kein San im Kaokoveld lebte, sondern frühe Steinzeitmenschen.

Bis zu 10.000 Jahre sollen die Gravuren alt sein

Die Gravuren können nur im Rahmen einer Führung besucht werden. Die beste Besuchszeit ist der späte Nachmittag, wenn viele der Gravuren im Sonnenlicht stehen (morgens ist es zwar kühler, aber die Gravuren liegen im Schatten). Gutes Schuhwerk und Kopfbedeckung sowie ausreichend Wasser sollten die Wanderung von ca. 1 ½–2 Stunden zu einem schönen Erlebnis machen. Ein Parkplatz befindet sich unten im Tal an der ursprünglichen Quelle.

Unweit von Twyfelfontein gibt es noch eine weitere Besonderheit: Im **Versteinerten Wald** sind mehr als 50 Baumstämme zu sehen, die einst bis zu 30 m lang waren, inzwischen aber in kleine Stücke zerbrochen sind. Ob diese uralten, baumähnlichen Reste versteinerte Relikte eines Waldes sind, der einmal vor ca. 300 Millionen Jahren hier gewachsen ist, oder ob es sich um Material handelt, das angeschwemmt wurde, ist bislang ungeklärt.

In der Nähe der Gravuren liegt u.a. das schöne Mowani Mountain Camp (www.mowani.com). Auch das luxuriöse ***Doro Nawas Camp*** *im Tal des Aba-Huab-Flusses bietet Ausflüge an. Auf dem Gelände hat man zudem die Chance, die seltenen Wüstenelefanten zu sehen. Nachts kann man die Betten auf die Chalet-eigene Veranda ziehen, unter freiem Himmel schlafen und die Sterne bewundern (www.wilderness-safaris.com).*

INFO

Twyfelfontein
Lage: im Nordwesten Namibias, ca. 230 km nördlich von Swakopmund
Besonderheit: erstes UNESCO-Welterbe Namibias (2007)
Name: Aufgrund des spärlich fließenden Wassers nannte der einstige Farmer das Gebiet „zweifelhafte Quelle".
Alter: Die ältesten Felsgravuren sind aus der Zeit um 24000 v. Chr.

35 Waterberg Plateau Park – Naturwunder mit historischer Bedeutung

Der freistehende Waterberg erstreckt sich auf etwa 48 km Länge und bildet ein Plateau von 8–16 km Breite. Das Plateau wird von einer 180–200 Millionen Jahre alten Etjo-Sandschicht gebildet. Diese ist porös und speichert daher das Wasser, das langsam durch den Sandstein sickert, bis es auf ein wasserundurchlässiges lehmartiges Gestein stößt. Entlang diesem Quell-Horizont tritt das Wasser zu Tage, sichtbar u. a. an der grünen Pflanzenwelt. Durch seine herausragende Lage inmitten einer sonst flachen Savannenlandschaft fängt der Waterberg in der Regenzeit die Niederschläge ab. Deshalb ist er **vegetationsreicher** als die Umgebung.

Schon seit Urzeiten war die Region um den Waterberg **bevorzugtes Siedlungsland**. Davon zeugen u. a. Felszeichnungen am Okarakuwisaberg (dem nördlichen Teil des Waterbergs). 1851 entdeckten Francis Galton und Charles Andersson als erste Weiße dieses Gebiet. In ihren Tagebüchern berichten die Forschungsreisenden von San, die sie hier antrafen. Für die Herero war das Gebiet um den Waterberg stets eine beliebte Weidelandschaft. Der Herero-Häuptling Kambazembi ließ hier eine Herde von annähernd 40.000 Rindern weiden. Da hier viele indigene Völker lebten, ließen auch die Missionare nicht auf sich warten: 1873 ließ sich bei Otjozondjupa die Rheinische Mission nieder, die allerdings während des Herero-Khoikhoi-Kriegs einige Jahre später wieder zerstört und 1891 nochmals aufgebaut wurde. 1896 bezog hier auch die deutsche Polizei Stellung, wovon noch Ruinen südlich des Rasthauses zeugen. Das heutige Restaurantgebäude diente früher als Wohnhaus für die Polizeibeamten.

Eine traurige historische Bedeutung erlangte der Waterberg durch die **größte Schlacht** zwischen den Herero und der deutschen Schutztruppe (11. August 1904), in

Blick in die Ebene

der die Herero eine vernichtende Niederlage erlitten. Jährlich findet am Waterberg eine gemeinsame Gedenkfeier von Herero und Deutschen statt.

Die Gründung des Parks hatte vor allem das Ziel, die **einmalige Tierwelt** dieses Gebiets zu schützen bzw. neue Tierarten anzusiedeln. So gelang es, u.a. Pferde-Antilopen aus dem Kavango-Gebiet, Rappen-Antilopen aus dem Caprivi-Streifen, Elen-Antilopen und Giraffen sesshaft zu machen. Die hier anzutreffenden Breitmaulnashörner stammen ursprünglich aus Südafrika, einige Spitzmaulnashörner brachte man aus Etosha hierher. Einmalig in Namibia ist eine hier heimische Büffelherde. Daneben finden sich Raubtiere wie Geparde, Leoparden, Streifen- und Schabrackenschakale sowie Wüstenluchse. Insgesamt ist das Waterberg Plateau jedoch eher von landschaftlichem Reiz, da die meisten Tiere sehr scheu sind und schon von weitem flüchten.

Das **Waterberg Rest Camp** *ist eines der schönsten staatlichen Camps. Das Camp bietet Restaurant, Bar und Kiosk, die im historischen Rasthaus untergebracht sind. Auf den geführten Safaris kann man seltene und geschützte Tierarten wie das Schwarze und Weiße Nashorn, Büffel und die Rappenantilope zu Gesicht bekommen. Zahlreiche Wanderwege laden zum Erkunden des Waterberg-Massivs ein. (www.nwr.com.na).*
Einen herrlichen Blick auf das Waterberg Plateau und die umliegenden Grassavannen hat man von der auf 1.630 m Höhe gelegenen **Aloegrove Safari Lodge**, *15 km nördlich von Otjiwarongo. Sechs rustikal eingerichtete Bungalows stehen zur Verfügung und es werden Pirschfahrten und Großkatzenfütterungen (Löwen, Geparde und Leoparden) angeboten (www.aloegrove.com).*

Schützenswert: AfriCat und seine Katzen

Die ehemalige Rinderfarm Okonjima (ca. 50 km südlich von Otjiwarongo) hatte in den 1970er-Jahren große Probleme mit wildernden Raubkatzen. Ihr Besitzer, die Familie Hanssen, sowie einige der Nachbarfarmen versuchten zunächst mit herkömmlichen Methoden, die Viehverluste durch die Raubkatzen zu minimieren. Mit eher geringem Erfolg. Die intensive Beschäftigung mit der Lebensweise der Tiere sowie das Interesse der Touristen an den faszinierenden Großkatzen führten letztlich zu einem Umdenken und Okonjima entwickelte sich von einer landwirtschaftlichen Farm zu einem Naturschutzgebiet und beliebten Ziel für Touristen. 1993 wurde auf Okonjima die **AfriCat**-Stiftung gegründet, die sich dem Schutz und Erhalt der afrikanischen Großkatzen, insbesondere von Geparden und Leoparden, verschrieben hat. Eingefangene Tiere können hier abgegeben werden, wo sie gefüttert, medizinisch versorgt und wenn möglich wieder ausgesetzt werden. Die Leoparden laufen in dem privaten Naturschutzgebiet frei herum und können bei Touren im Gelände beobachtet werden.

Als Gast der **Okonjima Lodge** *hat man die Möglichkeit, einen Eindruck über die Arbeit der Stiftung zu gewinnen. 20 Zimmer im 2013 renovierten Main Camp stehen zur Verfügung. Daneben gibt es acht luxuriöse Chalets im Bushcamp und die Grand African Villa für 8–12 Personen (www.okonjima.com, www.africat.org).*

INFO

Waterberg Plateau Park
Lage: etwa 400 km nördlich von Windhoek
Größe: 405 km²
Höhe: ca. 1.900 m über dem Meer
Tiere: Antilopen, Giraffen, Nashörner, Büffel

36 Palmwag und Umgebung – auf den Spuren der Spitzmaulnashörner

Ein eher selten in freier Wildbahn anzutreffendes Tier in Afrika ist das Spitzmaulnashorn, das auf der **Roten Liste gefährdeter Arten** der internationalen Naturschutzunion (IUCN) steht. Es war einst sehr verbreitet und in allen afrikanischen Savannen zu finden. Heute gibt es wilde Bestände nur noch in Kenia, Tansania, Simbabwe, Kamerun und eben Namibia.

Seltener Anblick: Spitzmaulnashorn

Das Spitzmaulnashorn bevorzugt meist trockenes, mit Büschen bestandenes Grasland, aber auch auf offene Savannenflächen mit wenig Deckung. Es ist hauptsächlich morgens und abends unterwegs und gönnt sich sechs bis sieben Stunden Ruhe täglich. Während der Tageshitze ruht oder schläft es im Schatten. Eine Lieblingstätigkeit ist das oft stundenlange Schlammsuhlen, in Trockenzeiten wälzt es sich ersatzweise im Sand. Kaum ein anderes Tier kann dem Spitzmaulnashorn gefährlich werden. Löwen und Fleckenhyänen machen sich gelegentlich an ein Kalb heran, doch die Nashorn-Mütter haben **selbst vor Elefanten keine Angst**. Im Galopp bringen sie es auf 50 km in der Stunde. Vor dem Angriff senken sie den Kopf und schnauben – bremsen allerdings oft vor dem Ziel plötzlich ab. Es kommt vor, dass sie dann umdrehen und flüchten. Der angedeutete Angriff des imposanten Tiers reicht aber meist schon aus, den Gegner in die Flucht zu schlagen. Ein Nashorn riecht über viele Kilometer hinweg, auch das Hörvermögen ist sehr gut ausgeprägt, während es dagegen eher schlecht sieht.

Spitzmaulnashörner fressen vorwiegend Blätter und Zweigenden von Büschen und Bäumen. Sie verdauen auch unbeschadet Pflanzen, die für Menschen hochgiftig sind. Die

Tiere sind typische **Einzelgänger**, nur durch Mutter-Kind-Beziehungen bilden sie kleine Gruppen. Spitzmaulnashörner können bis zu 40 Jahre alt werden.

Eine gute Möglichkeit, dieses seltene, urtümlich anmutende Tier sowie diverse andere interessante Großsäuger zu Gesicht zu bekommen, ist eine Tour von der Palmwag Lodge aus ins Damaraland. Atemberaubende Landschaften in wildreicher Gegend umgeben den Reisenden von Beginn an. Kein Zaun, keine großen befahrenen Straßen – hier fühlen sich Springbock, Oryx, Kudu, Strauß, Schakal, Zebra, Giraffe, Hyäne, ab und zu sogar Löwe, Leopard und Gepard wohl, und der Gast hat die Möglichkeit, die meisten dieser Tiere – und mit etwas Glück auch das Schwarze Nashorn und den seltenen Wüstenelefanten – aus der Nähe zu beobachten.

Der Pfad führt durch Täler und Riviere, durch Schluchten und vorbei an Quellen. Eine reiche Vogelwelt begeistert Ornithologen und Tierliebhaber. Jeder Hobbyfotograf kann hier auf seine Kosten kommen. Das Gelände wird mit der Zeit flacher, fast wüstenartig. Es geht in Richtung Norden, ins Hoanibflusstal. Das von hohen Bergen umringte Tal kommt einem unheimlich vor, es wirkt undurchdringlich und kaum befahrbar. Der dichte Baumbestand bietet den seltenen Wüstenelefanten gesunde Nahrung und optimalen Schutz gegen die heiße Namibiasonne.

Die **Palmwag Lodge** *ist eine malerische Palmenoase, direkt am Uniab River gelegen. Die Unterkünfte sind riedgedeckte Bungalows, es gibt jedoch auch Campingmöglichkeiten. Ein Restaurant sowie ein Swimmingpool stehen den Gästen zur Verfügung. Von hier aus kann man Ausflüge in das* **Hoanib-Tal** *zu* **Himba-Siedlungen** *unternehmen. Die Lodge veranstaltet auf Wunsch Rundfahrten, unter anderem die oben beschriebene Nashorn-Tour. Besonders sehenswert ist* **Van Zylsgat**, *ein tiefer Pool im Uniab River. Selbst Monate nach der Regenzeit ist das Wasser hier bis zu sechs Meter tief. Die Lodge ist außerdem ein perfekter Ausgangspunkt für Ausflüge an die Skelettküste, ins Kaokoveld, in den Etosha-Nationalpark und zu den Epupa-Fällen (www.palmwaglodge.com).*

Anfahrt zur Palmwag Lodge

Spitzmaulnashorn
Name: *Diceros bicornis*, auch Spitzlippennashorn genannt

Verbreitung: östliches und südliches Afrika, ca. 4.000 Tiere, vom Aussterben bedroht
Gewicht: bis 1,5 Tonnen
Alter: bis zu 40 Jahre

INFO

37 Etosha National Park – Namibias Tierparadies

Der **Etosha National Park** ist – wenn auch nicht der flächenmäßig größte, so doch der **bedeutendste Nationalpark Namibias**.

Das Land war in früherer Zeit – vor Ankunft der Weißen – äußerst wildreich. Es enthielt einige der größten Elefanten- und Nashornpopulationen der Welt. Die Nachrichten vom Wildreichtum lockten jedoch Freibeuter an. Elfenbein brauchte man für Klaviertasten und Billardkugeln, Straußenfedern für die Hüte der Damen und das Horn der Nashörner wurde von reichen Chinesen als Jugendelixier gekauft. So endete die Massenjagd auf Elefanten mit ihrer völligen Ausrottung. Selbst in der Etosha-Pfanne war **um 1880 kein einziger Elefant mehr** vorhanden. Als in der deutschen Kolonialzeit Schutztruppen hierherkamen, reichte das Antilopenfleisch nicht mehr aus, um die wenigen Menschen zu ernähren.

1907 erklärte der Gouverneur von Lindequist ca. ein Viertel der Fläche von Namibia zum Naturschutzgebiet. Die Etosha-Pfanne mit ihrer Umgebung gehörte auch dazu. Schnell konnte sich die Tierwelt wieder regenerieren. Damals war die Parkgröße auf sagenhafte 93.240 km^2 festgelegt: Im Zuge der Apartheidpolitik sowie der Notwendigkeit, der wachsenden einheimischen Bevölkerung mehr Lebensraum zu verschaffen, wurde das Parkgebiet von 1947–1953 auf 23.149 km^2 verkleinert. 1970 wurde schließlich die heutige Größe von 22.270 km^2 festgelegt.

Heute findet man im Etosha National Park nahezu **alle Großtierarten** des südlichen Afrikas sowie eine beeindruckende Anzahl verschiedener Vogelarten.

Die heutige Etosha-Pfanne war in der geologischen Vergangenheit der Boden eines großen **Binnensees,** der inzwischen ausgetrocknet ist. Dieser See war ein Teil der riesigen Kalahari-Senke, die sich u. a. bis nach Botswana ausdehnte. Die Senke entstand durch tektonische Bewegungen, die von Norden nach Süden verliefen und die Bildung eines Binnenmeers zur Folge hatten. Vor etwa 12 Millionen Jahren soll der Kunene in die Etosha-Senke geflossen sein und einen See gebildet haben, dessen Wasser später wieder verdunstete und Mineralien und Salze zurückließ. Der Untergrund der Etosha-Pfanne besteht aus Kalken und Tonen, darüber befinden sich die Salzablagerungen.

Es gibt viele Deutungen, wie sich der Name „Etosha" herleitet. Meistens liest man, dass in der Ovambo-Sprache Etosha so viel bedeutet wie „großer weißer Platz".

Ausgangspunkt für Safaris sind die Camps im Etosha-Park. Im Osten liegen Okaukuejo, Namutoni, Halali und Onkoshi. Alle vier haben künstliche Wasserlöcher, die nachts angestrahlt werden und an denen man wunderbar die Tiere beobachten kann. Onkoshi ist die Luxusvariante unter den staatlichen Camps. Die umweltgerecht erbauten Unterkünfte auf Stelzen bieten einen tollen Panoramablick über die Pfanne.
Seit 2011 verfügt auch der bisher unberührte und eher abgelegene Westteil des Etosha-Parks über ein Camp. Die gesamte Anlage des **Dolomite Camp** *ist ökologisch durchdacht und besteht aus natürlichen Materialien, die sich harmonisch in die Landschaft einfügen. Es gibt eine*

Lounge, eine Bar und ein Restaurant. 25 riedgedeckte Chalets verfügen über eigene sanitäre Einrichtungen und wunderbare Ausblicke auf die Mopane- und Akaziensavanne (www.nwr.com.na/).

Außerhalb des Parks: Nur 20 Minuten vom Eingang Namutomi des Nationalparks liegt die **Emanya@Etosha Game Lodge**. *Die sehr moderne und exklusive Anlage bietet 20 stilvoll eingerichtete Chalets, einen Pool- und Wellnessbereich mit kostenloser Fußmassage und ein hervorragendes Restaurant mit einem eigenen Weinkeller (www.emanya.com).*

Etosha National Park
Lage: im Norden; am Nordwestrand des Kalaharibeckens
Größe: 22.270 km²
Tiere: nahezu alle Großtierarten des südlichen Afrika
Beste Reisezeit: Mai bis September; für die Vogelbeobachtung November bis März

INFO

38 Skelettküste – urtümlich und spektakulär

Der abweisend klingende Name dieses nördlichen Küstenabschnitts verrät die wahrlich **raue Natur** einer der lebensfeindlichsten Landschaften der Welt. Die sturmzerzauste See des Südatlantiks und die dichten Nebel über dem kalten Benguela-Meeresstrom ließen hier schon viele Schiffe stranden. Die Skelettküste reicht vom Ugab-Fluss bis zum Kunene-Fluss an die angolanische Grenze. Heute gehört sie zum Naturschutzgebiet des Skelettküsten-Parks. Dieser unterteilt sich in zwei Bereiche: das nördliche Gebiet zwischen den Flüssen Hoanib und Kunene und das südliche Gebiet zwischen Hoanib und Ugab. Hier ist es ganzjährig kühl, oft nebelig und – besonders in den nördlichen Teilen – stürmisch. Manchmal liegen in Küstennähe Salzpfannen und Lagunen. Die Strände sind oft steinig. Landeinwärts sind die Felsmassen durch Winde, die Sand mit sich führen, abgeschliffen. Durch starke Winde ist die Sicht immer behindert; man spricht in diesem Zusammenhang von den „roaring forties", aus denen die Stürme wehen. Selbstverständlich ist diese Küste quasi **unbewohnt**. Nur in kurzlebigen Bergwerkssiedlungen oder an Stellen, wo Prospektoren tätig sind, leben zeitweise Menschen.

Alte, verrostete Schiffswracks säumen die Küste und legen Zeugnis ab von so manchem furchtbaren Schicksal. Zwischen Sand und Geröll liegen gebleichte Knochen und Menschenschädel. Verschiedene Faktoren führten dazu, dass immer wieder Schiffe strandeten: die Unterströmung des Benguela-Stromes, die starken, landeinwärts wehenden Südwest-Winde und die enorme Sichtbehinderung durch den Nebel. Selbst wenn es einem Schiffbrüchigen gelungen war, das rettende Ufer zu erreichen, so verschlug es ihn an den Rand der Namib, die ihn menschenleer und ohne Nahrung und Wasser empfing. Glaubte man, nur die Küstendünen überwinden zu müssen, um in fruchtbare Gebiete zu gelangen, war man nach einigen Kilometern des Wanderns Richtung Landesinneres eines besseren belehrt: Auch hier gab es keine Chance zum Überleben.

Wer beim Kentern noch davon kam, hatte in der unbarmherzigen Namib keine Überlebenschance

Die meisten Wracks an der Skelettküste stammen von amerikanischen Walfangbooten

Wenn man die Tagebücher der frühesten Händler oder Berichte der ersten kolonialen Küstenexpeditionen der 1890er-Jahre liest, wird deutlich, wie zutreffend der Name Skelettküste ist. Hier befindet sich nach Meinung von Experten der größte Schiffsfriedhof der Welt. In den alten Dokumenten erfährt man von Wrackteilen, die von portugiesischen, holländischen, britischen, hauptsächlich jedoch von **amerikanischen Walfangbooten** stammen. Überall fanden sich Schiffszubehör, Harpunen, Ketten, Tranfässer, Anker, Planken, die Gebeine von Glücksrittern und Seeleuten, die dem Atlantik zwar getrotzt und sich an Land gerettet hatten, um dann aber hier elendig zugrunde zu gehen. Die meisten Besucher suchen allerdings nach den Schiffswracks … und finden sie nicht. In der Tat liegen diese zumeist **sehr abgeschieden** und schwer zugänglich. Viele liegen gar nicht im Bereich des Skeleton Coast Parks, sondern südlich von Walvis Bay an der Küste nach Lüderitz. Hierhin führen Flugsafaris.

Flugsafaris *entlang der Skelettküste werden von Skeleton Coast Safaris angeboten. Von Windhoek geht es über die spektakuläre Landschaft des Kuiseb Canyon und die Conception Bay nach Swakopmund. In geringer Höhe kann man weiter Richtung Norden die Robben von Cape Cross, Schiffswracks und die Ugab-Formationen, eine faszinierende Mondlandschaft, aus der Luft bewundern. In den verschiedenen Camps werden auch Touren mit dem Landrover angeboten, bei denen die Vielfalt der Flora und Fauna dieser rauen Natur erkundet wird (www.skeletoncoastsafaris.com).*

INFO

Skelettküste
Lage: im nördlichen Teil der Namib
Größe: 16.000 km²
Tiere: v. a. Fische und Robben, aber auch Schakale, Hyänen und Wüstenelefanten
Besonderheiten: Schiffswracks und Gebeine

39 Kaokoveld – durch den wilden Norden

Das Kaokoveld ist **eine der abgeschiedensten Regionen Namibias**. Im Nordwesten des Landes gelegen und an den Kunene grenzend, ist es das Gebiet der **herero-sprechenden Himba**. Im Westen schließt sich die unwirtliche Skelettküste an, seit jeher eine natürliche Barriere. Die Buchtenarmut und die sturmgepeitschte See hielten Eroberer fern, die zerklüftete Gebirgswelt tat ihr Übriges: kein Land für Eindringlinge! In dieser Abgeschiedenheit konnte sich das Volk der Himba zumindest teilweise seine ethnische Eigenart und Kultur bewahren.

Insgesamt betrachtet, ist das Kaokoland **sehr bergig**. Drei Gebirgszüge erheben sich: der Ehombo, die Zebraberge und das große Baynes-Gebirge. Die Landschaft zeichnet sich durch die bizarren, pastellfarbenen Gebirge, urtümliche Flüsse sowie eine äußerst dünne Besiedlung aus. Dem Reisenden steht nur eine sehr dürftige touristische Infrastruktur zur Verfügung. **Individualreisende** sollten deshalb grundsätzlich mit zwei Geländewagen und entsprechendem Vorrat an Wasser, Lebensmitteln und Benzin unterwegs sein. Gutes Kartenmaterial und ein Navigationssystem sind absolut notwendig. Viele der „Straßen“ sind schwere Pisten oder kaum erkennbare Wege, die nur dem geübten Geländewagen-Fahrer vorbehalten sind.

Eine Tour durchs Kaokoveld ist eher für erfahrene Offroad-Fahrer geeignet

Man muss sich entlang der gesamten Strecke **praktisch ausschließlich auf Camping** einrichten. Wildes Campieren ist noch überall erlaubt. Angelegte Campingplätze gehören im Kaokoland oft den Communities oder kleinen Unternehmern. Solche Campingplätze liegen z. B. im Bereich Marienfluss-Tal/Kunene, an den Epupa Falls, an der Strecke Swartbooisdrift – Ruacana.

Für eine Tour durchs Kaokoland sind auf jeden Fall die trockenen und kühleren Monate **zwischen April und September** vorzuziehen. Vorsicht: Wenn es eine starke sommerliche Regenzeit gab, können viele Wege noch schlimmer sein, als sie es üblicherweise sind! Selbst im „Winter“ wird es tagsüber 30–35 °C, die Temperaturen fallen aber nachts durchaus auf bis zu 5 °C ab. Im Bereich der Hartmann-Berge und des westlichen Kunene-Tals kommt oft Küstennebel in den frühen Morgenstunden auf – die Temperaturen fallen dann entsprechend.

Zu Beginn des 20. Jahrhunderts war das Kaokoland noch ein wildreiches Gebiet. Neben den kleineren Antilopenarten, wie Springböcke, Stein- und Gemsböcke, gab es auch Löwen, Nashörner und Elefanten. Dieser Wildreichtum lockte Jäger an, die den Tierbestand stark dezimierten und manche Arten in dieser Region komplett ausrotteten.

Durch konsequente Bekämpfung der Wilderei in den vergangenen Jahren und Jahrzehnten konnte sich aber wieder eine **reiche Fauna** im Kaokoland entwickeln.

Berühmt sind die **Wüstenelefanten** im Kaokoveld. Sie haben sich an die extremen Lebensbedingungen in dieser Landschaft angepasst. Sie kennen sich im Gelände bestens aus und wissen, wo es die begrenzten Wasser- und Nahrungsvorräte gibt. In der Trockenzeit graben sie tiefe Löcher in den trockenen Flussläufen: Hier sammelt sich dann genügend Wasser, das auch für die anderen hier lebenden Tiere überlebenswichtig ist. Im Unterschied zu „normalen" Elefanten, die etwa 10 km am Tage zurücklegen, können Wüstenelefanten Strecken von 50–80 km bewältigen und tagelang ohne Wasser auskommen. Man schätzt ihre Zahl auf 500–800. Selbst die Oryx-Antilope kann längere Trockenzeiten nicht so gut wie der Wüstenelefant überleben.

Daneben gibt es Nashörner, Zebras, Kudus, Schakale und viele andere an die harten Bedingungen angepassten Tiere. Unterwegs wird man häufig Oryx-Antilopen, Springböcken und manchmal Giraffen begegnen, die gerne in akazienbestandenen Flusstälern leben.

Wer sich mal ein festes Dach über dem Kopf gönnen will: Das **Epupa Camp***, ca. 1 km östlich von Epupa gelegen, ist umgeben von Palmen und Affenbrotbäumen. Es stehen zwölf voll eingerichtete Zelte mit sechs Bädern zur Verfügung. Die Mahlzeiten werden mit Blick auf den Kunene eingenommen (www.epupa.com.na). Auch die* **Okahironogo Elephant Lodge** *bei Purros lässt wenig Wünsche offen (www.okahirongolodge.com).*

Unberührte Landschaft am Kunene

Kaokoveld
Lage: im Nordwesten Namibias
Größe: 50.000 km²
Tiere: Nashörner, Wüstenelefanten und Oryx-Antilopen

Besonderheiten: bergiges Hochplateau, Epupa-Falls, Ruacana-Falls

INFO

40 Der Caprivi-Streifen – Namibias langer Finger

Der Caprivi-Streifen (seit Mitte 2013 heißt er offiziell „**Zambezi Region**") ist mit seiner Fingerform ein topografisches Unikum auf der Landkarte des südlichen Afrika. Interessant ist seine **Entstehungsgeschichte**: Im Helgoland-Sansibar-Vertrag vom 1. Juli 1890 regelten Deutschland und England ihre kolonialen Verhältnisse in Ost-, Südwest- und Westafrika (Togo). Das Deutsche Reich erhielt Helgoland, was für die Verteidigung der Nordseeküste wichtig war. Im Gegenzug trat es in Ostafrika die Herrschaft über Witu ab und erhielt dafür den Zugang zum Sambesi in Deutsch-Südwestafrika. Benannt wurde das Gebiet nach dem Reichskanzler Graf von Caprivi. Gleichzeitig erkannte das Deutsche Reich die englische Schutzherrschaft über Sansibar an. **Katima Mulilo** ist die Verwaltungshauptstadt von Caprivi. Zwei große, majestätisch wirkende Flüsse durchqueren das Gebiet von Norden nach Süden: der Okavango und der Kwando.

Über den westlichen Eingang des Caprivi-Streifens gelangt man ins frühere „Kavango-Land". Dem Reisenden offenbart sich eine **wunderschöne Landschaft**: fruchtbares Uferland und eine für Landesverhältnisse üppige Vegetation. Etwa 500–600 mm Niederschlag fallen hier jährlich. In Ufernähe findet man Getreidefelder; Obst- und Gemüseanbau. Die **Popa Falls** bei Bagani werden von den Einheimischen auch „Mpupo" genannt, was so viel wie „stürzendes Wasser" bedeutet. Sie sind ein idealer Zwischenstopp bei einer Durchquerung des Caprivi-Streifens. Es handelt sich hierbei weniger um einen Wasserfall als vielmehr um Stromschnellen. 15 km südlich der Popa Falls – auf dem Wege nach Botswana (Shakawe) – liegt der ehemalige Mahango Game Park. Dieser ist seit 2007 ein Teil des großen **Bwabwata National Parks**. Der nicht eingezäunte Park umfasst nun etwa 6.000 km^2 und liegt zwischen dem Okavango und dem Kwando. Hier leben heute mehr als 5.000 Elefanten, Büffel, Flusspferde und natürlich auch Löwen, Leoparden und die savannentypischen Antilopenarten.

Wegen des extrem klaren Wassers werden die Popa Falls auch „White Water Falls" genannt

Überquert man den Okavango und den Kwando, ist das **Ost-Caprivi-Gebiet** erreicht, es ist beinahe vollständig von **Flüssen umgeben**: dem Kwando im Westen, dem Linyanti und Chobe im Süden und dem Sambesi im Nordosten. Alle Flüsse haben ein seichtes Gefälle, bilden ein verwirrendes System von Seitenarmen und Kanälen, welche die Sümpfe durchziehen. Zwei weniger besuchte Parks gibt es hier zu entdecken.

Häufig überqueren Elefantenherden den Fluss

Der **Mudumu Nationalpark** wurde 1990 eröffnet und ist etwa 1.000 km^2 groß. Der Kwando bildet etwa über 15 km hinweg die Westgrenze des Parkgebiets. Südlich von Lianshulu verzweigt sich der Kwando in ein Gewirr von Wasserarmen, die in die Linyanti-Sümpfe übergehen. Entsprechend dem Wasserreichtum leben hier **viele Tierarten**, so u. a. Elefanten, Kudus, Impala, Zebras, Büffel, Moor-Antilopen und Sitatungas. Natürlich tummeln sich im Wasser auch Krokodile und Flusspferde. Für Ornithologen ist das Gebiet ein Paradies!

Der 1990 eröffnete **Mamili National Park** ist das größte namibische Sumpf- und Gewässergebiet. Mamili – das ist „Namibias Okavango-Delta". Die Region ist ca. 320 km^2 groß und befindet sich in der Südwestecke Ostcaprivis. In diesem Gebiet (80 % sind mehr oder weniger überflutet) gibt es zwei größere Inseln, und zwar Nkasa und Lupala, die man während der Trockenzeiten mit einem Allradfahrzeug erreichen kann. Die typischen Ausflüge im Mamili Park finden **per Boot** statt. Der Mamili hat besonders hohe Wasserstände im Juli – August. Dann sind auch die wenigen „Wege" nicht mehr befahrbar. Auf jeden Fall sollte das Gebiet nur **mit Führer**, der die Gegend und die „festen und seichten" Stellen kennt (und das kann schnell wechseln), befahren werden. Temporäre Überflutungen machen Umwege nötig … und die muss man kennen!

Die **Lianshulu Lodge** *liegt an den Ufern des Kwando-Flusses. Den Gästen stehen hier luxuriöse, riedgedeckte Häuschen mit Blick auf den Fluss zur Verfügung. Die dazugehörige* **Susuwe Island Lodge** *mit sechs Chalets mit Privatpool bietet Bootsausflüge sowie geführte Touren in den Mudumu-Park (www.caprivicollection.com). Weitere zauberhaft gelegene Unterkünfte sind die* **River Dance Lodge** *mit liebevoll dekorierten Zimmern, in denen man aus der Badewanne den Blick über den Fluss schweifen lassen kann (www.riverdance.com.na), und die* **Nkasa Lupala Tented Lodge** *mit geräumigen Zelten aus Holzplateaus (www.nkasalupalalodge.com).*

INFO

Caprivi-Streifen (Zambezi Region)
Lage: ganz im Norden Namibias, ein schmaler Landstrich zwischen Angola, Botswana und Sambia
Ausmaße: ca. 450 km lang und bis zu 50 km breit
Besonderheiten: ungewöhnliche Entstehungsgeschichte, Mudumu National Park, Mamili National Park, wunderschöne Landschaft

Botswana

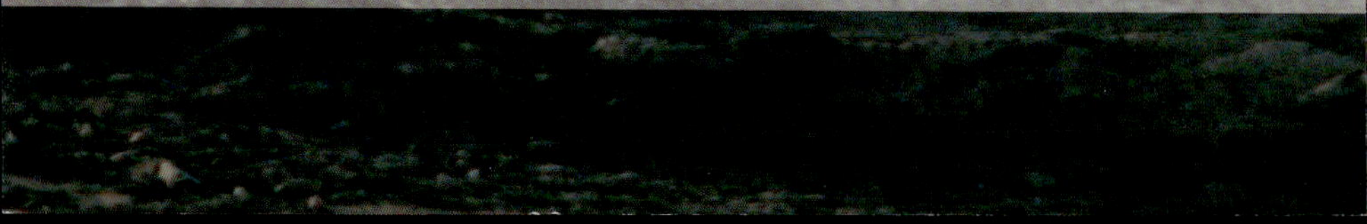

Die unendliche Weite der Kalahari

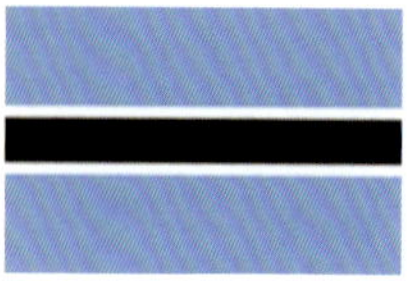

Noch immer ist Botswana ein Ausnahme-Reiseziel, noch immer klingt es in den Ohren von Reiselustigen nach Abenteuer und Herausforderung. Dieses Binnenland im südlichen Afrika ist eine der letzten Wildnisse des afrikanischen Kontinents. Zwischen der Kalahari im Westen und dem Limpopo-Fluss im Osten leben auf einer Fläche, die etwas größer als Deutschland ist, nur knapp 2 Millionen Menschen. Nur noch sehr wenige Buschmänner in den Weiten der Kalahari können allerdings ihrer traditionellen Lebensweise folgen. Ein Großteil der Tswana in den Siedlungen des Ostens hat längst Züge der westlichen Zivilisation angenommen.

Für den Reisenden ist Botswana besonders durch seine unendliche Weite, Tierwelt und Unberührtheit reizvoll. Dieses findet man vor allem im Westen, im Zentrum sowie im Okavango-Delta vor. In Botswana kann man die größten freilebenden Wildherden Afrikas beobachten, das Okavango-Delta ist eines der grandiosesten Ökosysteme der Welt, und in weiten Teilen der nichtbesiedelten Regionen ist die Symbiose von Fauna und Flora noch immer intakt.

Für den Naturliebhaber und Individualtouristen mit seinem Allradfahrzeug und Safari-Equipment ist Botswana ein Traumziel, doch auch für Salonlöwen und Damen im letzten Safari-Schick bietet das Land heute in den Luxus-Lodges mitten in der Wildnis Platz.

Steckbrief Botswana
Lage: Binnenland im Süden Afrikas, angrenzend an Südafrika, Simbabwe, Sambia und Namibia
Fläche: 581.0730 km^2
Einwohnerzahl: ca. 2 Mio.
Hauptstadt: Gaborone
Staats- bzw. Regierungsform: Republik mit Präsidialverfassung
Sprachen: Setswana und Englisch
Währung: Pula (1 Pula = 100 Thebe)
Exportgüter: Diamanten, Kupfer und Nickel, Textilien, Fleisch, Salz, Sodaasche
Bevölkerung: v.a. Tswana, die sich in verschiedene Untergruppen teilen (u.a. Bamangwato, Bakwena) 95 %, San (Basarwa) 2,4 %, Weiße, Inder und andere 1,3 %
Religion: mehrheitlich Anhänger von Naturreligionen; ca. 30 % Christen; Minderheit von Muslimen, Hindus und Animisten
Klima: allgemein trocken-warm/heiß. Die Trockenzeit liegt zwischen Mai und September. Der meiste Regen fällt z.T. als heftige Schauer zwischen Oktober und April. Am heißesten ist der Januar, am kühlsten der Juli (Nachttemperaturen oft unter 0 °C), im Oktober ist die Hitze sehr drückend
Beste Reisezeit: September bis November
Vorgeschriebene bzw. empfohlene Impfungen: Gelbfieber (vorgeschrieben bei Einreise aus einem Risikogebiet), Tetanus, Diphtherie, Polio und Hepatitis A und B (empfohlen), Malaria-Prophylaxe (v.a. im Okavango-Delta und im Chobe N.P. in der Regenzeit)

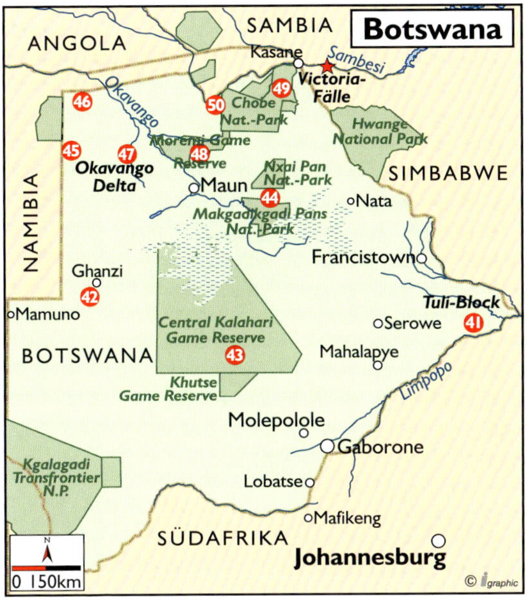

41 Tuli Block – „Land of the Giants“

42 Die Kalahari – außergewöhnliche Wüste

43 Central Kalahari Game Reserve – unendliche Weite

44 Die Nationalparks Nxai Pan und Makgadikgadi Pans – Safari in den Salzpfannen

45 Drotsky's Caves und Aha Hills – unerforschte Tropfsteinhöhlen

46 Die Tsodilo Hills bei Shakawe – der „Louvre der Wüste“

47 Das Okavango-Delta – einzigartige Naturlandschaft

48 Moremi Game Reserve – „Herzstück“ des Okavango-Deltas

49 Chobe National Park I – zu Besuch bei den grauen Riesen

50 Chobe National Park II – durch die Flussgebiete von Savute und Linyanti

41 Tuli Block – „Land of the Giants“

Der als Tuli Block bezeichnete Landstreifen ganz im Osten Botswanas verläuft parallel zum Limpopo, von Buffels Drift im Südwesten bis Pontdrift im Nordosten, wo die Grenzen von Botswana, Simbabwe und Südafrika zusammenlaufen. In diesem Zipfel liegen verschiedene Game Reserves.

Im 19. Jahrhundert erwarben die Briten dieses Gebiet vom Ngwato-Stamm, da sie hier eine Eisenbahnlinie nach Bulawayo bauen wollten. Nach dem Kauf stellte man jedoch fest, dass ein solcher Bau unrentabel war: Aufgrund der vielen Flüsse in diesem Gebiet wären zahlreiche Brücken nötig gewesen – dies hätte die Erschließung enorm verteuert. Die Strecke wurde letztendlich weiter westlich auf der Linie Mahalapye – Francistown realisiert. Aus dem **„Bahnland“ wurde Farmland**, das an weiße Siedler weiterverkauft wurde. Obwohl sich das Gebiet prinzipiell für den Ackerbau eignete, nutzte man es als Rinderfarmland, da sogenannte Blutschnabelweber-Vögel immer wieder die Saat auffraßen.

Im äußersten Osten des Tuli Block ist heute das **Northern Tuli Game Reserve**, etwa 720 km^2 groß und damit eines der größten privaten Reservate im südlichen Afrika. Es vereint verschiedene private Schutzgebiete. Den größten Teil nimmt das **Mashutu Game Reserve** mit 250 km^2 ein, das kleine Tuli Game Reserve umfasst 75 km^2 und ist enklavenartig im Mashatu Game Reserve eingebettet. Die Landschaft hier ist bergig und die rötlichen Felsen wirken z. T. sehr imposant. Neben seiner Tiervielfalt ist Tuli Block für seine ungewöhnliche Topografie bekannt: Solomon's Wall z. B. sind 30 m hohe Basaltklippen. Die vielen **Affenbrotbäume** (*Baobabs*) trugen der Gegend den Beinamen *Land of the Giants* ein.

Große Elefantenherden mit über 1.000 Tieren leben in diesem Gebiet, zudem gibt es eine große Leopardenpopulation und respektable Bestände an Löwen und Geparden. Auch die übrigen Tierarten sind gut vertreten. Speziell Zebras, Giraffen, Weißschwanzgnus und verschiedenste Vogelarten (über 350) können immer gut gesehen werden. Beliebt sind die sogenannten *Game Hides*, von denen aus man ungestört Tiere beobachten kann.

Auf der Pirsch

Auf dem riesigen Gelände befinden sich auch einige archäologisch interessante Funde. Die **Motloutsi-Ruinen** zum Beispiel werden regelmäßig von Ar-

Elephants crossing

chäologen besucht. Man sagt, dass diese Bauwerke vom gleichen Volk erbaut wurden wie „Great Zimbabwe" (s. S. 202). Geografisch gesehen bildet dieses Gebiet mit seinen tropischen Flusstälern, den offenen Steppen und den Buschlandschaften einen großen Kontrast zu den übrigen Safari-Gebieten Botswanas.

Im **Mashatu Game Reserve** *ist das* **Mashatu Main Camp** *sehr rustikal-afrikanisch und bietet in 14 Luxussuiten Unterkunft. Von der Veranda und Bar aus kann man am nahegelegenen Wasserloch gut Tiere beobachten. Das Abendessen wird – bei guter Witterung – im offenen „Boma" am Feuer serviert. Das „Schwestercamp"* **Mashatu Tent Camp** *liegt ca. 20 Minuten vom Hauptcamp entfernt. Es bietet acht luxuriöse Safarizelte. Neben „normalen" Pirschfahrten gibt es „Ivory Drives" mit Elefantenspezialisten und „Predator Drives" auf den Spuren von Löwen und Leoparden. Wer mehr über die Ökologie des Gebietes erfahren möchte, sollte sich einer geführten Wanderung anschließen. Wem das noch nicht abenteuerlich genug ist: Für Aktivurlauber sind z.T. Mountainbike-Touren auf alten Elefantenpfaden möglich, und unter dem Motto „Take a ride on the wild side" werden auch Reitsafaris angeboten (www.mashatu.com).*

INFO

Tuli Block
Lage: im Osten des Landes am Limpopo, im Dreiländereck mit Simbabwe und Südafrika
Größe: etwa 720 km² (Gebiet des Northern Tuli Game Reserve)
Besonderheiten: ungewöhnliche Topografie, viele Affenbrotbäume
Tiere: große Elefantenherden, Leoparden, Löwen, Geparde u.v.m.
Information: www.notugre.com (zum gesamten Northern Tuli Game Reserve)

42 Die Kalahari – außergewöhnliche Wüste

Die Kalahari bedeckt insgesamt ca. 1 Million km² des südlichen Afrika. Von ihrem Aussehen her ist sie **keine Wüste im klassischen Sinne**, wenn man mit dem Begriff „Wüste“ Vegetationslosigkeit und Sanddünen verbindet. Ihr Erscheinungsbild ist vielseitig: Im Süden, wo äußerste Wasserarmut vorherrscht, gibt es Flugsanddünen, im Norden versiegt und verdunstet das vom Okavango herangeführte Wasser im riesigen Sumpfgebiet des Okavango-Deltas. Die Kalahari liegt 800–1.300 m über NN und ist durch flache Schwellen in Becken gegliedert. An einigen Stellen ragen alte Gebirge heraus (z. B. Tsodilo Hills). Die physiologische Urgestalt ist durch Sedimente (Kalke, Sandsteine, ziegelroten Kalahari-Sand) verdeckt. In der Tiefe zeugen alte Flussbetten, die bis zu 6 km breit und 30 m tief sind, von regenreichen Vorzeiten.

Die geringen Niederschläge und periodischen Wasserläufe versickern und verdunsten in großen und kleinen Salzpfannen (z.B. im Makgadikgadi-Becken). Entsprechend der von Südwesten nach Nordosten zunehmenden Niederschläge folgen unterschiedliche **Vegetationsformen** aufeinander. Im Süden findet man Zwergsträucher, Sukkulenten und schütteren Graswuchs vor, dann folgt eine breite Zone der Akazien-Savanne (hier vor allem Kameldorn-Akazien) und schließlich der Bereich der Dorn- und Breitlaubsavannen (z. B. Mopane-Bäume).

Die **Besiedlung** der Kalahari ist sehr dünn. Sie bedeckt ca. 80 % Botswanas, doch auf ihrer Fläche leben lediglich 10 % der Landesbewohner. Trotzdem findet man in der Kalahari 60 % des nationalen Viehbestandes. Viele große Viehbesitzer leben jedoch

Piste durch die Kalahari

nicht selbst in der Kalahari, sondern in den Dörfern des Ostens, während ihre Herden von Arbeitern beaufsichtigt werden. Inmitten der Weiten der Kalahari liegen die Diamantenlager (Orapa, Letlhakane, Jwaneng), deren Nutzung dem Land viele Devisen einbringt.

Einst gab es sehr viel Wild in der Kalahari. Die verschiedenen **Tierarten** sind an dieses aride Gebiet und seine Lebensbedingungen angepasst. Auch heute noch sind Kuhantilopen, Gems- und Springböcke in großen Herden anzutreffen. Die wanderfreudigsten Savannentiere sind Gnus und Kuhantilopen: Während der Regenzeit bilden sie Herden von bis zu 40.000 Tieren! Die abflusslosen Pfannen mit ihrem Reichtum an abgelagerten Mineralien begünstigen den Wuchs süßer Gräser und bieten darüber hinaus wichtige Nährstoffe für die Tiere, welche die sandigen Böden nicht enthalten.

Der **Wildreichtum** wird in Tierreservaten geschützt (Kgalagadi Transfrontier National Park – s. S. 54 –, Moremi Game Reserve – s. S. 116 –, Nxai Pan und Makgadikgadi National Park – s. S. 108 –). Der größte Teil der Kalahari gehört zu Botswana, der Süden zur Provinz Northern Cape der Republik Südafrika, der Westen teilweise zu Namibia.

Versorgungsstation auf dem Weg in die Kalahari ist die **Stadt Ghanzi**, *Verwaltungszentrum mit dem einfachen Kalahari Arms Hotel (www.kalahariarms hotel.com) und weiteren Einrichtungen wie Tankstellen und Lebensmittelgeschäften. Besuchenswert ist die Kunsthandwerks-Einrichtung Ghanzi Craft Cooperative nahe dem Hotel. Hier wird traditionelles Kunsthandwerk der San angeboten.*
In der Nähe der Stadt liegt **Edo's Camp** *inmitten eines eigenen Wildreservates in der Kalahari. Um ein großes Wasserloch gruppieren sich vier geräumige Luxuszelte auf Decks, alle stehen unter alten Bäumen und haben einen spektakulären Blick auf die Lagune. Sehr persönliche Atmosphäre, da höchstens acht Gäste im Camp sind. An Aktivitäten werden Bush Walks und Pirschfahrten, bei denen man die typischen Tiere der Kalahari beobachten kann, aber auch ein Besuch in einem San-Dorf angeboten (www.edoscamp.com).*

Edo's Camp mit Blick aufs Wasserloch

Kalahari-Wüste
Lage: im südlichen Afrika
Größe: insgesamt ca. 1 Million km²
Besonderheiten: vielseitiges Erscheinungsbild, keine ausschließliche Sandwüste, Wildreichtum

INFO

43 Central Kalahari Game Reserve – unendliche Weite

Das Central Kalahari Game Reserve ist zweifelsohne die größte Herausforderung für **Selbstfahrer mit Abenteuerlust**. Gleichzeitig wird jeglicher Hunger nach unendlicher Weite und abenteuerlichen Wegen befriedigt. Das Deception Valley ist sicherlich ein Hauptmagnet dieses Gebietes. Insbesondere während der Regenzeit sind diese Landschaften wegen der verschiedenen Grün-Tönungen, wildblühenden Blumen sowie der faszinierenden Wolkenbilder ein Eldorado für den Naturfreund. Auf jeden Fall ist ein Allradfahrzeug nötig, um in das raue Gebiet wirklich vorzudringen.

Ein kleinerer Bewohner der Kalahari: Erdmännchen

Cheetah und Oryx

Das Central Kalahari Game Reserve bedeckt eine Fläche von 52.800 km² und ist damit das größte unter Naturschutz stehende Gebiet Afrikas. Im Norden verläuft der Kuke Fence (Veterinärzaun), im Süden grenzt der Park an das Khutse Game Reserve. Das insgesamt sehr flache Gebiet vermittelt dem Besucher den Eindruck einer unendlichen Weite und Stille. Hier lebten über 30.000 Jahre lang San- und Bakgalagadi-Stämme ihr Leben als Jäger und Sammler bis zum Beginn des 20. Jahrhunderts. Heute leben noch etwa 500 Menschen in diesem Gebiet, vorwiegend um Xade herum. Die Vegetation ist typisch für das Gebiet der Dornbuschsavanne.

Das Central Kalahari Game Reserve wurde 1961 mit dem Ziel gegründet, **den San einen Lebensraum zu sichern**, in dem sie ihrer traditionellen Lebensweise nachgehen können. Folgerichtig war das Gebiet damals nicht zugänglich und die Buschleute konnten es als Jagdgebiet nutzen. Zu Beginn der 1980er-Jahre versuchte man, stärker den Naturschutz in den Vordergrund zu rücken und ermunterte die San, in andere Gebiete zu ziehen, um ausschließlich der Tierwelt das Gesamtgebiet zu überlassen. Doch ein großer Teil der San verblieb hier, bis die Regierung ihnen das Jagen verbot. 2006 sprach ihnen ein Gericht in einem aufsehenerregenden Urteil ein Anrecht auf ihren angestammten Lebensraum zu. Die Situation hat sich seitdem aber kaum geändert.

An **Tieren** gibt es im Central Kalahari Game Reserve vor allem eine Vielzahl von Antilopen (Spring-, Spieß- und Steinböcke, Gnus und Kudus). Und natürlich gibt es hier die berühmten Braunen Hyänen, Kalahari-Löwen sowie Geparde. Auch Stachelschweine,

Die Weite der Zentral-Kalahari

Erdmännchen und Schlangen finden gute Lebensbedingungen. Etwa 260 verschiedene Vogelarten wurden hier beobachtet, insbesondere Frankoline, Perlhühner, Webervögel, Sekretärvögel sowie Trappen.

Das sicherlich wichtigste und am meisten besuchte Gebiet ist das **Deception Valley**. Es handelt sich hierbei um ein pluviales Talsystem, dessen Konturen noch immer klar zu erkennen sind und dessen Verlauf von Tierherden genutzt wird. Einst floss hier der Letiahau River. Große Herden von Springböcken, Zebras und Gnus haben dieses Gebiet als Lebensraum gewählt, auch Löwen gibt es. Da die Vegetation relativ spärlich ist, leben in diesem Gebiet keine Elefanten, Nashörner oder Giraffen. Allerdings ändert sich das Vegetationsbild in der Regenzeit schlagartig: Dann wogt hier eine üppige Savannenvegetation.

Die **Deception Valley Lodge** *liegt außerhalb der Nordgrenze des Reservats und ist harmonisch an die Landschaft angepasst. Acht Chalets (eines für Familien) mit Bad, Außendusche, eigener Lounge und Terrasse sind vorhanden. Alle sind in warmen Naturfarben mit Möbeln im Kolonialstil ausgestattet. Entsprechend schöner Dining Room, außerdem Pool, Bibliothek etc. Tagesausflüge in den Park, Bush Walks, Vogelbeobachtungen u.v.m. Die Lodge bietet zusätzlich ein exklusives Privatcamp an (über www.anthology.co.za).*
Innerhalb des Game Reserves stehen **Campingplätze** *zur Verfügung, die teilweise vom staatlichen DWNP (www.mewt.gov.bw/DWNP/index.php) verwaltet werden, weitere von Big Foot Safaris (www.bigfoottours.co.bw).*

Central Kalahari Game Reserve
Lage: Zentral-Botswana
Größe: 52.800 km²
Besonderheiten: die unendliche Weite, das Deception Valley
Tiere: viele Antilopen, der Kalahari-Löwe u.v.m.

INFO

44 Die Nationalparks Nxai Pan und Makgadikgadi Pans – Safari in den Salzpfannen

Der **Nxai Pan** und der **Makgadikgadi Pans National Park** sind ein Muss für jeden Landschaftsfreund. Nirgendwo sonst im südlichen Afrika wird man mehr das Gefühl von Einsamkeit und Weite empfinden können als hier. Die Landschaft ist durchsetzt von zum Teil unübersehbar großen Salz- und Lehmpfannen. Beide Gebiete sind Lebensräume großer Tierherden, die den Regenfällen folgen. Besonders eindrucksvoll ist die Szenerie an den Baines' Baobabs sowie in der Umgebung von Kubu Island. Alte Markierungen in den Baumriesen beweisen, dass hier viele der ersten Forscher unterwegs waren und Rast einlegten. Relikte alter Steinmauern lassen geheimnisvoll die Geschichten um die „Lost City" auferstehen. Für abenteuerlustige Allradfahrer – ausgerüstet mit einem GPS – ist dieses Gebiet eine Herausforderung.

Elefanten ziehen durch die Nxai Pan

Die beiden **fossilen Seebecken** liegen nördlich sowie südlich der Straße Maun – Nata. Nördlich der Straße befindet sich der ca. 2.580 km² große Nxai Pan National Park, südlich davon ist ein Teil der Makgadikgadi Pan als Makgadikgadi Pans National Park (ca. 4.900 km²) geschützt. Neben einer artenreichen Vogelwelt werden riesige Herden von den natürlichen Weideflächen angezogen, insbesondere Springböcke, Zebras, Gnus und Gemsböcke, denen dann Raubtiere wie Löwen und Geparde begleitend folgen. Es handelt sich um Gebiete, die sich in besonderem Maße sowohl vom Landschaftscharakter als auch von der Tierwelt her ihre **Unberührtheit** bewahren konnten. Hier in den stillen Weiten finden große Tierherden einen idealen Lebensraum. Aufgrund der wechselnden Wasserverhältnisse sind sie zum Nomadisieren gezwungen. Im nördlichen und westlichen Teil der Ntwetwe Pan liegen Grassavannen, in denen vereinzelt oder in kleinen Gruppen die Hyphaene-Palme wächst.

Von Dezember bis März konzentriert sich die **Tierwelt** sowohl auf das Gebiet der Nxai Pan, die ursprünglich ein Binnensee war (Ost-West-Ausdehnung 14 km), als auch auf die benachbarten Grassavannenflächen sowie die Sowa Pan. Oryxantilopen, Giraffen, Impalas, Springböcke, Gnus und Zebras stellen den größten Anteil. Büffel und Elefanten ziehen nur in sehr feuchten Jahren in diese Regionen. Geparde, Löwen, Hyänen, Schakale und Füchse sind dagegen immer Teil dieser Tiergemeinschaft. Am Ende der Regenzeit (etwa Mai) wandern die Tiere südlich der Nxai Pan über die Hauptstraße nach Maun in den Süden zu den Makgadikgadi-Ebenen, wo sie sich besonders auf der Grasfläche am Rande der Ntwetwe Pan aufhalten. Die Nxai Pans liegen insgesamt höher als die Makgadikgadi Pans und sind deshalb – bis auf die Ausnahme der tiefer liegenden

Kudiakam Pan – keine Gebiete, in denen sich Salz abgelagert hat, so wie es durchgängig im Makgadikgadi-Gebiet der Fall ist.

Wenn die kleineren Pfannen nach der Regenzeit austrocknen, zieht das Wild (meist in den Monaten März/April) weiter zum Boteti River, der die Makgadikgadi-Ebene mit den Okavango-Sümpfen verbindet. Hier finden die Tiere während der trockenen Monate Wasser. Zu Beginn der Regenzeit – etwa im Dezember – zieht es die Herden wieder nach Norden: In der Nxai Pan kommen dann die Jungen zur Welt.

Springbock

Die Makgadikgadi Pans zählen zu den **größten Salzpfannen der Welt**. Sie sind Überbleibsel des riesigen Binnensees, der einst große Teile des südlichen Afrika bedeckte. Wenn sie ausgetrocknet sind – was zumeist der Fall ist –, überzieht sie eine Fläche von 6.500 km² mit salzdurchsetzten Sand, weiß und völlig eben. Die Farben in den Pfannen changieren von grell-weiß über grau bis violett. Die Ebenen sind vegetationslos. Nur an den Ufern zeigen sich einige spärliche Pflanzen. In der trockenen Jahreszeit ist das Gebiet absolut lebensfeindlich. In guten Regenzeiten, wenn Wasser aus dem Okavango-System über den Boteti-Fluss in die Pfanne fließt, ist die gesamte Region einige Zentimeter hoch überflutet. Das genügt, um Scharen von Wasservögeln anzulocken. Für Flamingos und Pelikane eröffnet sich hier für kurze Zeit ein wahres Paradies. Insbesondere das Gebiet der Sowa Pan im Nordosten zieht dann vor allem Flamingos an.

Inzwischen eine Legende ist die Unterkunft **Jack's Camp**. *Es liegt auf einer mit Bäumen und Palmen bewachsenen Insel mit Blick in die weite, goldgelbe Savanne des Makgadikgadi Pans National Park. Jack Bousfield hatte das Camp bereits in den 1960er-Jahren aufgebaut und lebte dort bis zu seinem Tode durch einen Flugzeugabsturz 1992. Das heutige Camp entspricht dem Stil der ostafrikanischen Safari-Camps der 1940er-Jahre. Es gibt zehn Luxuszelte in großem Abstand, Pirschfahrten, Wanderungen mit Infos über das Leben der San. Und einmalig ist Jack's berühmtes Teezelt mit Perserteppichen, Schachbrett, Gesellschaftsspielen und Grammophon. Luxus pur in der Kalahari… (über www.unchartedafrica.com).*

INFO

Nxai Pan National Park / Makgadikgadi Pans National Park
Lage: Zentral-Botswana, nördlich bzw. südlich der Straße Maun – Nata
Größe: ca. 2.580 km²/ca. 4.900 km²
Besonderheit: fossile Seebecken mit einer der größten Salzpfannen der Welt
Reisezeit: am besten zwischen April und Dezember; von März bis Mai konzentrieren sich die Tiere mehr auf die Salzpfannen im Südwesten, danach migrieren sie zum Boteti River

45 Drotsky's Caves und Aha Hills – unerforschte Tropfsteinhöhlen

Für Unerschrockene gibt es die Möglichkeit, die Drotsky's Caves nahe den 700 Millionen Jahre alten Aha Hills zu besichtigen. Man kann einen Besuch dieser einsam liegenden Orte auf dem Wege von Sehithwa nach Shakawe einplanen, muss dann allerdings aus Zeitgründen zwischendurch irgendwo sein Lager aufschlagen.

Die **Drotsky's Caves**, in der Nähe der namibischen Grenze gelegen, gehören einem Höhlensystem an, das die San 1934 *Martinus Drotsky* zeigten. Die Einheimischen nennen sie auch *Gcwihaba Caverns* („Lager der Hyänen"). Diese Höhlen sind touristisch noch fast unerschlossen und dadurch verlockend – allerdings auch nicht ohne Gefahr. Die Höhle ist stockdunkel und wirkt deshalb unheimlich. Innen leben Fledermäuse – die rechte Szenerie für ein Gruselkabinett. Das Alter der Höhlen ist unbekannt. In den Pluvialzeiten, etwa vor 17.000–14.000 Jahren, könnten sie durch die heftigen Regenfälle ihre jetzige Ausformung erhalten haben. Die letzten Ablagerungen, heute in Form von Stalaktiten und Stalagmiten (bis etwa 10 m groß) sichtbar, dürften in der Feuchtperiode vor etwa 2.000–1.500 Jahren entstanden sein. Das ganze Höhlensystem windet sich über 60 m, teilweise sind die Durchgänge zu Nachbarhöhlen sehr niedrig.

Es gibt hier an den Höhlen weder Wasser noch sonstige touristische Einrichtungen. Man kann auf den **Community Campsites** *in der Nähe campieren, Anmeldung im Ort Xai Xai.*

Etwa 85 km von den Drotsky-Höhlen entfernt befinden sich die **Aha Hills**. Dieses Gebiet liegt besonders einsam und ist vielleicht deshalb von besonderem Reiz. Die Ber-

Für Mutige: ein Besuch der Tropfsteinhöhle

Der Bergrücken über den Drotsky's Caves besteht aus Kalk- und Dolomitgestein

ge (bis zu 1.250 m hoch) bestehen fast gänzlich aus Kalkstein, Dolomit und Marmor. Hier gibt es zwei sogenannte *sinkholes*, das sind eingebrochene alte Tropfsteinhöhlen (Dolinen). Die beiden Dolinen sind 55 und 35 m tief und unzugänglich, da sie steil abstürzen. Der Blick von den Bergen schweift über eine typische karge Kalahari-Landschaft, in der früher Buschmänner nomadisierend herumzogen. Heute lebt in dieser Gegend noch eine Reihe von San. Ihr ursprüngliches Siedlungsgebiet reichte bis in das heutige Namibia hinein.

Obwohl nicht so zahlreich wie in anderen Gegenden Botswanas, leben doch Wildtiere in diesem eher trockenen Gebiet: Gemsbock, Elenantilope, Duiker und Kudu kommen am häufigsten vor, doch auch Löwen, Leoparden und Geparde leben in den kaum erschlossenen Bergen.

INFO

Drotsky's Caves und Aha Hills
Lage: an der namibischen Grenze, erreichbar von der Straße Sehithwa – Shakawe
Besonderheiten: eine der abgelegensten Gegenden des Landes, Tropfsteinhöhlen, Sinkholes

Wichtiger Hinweis: Alleine darf man offiziell nicht mehr in die Höhlen und sollte dies auch auf keinen Fall tun! Meistens kommen nach der Ankunft ein paar Bewohner vorbei, die einen in die Höhlen begleiten. Ansonsten im Ort Xai Xai nachfragen.

46 Die Tsodilo Hills bei Shakawe – der „Louvre der Wüste"

Wer den Oberlauf des Okavango sehen und einen Eindruck von der Schönheit der Okavango-Sümpfe erhalten möchte, sollte unbedingt **Shakawe** besuchen, die größte Siedlung des oberen Ngami-Landes und „Hauptstadt" des Nordens Botswanas. Hier findet man Hunderte riedgedeckter Hütten. Frauen schöpfen in alter Tradition noch Fische mit Körben aus dem Fluss. An den Ufern des Okavango grasen Rinder. Herrliche Ausflüge auf dem Strom ermöglichen die Beobachtung einer außerordentlich reichhaltigen Vogelwelt (z.B. Schreiseeadler) sowie der vielen Flusspferde und Krokodile.

Bei dem südlicher gelegenen Dorf Nxamaseri zweigt von der Hauptstraße Shakawe – Etsha eine gut befahrbare Schotterpiste (mittlere Strecke) zu den **Tsodilo Hills** ab, wo es zahlreiche Felsmalereien gibt. Diese, 2001 von der UNESCO zum Weltkulturerbe erklärt, sind eines der beeindruckendsten Zeugnisse prähistorischer Kunst im südlichen Afrika. Im interessanten Museum am Visitor Center, das sich Kunst, Archäologie und Naturkunde der Gegend widmet, erfährt man mehr über die Bedeutung der Zeichnungen. San führen die Besucher zu den Felsmalereien, ein Erkunden ohne Führer ist nicht erlaubt.

Der Male Hill, im Vordergrund Hütten der Hambukush

Die San durchstreifen seit vielen Jahrtausenden die Weiten der Kalahari. In einer Umwelt, deren Natur lebensfeindlich erscheint, ist ihr Überleben umso bemerkenswerter. Im Gebiet der Tsodilo-Berge leben sie seit Jahrhunderten, da sie hier Quellen vorfinden.

Der **Name „Tsodilo"** stammt aus der Tswana-Sprache. Er wurde vom Mbukushu-Namen *Sorile* abgeleitet, was so viel wie „steil, jäh" bedeutet. Die San bezeichnen die Berge als Mann (Male), Frau (Female) und Kind (Child). Der Male-Berg liegt im Süden (420 m) und ist 700 m vom nächsten entfernt. Der Female-Hügel weist mehrere Gipfel sowie kleinere Sanddünen-Ablagerungen auf. Ca. 1 km nördlich davon liegt der hufeisenförmige Child-Hügel mit einem felsigen Gipfel von 80 m Höhe. Die Hügel bestehen vorwiegend aus Granit und ragen wie Inseln aus der Ebene empor. Man vermutet, dass hier schon in der Eisenzeit einige Dörfer lagen. Darauf deuten Reste von Töpferwaren hin (es ist verboten, diese mitzunehmen). Für die Bewohner sind die Tsodilo Hills ein heiliger Ort und eine Wiege der Menschheit.

Bekannt sind die Tsodilo Hills durch ihre **Felsmalereien**. Wahrscheinlich stammen sie von den Vorfahren der heutigen !Kung. An ca. 250 Stellen in diesem Gebiet findet man etwa 4.500 Malereien, die man nach zwei Hauptkategorien unterscheidet: 1. Malereien, die wahrscheinlich von Stämmen aus dem Norden gestaltet wurden. Einige davon sind mit weißer Farbe versehen. Es werden Menschen mit in die Seiten gestemmten Armen dargestellt, ebenso Pferde, die geritten oder geführt werden, Ziegen, Schlangen und eine Reihe nicht deutbarer abstrakter Motive. 2. Malereien, die den San zugeschrieben werden. Die meisten dieser Malereien sind in roter Farbe angebracht, überwiegend werden einzelne Gegebenheiten dargestellt, selten Szenen (z.B. Elefantenjagd, tanzende Menschen).

Die Besichtigung der Felsmalereien ist nur mit einem Führer möglich

Die meisten Zeichnungen stellen Tiere dar. Bei den Tiermotiven dominiert das Eland, gefolgt von Giraffen, Nashörnern, Gemsböcken und Zebras. Die Variantenbreite überrascht: Es gibt zweibeinige Silhouetten von Tieren in nur einer Farbe (das sind wahrscheinlich die frühesten Malereien) und es gibt Malereien mit Umrissen, die dann ausgefüllt wurden (vierbeinige Motive). Zudem finden sich schattierte und mehrfarbige Darstellungen (in den meisten Fällen Vieh), die jüngeren Datums sind.

3–4 km nördlich der Tsodilo Hills liegt ein kleines **Mbukushu-Dorf**. Die hier lebenden Mbukushu wohnen in 8–10 grasbedeckten Hütten. Noch immer ernähren sie sich von Feldfrüchten, in Fallen erlegten Perlhühnern und gejagten Antilopen. Trotzdem hat die Zivilisation schon längst Einzug gehalten: Nur noch für Besucher werden der Lendenschurz sowie Pfeil und Bogen angelegt. In der Nähe (südlich des höchsten Hügels) liegt eine 950 m lange Landepiste. *Willy Zingg* hat diese Piste in den 1970er Jahren hier angelegt, damit wurde es auch anderen Safariunternehmen möglich, Besucher hierherzubringen. Heute ist die Anfahrt mit dem Auto kein Problem mehr.

Übernachtung entweder in Shakawe (z.B. in **Drotsky's Cabins**, *www.drotskycabins.com, bzw. der* **Shakawe Lodge**, *http://shakawelodge.com) oder auf einem der ausgewiesenen* **Campsites bei den Tsodilo Hills**. *Toiletten und Duschen, die allerdings nicht immer sauber sind, befinden sich beim Visitor Center (keine Versorgungsmöglichkeiten).*

INFO

Tsodilo Hills
Lage: im Nordwesten Botswanas, nahe Shakawe
Größe: ca. 10 km²

Besonderheiten: Botswanas einziges UNESCO-Welterbe – der „Louvre der Wüste" mit ca. 4.500 beeindruckenden Felszeichnungen

47 Das Okavango-Delta – einzigartige Naturlandschaft

Das Okavango-Delta gilt als eine der beeindruckendsten Landschaften der Welt. Es entsteht aus dem **Okavango River**, dem drittgrößten Fluss im südlichen Afrika. Dieser entspringt im westlichen Bergland von Angola und schwillt zu einem mächtigen Strom an, doch er findet nicht den Weg zum Meer. Stattdessen „mündet" er nach 1.600 km ins Sandmeer der nördlichen Kalahari, wo er sich auf einer Fläche von annähernd 16.000 km^2 in unzählige Arme, Kanäle, Seen und Teiche auffächert. Bei Mohembo tritt der Okavango nach Botswana ein. Hier oben im Norden fließt er zunächst zwischen klar definierten Ufern, erst im weiteren Verlauf bildet er sein **trichterförmiges Delta**. Im Spätsommer und Herbst schwappt eine große Flutwelle in das Delta-Gebiet, gespeist vom sommerlichen Regen in Angola. Diese Wassermassen erreichen den südlichen Teil des Deltas in den Monaten Juni bis August. Danach sinkt hier der Wasserstand wieder allmählich ab.

Die **Tierwelt** des Okavango-Deltas ist faszinierend. An den Ufern liegen oft Krokodile, allenthalben entdeckt man Flusspferde. Ornithologen-Herzen erfreut die reiche Vogelwelt: Ibisse, Rosapelikane, Löffler, Reiher, Schreiseeadler, Nimmersatte, Marabus, Lilientreter und Zwerggänse repräsentieren nur einen Teil der Vogelwelt. Sitatunga-Antilopen leben auf Papyrus-Inseln; Lechwe-Antilopen fühlen sich in ihrer Heimat der seichten Gewässer und Inseln wohl. In den südlichen Uferregionen leben Elefanten, Hyänen, Impalas, Zebras, Löwen und Büffel. Kurzum: Die Tiervielfalt des Okavango-Gebietes sucht ihresgleichen.

Auch die **Pflanzenwelt** ist einzigartig. Wasserlilien bedecken die Flächen der engen Kanäle. Ihre langen, schmalen Stiele verraten die Flussrichtung. Mit steigender Sonne öffnen Wasserlilien ihre Kelche, die sie bei anbrechender Dunkelheit wieder schließen. An der Oberseite sind ihre Blätter grün, an der Unterseite tiefrot. Die tieferen Kanäle werden oft von Papyrus-Galerien begrenzt, Schilf und Ried rauschen im sanften Wind.

Man vermutet, dass seit mindestens 100.000 Jahren Menschen an den Wasserarmen des Okavango leben. Doch erst in den vergangenen 200 Jahren wurde das Okavango-Gebiet in Botswana durch verschiedene Stämme besiedelt. Vorher dürften hier lediglich vereinzelte Sippen der baNoka, eine Untergruppe der San, auf den unzähligen Kanälen des Flusses gelebt haben. Heute schätzt man die Gesamteinwohnerzahl am Rande des Deltas auf ca. 60.000.

Umgeben ist das gesamte Okavango-Delta von der nördlichen Kalahari, in der auch „Pfannen“ (Senken) liegen. Während feuchter Zeiten sind die Pfannen mit Wasser gefüllt. Dann ist auch hier Lebensraum für Tiere gegeben: Gemsböcke, Elefanten und Säbelantilopen. Erstaunlicherweise gibt es im Okavango-Delta nur wenige Fische. Das einfließende Wasser ist arm an Nährstoffen.

Im nördlichen Teil des Okavango-Deltas liegt das erst 2013 eröffnete, mobile **Kana Kara Camp** *mit fünf komfortablen Meru-Zelten, die alle ein Bad und eine Außendusche haben. Nur 10 Gäste können hier nächtigen und sich tagsüber der Tier- und Vogelbeobachtung widmen bzw. an Mekoro-Safaris (Einbaum-Kanus) auf den Wasserwegen des Deltas teilnehmen (über www.africananthology.co.za).*

Faszinierende Landschaft: das Okavango-Delta

Okavango-Delta
Lage: im Norden Botswanas; am besten zu erreichen von der Stadt Maun, dem „Eingangstor“ zum Delta
Größe: ca. 16.000 km²

Besonderheiten: eine der beeindruckendsten Landschaften der Welt – riesiges Binnendelta mit faszinierender Tier- und Pflanzenwelt

INFO

48 Moremi Game Reserve – „Herzstück" des Okavango-Deltas

Das Moremi Game Reserve ist **reine Wildnis** mit lilienbedeckten Lagunen, palmbestandenen Inseln und einer sehr artenreichen Tierwelt. Die Wege durch das Wildschutzgebiet sind schmal, in der Regenzeit von Dezember bis April sind viele Abschnitte nicht passierbar. Im Moremi-Gebiet ist es erlaubt, den Wagen zu verlassen, um auf Fußpirsch zu gehen. Für den Besuch dieses so naturbelassenen Stücks Afrika sollte man sich einige Tage Zeit nehmen.

Heute gilt das 4.871 km² große Wildschutzgebiet als eine der besuchenswertesten Naturlandschaften Afrikas und „Herzstück" des Okavango-Deltas. In der Vergangenheit war dies aber anders: Ende des 19. Jahrhunderts raffte eine Rinderpest fast alle Tiere dahin. Die Maul- und Klauenseuche, von der Tsetse-Fliege übertragen, führte dazu, dass sich die Rinderfarmer aus diesem Gebiet zurückzogen. Bis in die 1960er-Jahre verhinderten Jäger, dass sich die Wildbestände erholen konnten. 1963 wurde auf Initiative der Witwe des *Chiefs Moremi III.* vom Stamm der BaTawana ein Naturschutzgebiet deklariert, das nach ihrem verstorbenen Gatten benannt wurde.

Siesta in luftiger Höhe

Geografisch ist der Park durch das Zusammentreffen von großen Land- und Sumpfflächen charakterisiert: Man erlebt Mopane-Wälder (die 80 % der Landfläche einnehmen), Dorn- und Buschsavanne, dann wieder Flussläufe und idyllische Lagunen und Inseln auf einsamen Wasserflächen. Die beiden größten Landmassen sind Chief's Island (tief ins Innere des Deltas reichend) und die Moremi-Landzunge (im Nordosten des Reserve gelegen). Beide Gebiete sind ideale Safari-Landschaften, die man mit dem Flugzeug, Mokoro bzw. mit einem Allradfahrzeug (nur Moremi-Landzunge) erreichen kann.

Das sicherlich schönste Camp für Selbstfahrer, **Third Bridge**, liegt knapp 50 km hinter dem South Gate-Eingang. Tatsächlich gibt es vor der Third Bridge eine First und Second Bridge. Der Campingplatz liegt sehr urig: Es gibt hier große schattenspendende Bäume direkt am Sekiri River, über den die Third Bridge führt. Über diese Brücke wandern oft auch Löwen… Im Fluss, der aufgrund seines klaren Wassers scheinbar zum Baden einlädt, leben Krokodile – das entsprechende Badeverbot sollte man unbedingt beachten! Paviane, die nach Lebensmitteln suchen, sind hier leider eine Plage.

Im Gebiet von **Xakanaxa Lediba** liegen die meisten privaten Luxus-Lodges und -Camps: Hier gibt es tolle Tierbeobachtungsmöglichkeiten, zumal man direkt am Wasser ist. Besonders interessant ist diese Gegend für Ornithologen (zu sehen sind u.a. Ibisse, Marabus und Störche). Besonders reizvoll: Alle Gebiete sind Überschwemmungsgebiete, vor allem der Bereich um die Magwexhlana Pools sowie die Nyamdambesi Loop.

Weitere reizvolle Zwischenpunkte auf der Reise ostwärts zum North Gate sind die **Paradise Pools** (vorher nach der Befahrbarkeit erkundigen, da die Strecke direkt entlang des Flusses in den letzten Jahren meist überflutet war) und die **Dombo Hippo Pools** (mit Beobachtungsstand) – besonders bei Sonnenuntergang. Auch die Zufahrt zu den Dombo Hippo Pools steht mitunter unter Wasser, also Vorsicht. Wenn sie passierbar ist, ist diese eine der schönsten Strecken im Delta.

Im Bereich des **Khwai River** gibt es vor allem große Elefantenherden zu beobachten. Die Monate Juli bis Oktober entlang des Flusses sind außerdem ein Muss für Ornithologen!

Für alle Strecken ist ein Allradfahrzeug nötig! Die **beste Reisezeit** ist zwischen Juni/Juli und Oktober/November. Ab November sind Regenfälle möglich – entsprechend wird die Vegetation dichter und das Wild verteilt sich auf große Flächen. Der Dezember ist ungeeignet, da erstens viele Einheimische hier wegen der Schulferien hinkommen und zweitens das Klima sehr heiß und schwül ist. Am wenigsten Besucher trifft man zwischen Mitte Januar und Ende März an: In dieser Zeit schließen einige Camps, viele Wege sind unpassierbar. Die Landschaft bleibt bis etwa Juni grün, dann wird die Vegetation gelb-braun.

Originelle Architektur: das Camp Okuti

Eine der Lodges im Reserve ist das **Camp Okuti** *im Gebiet Xakanaxa. Vier schicke „Hütten" mit Bad (für je 2 Personen), die 2008 im Stil eines afrikanischen Dorfes erbaut wurden. Mit toller Aussicht auf die Xakanaxa-Lagune, besonders zum Sonnenuntergang! Alles ist top-angelegt und gepflegt. Safaris auf offenen Geländewagen und mit Motorbooten werden angeboten (über www.kerdowneybotswana.com).*

Die **Campingplätze** *für Selbstfahrer im Bereich Moremi wurden privatisiert, das schöne Camp* **Third Bridge** *wird von der Xomae Group verwaltet (www.xomaesites.com).*

INFO

Moremi Game Reserve

Lage: inmitten des Okavango Deltas, nordwestlich von Maun

Größe: ca. 4.871 km²

Besonderheiten: umfasst ca. ein Drittel der Fläche des Okavango-Deltas und ist bekannt für seinen großen Löwenbestand, außergewöhnliches Wildreichtum und die abwechslungsreiche Vegetation aus Mopane- und Akazienwäldern, Lagunen und Sümpfen

Reisezeit: am besten zwischen Juni/Juli und Oktober/November

49 Chobe National Park I – zu Besuch bei den grauen Riesen

Der Chobe National Park ist der ideale Ort, in die Wildnis Afrikas einzutauchen. Kaum zu beschreiben sind die Farben der Landschaft, der Geruch von Elefanten und Akazienwäldern, die Geräusche einer Büffelherde im offenen Gelände oder der Schrei eines Fischadlers, während die blutrote Sonne im Fluss versinkt...

Bereits in den 1930er-Jahren schlug *Sir Charles Rey* vor, dieses Gebiet in einen Wildschutzpark zu verwandeln. Doch erst 1960 wurde ein kleiner Teil zum Naturschutzgebiet erklärt. Nach der Unabhängigkeit Botswanas wurde schließlich 1968 der Nationalpark offiziell gegründet. Benannt wurde er nach dem nördlichen **Grenzfluss Chobe**.

Die geografische Struktur der nördlichen Region Botswanas wird im Wesentlichen von der Kalahari, dem Okavango-Delta sowie den **Flusssystemen** bestimmt. Der Chobe nimmt seinen Lauf im Bergland von Südangola, hier heißt er *Cuando*. Im Bereich des namibischen Caprivi-Streifens nimmt er den Namen *Kwando* an. Danach mutiert er zum *Mashi River*, ab dessen radikaler Wende nach Nordosten heißt er schließlich *Linyanti* – doch nur kurze Zeit, und zwar bis zum Liambezi Lake, an dessen östlichem Ende er endlich zum *Chobe* wird. Der *Savuti* fließt südöstlich aus dem Chobe ab. Ein anderer Teil des Kwando zweigt westwärts ab, der *Magwegquana*, einziger nördlicher Nebenfluss des Okavango, fließt ca. 120 km ostwärts unter Schilf und Ried und folgt dabei der Magwegquana-Verwerfung. Nur wenn er sehr viel Wasser führt, gelangt er über den Linyanti bis zum Chobe. Damit stellt der Magwegquana eine letzte Verbindung zwischen dem

Im Park lebt die größte Elefantenpopulation des südlichen Afrika

Okavango- und dem Linyanti/Chobe/Savuti-System dar.

Giraffenherde

Berühmt ist der Park für seine **Elefanten**: Im nördlichen Chobe findet man die wohl größte Population der Welt – über 60.000 Tiere. Die grauen Riesen kehren am späten Nachmittag regelmäßig zum Fluss zurück, um zu baden und zu trinken: ein einzigartiges Spektakel! Der Nachteil ist allerdings, dass die Vegetation durch die Überpopulation extrem strapaziert wird. Auch, weil sich die Elefanten die Nahrung mit einer Unzahl anderer Tiere teilen müssen. Zur Entspannung trägt die 2012 eröffnete **Kavango-Zambezi Transfrontier Conservation Area** (KaZa), die sich über fünf Länder (mindestens 300.000 km²) erstreckt und das Chobe-Gebiet mit Schutzgebieten der Nachbarländer verbindet. Der Plan geht bezüglich der Elefanten auf: Heute verteilen sich die überzähligen Tiere auf Nationalparks in Angola und Simbabwe.

Die **Chobe Riverfront** liegt direkt am gleichnamigen Fluss und ist einer der beliebtesten (und auch besten) Orte Botswanas, um Tiere – besonders Elefanten – zu beobachten. Auf Naturstraßen kann man mit einem vierradangetriebenen Fahrzeug zu guten Beobachtungsplätzen gelangen. Seit 2013 werden hier die Pirschfahrten allerdings stark zugunsten der Safari-Veranstalter reguliert. Auf drei Routen wird der Verkehr nur in eine Richtung geleitet, es dürfen max. 25 Fahrzeuge fahren. Von 10–16.30 Uhr sind Tagestouristen willkommen.

Als **Highlight am Abend** sollte man sich unbedingt eine Bootsfahrt auf dem Chobe gönnen, Krokodile, Hippos, Elefanten, Giraffen, Säbelantilopen, Kudus und viele farbenprächtige Vögel vom Wasser aus beobachten und die Reflektion der untergehenden Sonne auf dem Wasser genießen.

Die **Elephant Valley Lodge** *liegt außerhalb der Grenzen des Chobe N.P. idyllisch im Lesoma Valley mitten im Kasane Forest Reserve (20 Min. nach Kasane). Hier stehen 20 luxuriöse Meru-Zelte mit eigenen sanitären Anlagen im Schatten großer Akazienbäume. Vom Restaurant hat man den Blick auf ein viel von Tieren besuchtes Wasserloch. Täglich werden Safaris auf den Staub- und Wasserstraßen des Nationalparks angeboten (über www.africananthology.co.za).*

INFO

Chobe National Park
Lage: im Norden Botswanas, angrenzend an Namibias Caprivi-Streifen, Sambia und Simbabwe
Größe: ca. 10.600 km²
Besonderheit: größte Elefantenpopulation des südlichen Afrika
Information: www.mewt.gov.bw/DWNP/index.php (Chobe N.P.), www.kavangozambezi.org (KaZa)

50 Chobe National Park II – durch die Flussgebiete von Savute und Linyanti

Das Savute-Gebiet innerhalb des Chobe National Park ist ein weiteres Stück (fast) unberührtes Afrika. Der Savute fließt südöstlich aus dem Chobe River ab. In seinem weiteren Verlauf durchbricht er die Magwikhwe Sand Ridge und mündet schließlich in der Savute Marsh, die ca. 1 m tief in der **Mababa Depression** liegt und 2.400 km² bedeckt. Dieses Gebiet gehörte einst zum riesigen Makgadikgadi Lake. Dieser See breitete sich vor 25.000 Jahren über das riesige Gebiet des heutigen Ngami-Sees, der Makgadikgadi-Pfannen sowie Teilen des südlichen Okavango-Deltas aus. Die Mababe Depression selbst ist von der **Magwikwe Sandridge** begrenzt, die in einem Halbkreis von etwa 100 km von Norden nach Westen die Savute Marsh eingrenzt. Die Sandridge ist knapp 200 m breit und erreicht eine Höhe von 20 m. Sie bildete einst das westliche Ufer des Riesensees.

Im Vergleich zur Chobe Riverfront ist diese Landschaft sehr trocken und karg. Schatten ist eine Rarität, ebenso war Wasser dies lange Zeit. Nur selten führte der Savute über den Savute Channel Wasser bis zur **Savute Marsh**, die lange ein semiarides Savannengebiet war. Von 1850 bis 1880 soll der Savute regelmäßig Wasser geführt haben. Danach versiegte er, um erst 1957 wieder zu fließen. Man kann sich dieses Phänomen nicht endgültig erklären. Geologen vermuten, dass der Lauf durch tektonische Bewegungen immer wieder gestört wird – fast unabhängig vom Wasserstand des Linyanti-Chobe-Flusssystems.

Diese **Bewegungen der Erdkruste** hängen großräumig mit Bruchfalten zusammen, die bis zum Rift Valley und weiter zum Roten Meer reichen. Um kein Wasser mehr aus dem Linyanti-System zu beziehen, muss die Höhe der Mababe Depression um 9 m gehoben werden – der Untergrund muss sich also in ständiger Bewegung befinden. Das Gefälle vom nördlichen Beginn des Savute bis in den Süden beträgt nur 18 cm/Kilometer. Insgesamt also beträgt das Gefälle auf den etwa 100 km nur 18 m! Relativ geringe tektonische Bewegungen können demnach den Flusslauf stören, was offensichtlich in der Vergangenheit passierte.

Auge in Auge mit dem Hippo am Savute

Nach sehr starken Regenfällen im Jahr 2008 führt der Savute Channel bis heute Wasser, was im Januar 2010 auch erstmals wieder die Savute Marsh erreichte. Früher lagen hier nur kleine Senken, die in der Regenzeit und darüber hinaus mit Wasser gefüllt waren und Tiere anlockten. Heute hat sich die Landschaft **in eine Oase verwandelt**. In den Fluten des so lange ausgetrockneten Flussbettes tummeln sich wieder Elefanten, Flusspferde und Wasservögel. Was vorher ein einmaliges Erlebnis in Jahren war, ist nun zum dauerhaften Zustand geworden.

Abstecher vom Savute zum Linyanti

Weiter nördlich des Savute – rund 40 km entfernt – liegt die Linyanti-Region, die über die sehr sandige Magwikhwe Sandridge-Road zu erreichen ist, ein Vierrad-Antrieb ist unbedingt nötig. Dafür bieten sich hervorragende Tierbeobachtungsmöglichkeiten.

Am Linyanti angekommen, erreicht man die Grenze zwischen dem Savannenland und den schilfbestandenen **Linyanti-Sümpfen**. Diese Region ist ein ehemaliger Teil des Okavango-Deltas. Im Fluss, der im späteren Verlauf in den Chobe übergeht, tummeln sich Flusspferde. Ebenso sieht man Elefanten, die im Schilf stehen und ein Wasserbad genießen. Am Ufer liegt unter hohen Bäumen ein schattiger Campingplatz. Hier gibt es Toiletten, Duschen und die Möglichkeit, Waschwasservorräte aufzufrischen. Da das Wasser aus dem sogenannten **Hippo Pool** stammt, ist es als Trinkwasser nicht empfehlenswert. Von den Linyanti-Sümpfen führt in nord-/nordwestliche Richtung der Selinda Spillway (auch als Magwegquana Channel bezeichnet) ab. Dies ist eine Verbindung zwischen dem Okavango- und dem Linyanti-System. Je nachdem, in welchem Teil gerade Wasserüberfluss herrscht, findet über diesen Spillway ein Wasseraustausch statt.

Mitten in der Wildnis: das Savuti Camp

Die ehemals staatlichen ***Campsites*** *Savuti und Linyanti werden nun von der SKL Group of Camps (www.sklcamps.com) betreut.*
Das ***Savuti Camp*** *liegt westlich des Chobe Parks in einem privaten Reservat direkt am Savute Channel und sehr nahe am Linyanti-Gebiet. Sieben Luxuszelte mit eigenem WC/Dusche und Veranden mit Blick auf den Kanal, dessen dauerhafter Fluss für hervorragende Tierbeobachtungsmöglichkeiten sorgt. Angeboten werden neben „normalen“ Landrover-Safaris auch Nachtfahrten und Wanderungen, die hier, außerhalb des staatlichen Nationalparks, erlaubt sind (www.wilderness-safaris.com).*

INFO

Savute-Linyanti-Gebiet
Lage: im Westen des Chobe N.P. bzw. daran angrenzend
Besonderheit: Oase an der Savute Marsh, hervorragende Tierbeobachtungsmöglichkeiten durch dauerhaften Fluss des Savute Channel
Information: www.mewt.gov.bw/DWNP/index.php (Chobe N.P.)

Kenia

Afrika im Kleinformat

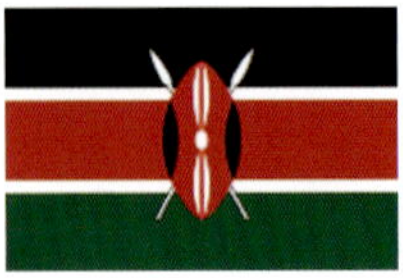

Die Faszination dieses Landes zu Füßen der höchsten Berge Afrikas liegt in seiner bunten Vielfalt an Landschaften, Tieren, Pflanzen, Völkern, Sprachen und kulturellen Hintergründen. Man findet in engster Nachbarschaft schneebedeckte Berggipfel, geheimnisvolle Bergregenwälder – mit meterlangen Flechten geschmückt und von seltenen, scheuen Urwaldtieren bewohnt –, Savannen und Halbwüsten, Strände am schäumenden Indischen Ozean und Menschen unterschiedlicher Herkunft.

Die Spannbreite der verschiedenen Kulturen und Eindrücke reicht von den nomadisierenden Viehzüchtern mit ihren Sitten und Gebräuchen bis zu den Stadtkulturen an der Küste, vom Masai-Kraal bis zu den ornamentverzierten Moscheen der Suaheli. Insgesamt spricht man in Kenia mehr als fünfzig verschiedene Sprachen und Dialekte.

Ein genauso buntes Mosaik bilden die Religionen der Bewohner Kenias. Neben einheimischen Naturreligionen sind hier fast alle großen Weltreligionen lebendig: das Christentum in vielen Varianten, der Islam ebenso vielschichtig, der Hinduismus und Jainaismus.

Steckbrief Kenia
Lage: in Ostafrika, am Indischen Ozean
Fläche: 580.367 km²
Einwohnerzahl: 43 Mio.
Hauptstadt: Nairobi
Staats- bzw. Regierungsform: Präsidialrepublik
Sprachen: Englisch und Suaheli, daneben viele andere Sprachen und Dialekte
Währung: Kenia-Schilling
Exportgüter: Blumen, Tee und Reexporte auf Erdölbasis
Bevölkerung: rund 40 Ethnien, davon über 60 % Bantu, Minderheiten an Asiaten, Arabern und Europäern
Religion: 70% Christen (26,5% Anglikaner, 26,4% Katholiken, 2,5% Orthodoxe), 20% Muslime, 10% Naturreligionen, ferner Hindus, Jains, Sikhs
Klima: tropisch an der Küste, semiarid und arid im Norden/Nordosten, subtropisch im zentralen Hochland
Beste Reisezeit: Januar bis März und Juli bis September
Vorgeschriebene bzw. empfohlene Impfungen: Gelbfieber (vorgeschrieben bei Einreise aus einem Risikogebiet), Tetanus, Diphtherie, Poliomyelitis (Kinderlähmung) und Hepatitis A (empfohlen), Malariaprophylaxe!

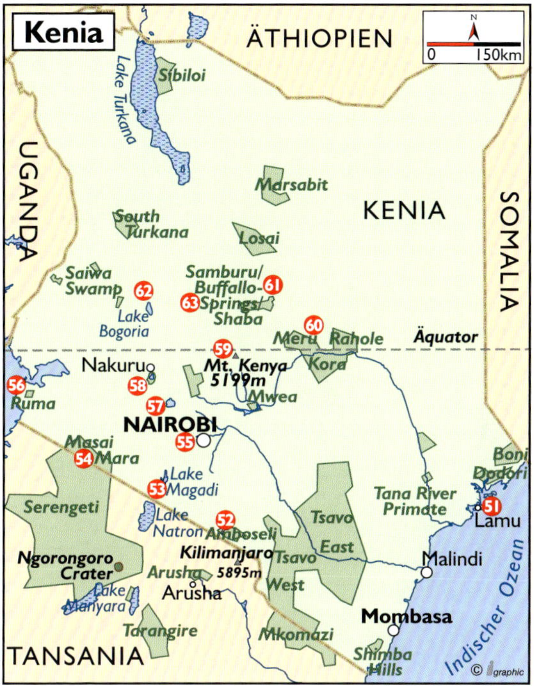

51 Lamu – Zentrum der Suaheli-Kultur
52 Amboseli National Park – am Fuße des Kilimanjaro
53 Lake Magadi und Lake Natron – die Sodaseen
54 Masai Mara National Reserve – der Ruf des Schreiseeadlers
55 Die Ngong Hills – Jenseits von Afrika
56 Lake Victoria – größter Binnensee und kleiner Ruma National Park
57 Lake Naivasha – ein Vogel-paradies
58 Lake Nakuru National Park – Brutstätte der Flamingos
59 Die Nationalparks Aberdare und Mount Kenya – rund um den Berg des Schöpfers
60 Meru National Park – einsame Savannenlandschaft
61 Von Isiolo nach Norden in die Samburu-, Buffalo-Springs- und Shaba National Reserves
62 Lake Baringo und Lake Bogoria National Reserve
63 Das Laikipia-Plateau – unvergleichliche Freiheit

51 Lamu – Zentrum der Suaheli-Kultur

Vor der Küste Kenias liegt eines der gut gehüteten Geheimnisse des Landes: die Insel Lamu. Die ersten Nachweise menschlicher Besiedelung lassen sich nach Funden der Archäologen 800 Jahre zurückverfolgen. Zwischen 1650 und 1884 wurden Lamu und die nördlich gelegene Insel Pate das Zentrum der Suaheli-Kultur. Die Kunst der Holz- und Elfenbeinschnitzer, der Gold- und Silberschmiede, der Architekten und auch der Dichter erlebte eine Blütezeit. Einwandernde Flüchtlinge aus dem persisch-arabischen Raum, die sich schnell eingliederten, brachten neue Impulse in Kunst und Wirtschaft.

Die Altstadt Lamus ist die älteste und am besten erhaltene Suaheli-Siedlung Ostafrikas und seit 2001 Weltkulturerbe der UNESCO. Besonders hervorzuhebende Sehenswürdigkeiten hat Lamu nicht. Es ist mehr das Gesamtbild der Altstadt, das das Besondere ausmacht. Es ist die Atmosphäre, **der Hauch des Orients, afrikanisch gefärbt**. Es ist das Labyrinth der engen, schattigen Gassen, durch die wie durch Windschächte immer ein erfrischender Luftzug streicht, mag es am Hafen auch noch so heiß sein. Es sind die schwarz verschleierten Frauen, die Kunsthandwerker bei ihrer Arbeit, es sind die Esel, die einzigen Transportmittel in den engen Gassen. Es ist der Ruf des Muezzins zum Gebet, der durch die Stadt hallt. Es ist auch die Zeitvergessenheit Lamus, die es erlaubt, eine Reise in die Vergangenheit der Suaheli-Traditionen zu unternehmen. Hier scheint die Zeit still zu stehen. Erst seit 1969 gibt es Elektrizität, und erst 1986 konnte man in Lamu fernsehen.

Auch heute noch gibt es in der Stadt keinen Autoverkehr. Die Bevölkerung ist traditionsbewusst und die Strukturen der Suaheli-Gesellschaft sind noch intakt. Die rund 15.000 Einwohner gehören fast ausnahmslos dem muslimischen Glauben an. Die Existenzgrundlage der Bewohner bilden Landwirtschaft, Fischfang, das Geschäft mit den Pilgern zum Maulidi-Fest (dem Geburtstag des Propheten Mohammed), Tourismus und der (allerdings rückläufige) Handel mit Mangrovenholz.

Wenn man sich mitten in der Altstadt privat einmietet, hat man sehr gute Möglichkeiten, in das **Leben der Einheimischen** einen Einblick zu bekommen. Man sieht die

Markt in der Altstadt

Frauen auf den Dachterrassen, hört die gedämpften, fremden Geräusche. Man ist aber auch den üblen Gerüchen der offenen Kanalisation näher. Wenn man Glück hat, wird man Zeuge einer Hochzeitszeremonie oder einer Prozession, wenn man von oben in die schmalen Gassen oder auf die engen Plätze hinuntersieht.

Schöner entspannen auf Lamu

Dhaufahrt zur Ruinenstadt Takwa

Mit der Kraft des Windes im geblähten Dreieckssegel einer Dhau in die Mangrovensümpfe zu gleiten, ist ein unvergessliches Erlebnis. Diese Wildnis ist ein Refugium einer ungestörten Vogelwelt. Wenn auch die Küstenurwälder weitgehend von Menschen zerstört wurden, so sind die Mangrovensümpfe noch ein Stück unverfälschter Natur.

Dort, tief im Mangrovenwald versteckt, in einer engen Bucht der Insel Manda, liegt die Ruinenstadt Takwa. Takwa war eine **Suahelistadt**, die im 15.–17. Jahrhundert n. Chr. von etwa 2.500 Menschen bewohnt war. Die Bewohner haben Ackerbau betrieben, kombiniert mit Fischfang und Handel. Die Gebäude ihrer aus Korallengestein errichteten Siedlung sind als ausgedehntes Ruinenfeld erhalten. Im 17. Jahrhundert haben die Einwohner von Takwa ihre Stadt aus Trinkwassermangel und aufgrund ständiger Kämpfe mit den Einwohnern der Nachbarstadt Pate verlassen und sind teilweise nach Shela auf die Insel Lamu gezogen. 1951 wurden die Ruinen ausgegraben.

Das bedeutendste Bauwerk ist die **Moschee**. Die nach Mekka gerichtete Gebetsnische (*mihrab*) ist noch gut erhalten. An einer Außenmauer haben die Lehrer ihre Schüler in die Schriften des Korans eingeweiht. Ein tiefer Brunnen zeugt von dem Bemühen, möglichst gutes Trinkwasser zu erlangen. Die Steinhäuser der Bewohner sind auf einer Fläche von ca. 5 ha verstreut. Fast in jedem Haus gibt es Nischen zum Ablegen des Korans, was auf die Strenggläubigkeit der Einwohner von Takwa schließen lässt. Gewaltige, jahrhundertealte Baobabs stehen als stumme Zeugen im Ruinenfeld und ein frischer Wind vom Meer weht über diese Stätte der Vergänglichkeit.

*Das **Manda Bay Beach Hotel** ist eine kleine private Lodge auf Manda Island im Kiwayu-Archipel nicht weit von Lamu-Stadt und dem Dörfchen Shela. Umgeben von eindrucksvollen Korallengärten, einsamen Stränden und unberührten, bewaldeten Gebieten logiert man hier stilvoll mit Blick auf das Wasser der Manda Bay (www.mandabay.com).*

INFO

Lamu

Lage: 222 km nordöstlich von Malindi, vor der kenianischen Küste

Name: Der Name Lamu geht nach portugiesischen Berichten auf eine Ethnie, die „banu lami" vom Persischen Golf, zurück.

Besonderheit: Altstadt ist UNESCO-Weltkulturerbe

Sicherheit: Für das Gebiet nördlich von Lamu (Grenze zu Somalia) gilt ein erhöhtes Sicherheitsrisiko und eine partielle Reisewarnung. Bitte informieren Sie sich beim Auswärtigen Amt vor Reiseantritt über die aktuelle Situation.

Information: www.magical-kenya.de

52 Amboseli National Park – am Fuße des Kilimanjaro

Die schönste Zeit im Amboseli National Park ist frühmorgens. Dann besteht die größte Wahrscheinlichkeit, den schnee- und eisgekrönten Gipfel des Kilimanjaro majestätisch in der Ferne zu erblicken. Er wirkt so nahe und ist doch ganze 50 km entfernt. Mit etwas Glück gelingt ein Schnappschuss, wie man ihn schon oft gesehen hat: Elefanten, Giraffen oder Geparde im Vordergrund und der höchste Berg Afrikas im Hintergrund. Berühmt wurde der Park als Drehort bei der Verfilmung von *Ernest Hemingways* Kurzgeschichte „Schnee auf dem Kilimandscharo" mit *Gregory Peck*, *Susan Hayward*, *Ava Gardner* und *Hildegard Knef* in den Hauptrollen.

Die meisten wilden Tiere und Vögel halten sich während der Trockenzeit **um die Sumpfgebiete** herum auf. Vom „Observation Hill", einem Beobachtungspunkt auf einem Hügel, hat man einen fantastischen Blick über den Enkongo Narok Swamp und den Kilimanjaro dahinter. Am Rande der Feuchtgebiete halten sich häufig Herden von Elefanten und Büffeln auf. Die Elefanten mit ihren markanten „Wasserstandsmarken", oben hell und unten dunkel, die Büffel meist etwas feindselig guckend. Flusspferde lassen nur selten ihre glänzenden Rücken sehen. Häufiger hört man ihre lauten Grunzlaute. Die Ellipsenwasserböcke, stets in Wassernähe, sind nicht zu übersehen.

Der Artenreichtum und auch die Zahl an einzelnen Wasservögeln in den Sümpfen sind enorm. Wie an fast jedem afrikanischen Gewässer herrscht hier der Schreiseeadler als König der Lüfte über Amboseli. Der Goliathreiher, der Riese unter den weiteren 15 hier vorkommenden Reiherarten, stolziert durch das seichte Wasser. Rosapelikane

Der höchste Berg Afrikas

beleben die Wasserflächen. Die besten Beobachtungsmöglichkeiten bieten sich auf einem Damm, der durch den Sumpf gelegt wurde, nordwestlich des „Observation Hill". **Auch an kleineren Tieren** hat dieses Feuchtgebiet viel zu bieten: Brachschwalben, Mohrenrallen, Rallenreiher, Wiedehopfe, Nilgänse, Zwergtaucher und Afrikanische Blatthühnchen sind nur einige der hier ansässigen Tiere.

Der Name Amboseli ist von dem Maa-Wort *Embosel* abgeleitet worden, was so viel heißt wie „trockener See". Denn nur selten ist der im Nordwesten des Parks gelegene Lake Amboseli mit Wasser gefüllt.

Das luxuriöse **Tortilis-Zeltcamp,** *spezialisiert auf Ökotourismus, bietet die Möglichkeit, am Rande des Amboseli-Parks mit direktem Blick auf den Kilimanjaro zu übernachten. Die Zelte sind strohgedeckt und jeweils mit einer schattigen Veranda ausgestattet. Geführte Touren zu den Elefantenherden und durch die umliegende Savannenlandschaft werden angeboten (www.chelipeacock.com).*

Zimmer mit Aussicht im Tortilis Camp

Amboseli National Park
Lage: 213 km südlich von Nairobi, an der tansanischen Grenze
Größe: 392 km²
Höhe: bis zu 1.155 m
Name: von dem Maa-Wort Embosel („trockener See") abgeleitet
Tiere: über 80 Säugetier- und 420 Vogelarten
Besonderheiten: Blick auf den Kilimanjaro, sehr artenreiche Tierwelt
Information: www.kws.org/tourism/parks_info.html

INFO

53 Lake Magadi und Lake Natron – die Sodaseen

Der Lake Magadi (Kenia) und der Lake Natron (Tansania) sind zwei einzigartige, fast surreal anmutende Sodaseen im Osten Afrikas, am Afrikanischen Grabenbruch. Als Sodaseen werden solche Seen bezeichnet, die einen **ungewöhnlich hohen ph-Wert und Salzgehalt** aufweisen.

Der **Lake Natron** ist eine der wenigen Brutstätten in Afrika für Flamingos, die das flache Wasser wie ein rosa Saum zieren. Sie ernähren sich von den Algen im Wasser, die den See mitunter rot schimmern lassen, weshalb die Masai ihn „Feuersee" nennen. Auch ca. 100.000 Wasservögel sind hier heimisch.

Am Lake Natrom gibt es mehrere Camps von denen aus man geführte Touren auf den **Ol Doinyo Lengai**, den einzig aktiven Vulkan in dieser Gegend, unternehmen kann. Der letzte Ausbruch fand 2007/2008 statt. Die Route ist technisch anspruchsvoll. Im aktiven Kraterbereich erwartet den frühmorgendlichen Besucher bereits in der Finsternis eine unwirkliche Szenerie mit fauchenden Schloten – wenn aber die Sonne erscheint, wird die Anwesenheit zum Erlebnis. Die Lava bekommt relativ schnell nach dem Erkalten eine hellgraue Farbe und die Vulkankegel erheben sich aus dieser Mondlandschaft. Der Blick in die Masai-Ebene und das Rift Valley ist ebenfalls atemberaubend.

Der 104 km^2 große **Lake Magadi**, der Name stammt von dem Wort für „salzig" in der Masai-Sprache, ist der südlichste See des Great Rift Valley in Kenia, 120 km südwestlich

Blick in die Ebene

der Hauptstadt Nairobi und 1.000 m niedriger gelegen! Er wird nur selten von Touristen besucht, befindet er sich doch in einer der heißesten und unwirtlichsten Gegenden Kenias und wird von riesigen Salzpfannen umgeben. Diese schützen die im See brütenden Flamingos vor Angreifern, so dass sie jedes Jahr im Uferschlamm ihre Eier ausbrüten – nur wenige andere Tiere können hier überleben. Einer der wenigen Fische, der in dem extrem hohen Alkaligehalt des Sees existieren kann, ist der Buntbarsch (*tilapia grahami*), der an den Frischwasserquellen am Rande des Sees lebt. Die Buntbarsche wiederum ziehen eine Reihe von Vogelarten an.

Wer die Fahrt bis hierhin nicht scheut, wird mit faszinierenden Farbspielen der Natur belohnt. Während sich die weißen Salzverkrustungen in flimmernder Hitze bis zum Horizont erstrecken, wechselt der See mit dem Stand der Sonne seine Farben.

Aufgrund seiner besonderen Zusammensetzung kann seit 1911 von der Magadi Soda Company das Salzgemisch *Trona* aus dem See gewonnen werden. Das machte die Firma zu Afrikas größtem Produzenten und Exporteur von Natriumkarbonat – wichtig für die Herstellung von Glas, Waschmitteln und anderen Industriechemikalien.

Traumhafte Unterkunft: die Loisiiljo Lodge Shompole

Mitten im Rift Valley liegt zwischen dem Lake Magadi und Lake Natron die von lokalen Masai geführte **Loisiiljo Lodge Shompole.** *Vier kleine Cottages bieten Platz für maximal 12 Gäste und einen sehr schönen Blick über den Ewaso Ngiro River. Es ist der ideale Ort zum Relaxen. Während der Spaziergänge zeigen geschulte Masai-Führer die kleinen Geheimnisse des afrikanischen Buschs. Auf Pirschfahrten ins Shompole-Schutzgebiet kann man die größeren Bewohner der Gegend aufspüren: Löwen, Büffel, Giraffen, Zebras, Elefanten und Kuhantilopen. Es stehen Kanus zur Verfügung, in denen man den von Feigenbäumen gesäumten Ewaso Nyiro River hinuntergleiten kann. Für Romantiker: Auch ein Dinner bei Kerzenlicht und mit afrikanischer Geräuschkulisse ist möglich (www.loisiijolodgeshompole.org).*

INFO

Lake Magadi (Kenia) / Lake Natron (Tansania)
Lage: an der tansanisch-kenianischen Grenze, im Great Rift Valley
Tiere: Brutstätte für Flamingos
Besonderheiten: Sodaseen, Besteigung des Vulkans Ol Doinyo Lengai möglich
Information: www.magical-kenya.de

54 Masai Mara National Reserve – der Ruf des Schreiseeadlers

Zusammen mit der südlich anschließenden Serengeti bildet das Masai-Mara-Reservat ein geschlossenes und noch intaktes Ökosystem. Die **riesigen Wanderungen der Wildtiere** auf der Suche nach Wasser und Weidegründen im Wechsel zwischen Regen- und Trockenzeiten finden noch immer so statt wie früher. Der enorme Wildreichtum besonders in der Hochzeit der so genannten „Migration", der großen Wanderung zwischen Juli und Oktober, hat das Reservat weltbekannt gemacht. Obgleich das Masai Mara N. R. nur 4 Prozent des gesamten Serengeti-Ökosystems umfasst, konzentrieren sich dort auf dem Höhepunkt der „Migration" gewaltige Herden größerer Pflanzenfresser. Dass deshalb auch die Zahl der Beutegreifer sehr hoch ist, ist nicht weiter verwunderlich. Solche gewaltigen Ansammlungen von Großtieren sind auf unserer Erde sehr selten geworden. Hier gibt es sie noch!

Wildreichtum in der Masai Mara

Das Masai Mara National Reserve kann topografisch in **vier Regionen** eingeteilt werden: die Ngama Hills im Osten von Keekorok und dem Sekenani Gate, das Siria Escarpment, manchmal auch Isuria oder Oloololo Escarpment genannt (es bildet die westliche Grenze des Reservats), das Mara Triangle zwischen dem Mara River und dem Siria Escarpment, und schließlich die Central Plains zwischen dem Mara River und den Ngama Hills. Jede Region beheimatet ein Mosaik von Pflanzengesellschaften, bestimmt von einer Reihe von Faktoren: Niederschlag, Bodenbeschaffenheit, Häufigkeit von Busch- oder Steppenbränden und Einfluss von grasenden Tieren.

Die abwechslungsreiche Landschaft, ausgedehntes Grasland, eingestreute Akazienwaldungen, Galeriewälder entlang der beiden ganzjährig Wasser führenden Flüsse Mara und Talek, und die steile Abbruchkante des Esoit Oloololo Escarpment bieten vielen Pflanzen- und Tierarten einen idealen Lebensraum.

Das Grasland ernährt eine enorme Masse an verschiedenartigen Pflanzenfressern. Wissenschaftler haben herausgefunden, dass die Futterkonkurrenz zwischen den Tierarten reduziert ist, weil **jede Art ihre eigene Futterstrategie** hat. So weiden Zebras beispielsweise harte, relativ wenig schmackhafte Kräuter, Gräser, Grasrispen und Ähren ab und sie sind die Ersten, die in Gegenden mit hohem Grasbestand vordringen. Nachdem die hohen Stängel von ihnen abgeweidet wurden, bevorzugen Gnus und andere große Wiederkäuer die frischen, grünen und proteinreichen Blätter der Pflanzen am Boden. Schließlich, nachdem das Gras von den zahlreichen Gnus abgeweidet wurde, wachsen neue Gräser und Blätter nach, die von Thomson-Gazellen bevorzugt werden. Dieser Prozess wird als **Weidefolge** bezeichnet.

Das Little Governors Camp

Große Herden von Büffeln kann man beobachten. Nashörner, die wegen ihres Horns immer noch extrem gefährdet sind, finden sich hier ebenso. Sie sind sehr ortstreu. Jedes Tier hat sein individuelles Revier, zu dem eine Tränke und eine Suhle gehören. Warzenschweine gibt es im Buschland sehr häufig. Sie nutzen die Grabungen der Erdwölfe an den Termitenhügeln als Höhle. Zum Buschland gehören auch Herden von Impalas und Dik-Diks, kleinste Antilopen, die durch ihre Winzigkeit ideal an das dichte Buschwerk angepasst sind.

Der frühe Morgen und der späte Nachmittag sind die beste Zeit, um die große Zahl der Waldvögel zu beobachten. Der helle, jubelnde Ruf des Schreiseeadlers, auch die „Stimme Afrikas" genannt, ist unüberhörbar.

Mitten in der Natur schläft man im **Little Governors Camp**, *einem kleinen Luxuscamp rund um ein Wasserloch. Ungestört ist es hier: Bei der Anreise überquert man den Mara-Fluss mit einem Boot, dann noch ein kurzer Fußmarsch bis zum Camp. Ein ganz besonderes Erlebnis ist ein Flug mit dem Heißluftballon, um die endlosen Landschaften aus der Luft zu bewundern (www.governorscamp.com).*

INFO

Masai Mara National Reserve
Lage: 238 km südwestlich von Nairobi
Größe: ca. 1.600 km²
Höhe: 1.500–1.850 m
Name: Mara bedeutet in der Maa-Sprache so viel wie „buntes Durcheinander".
Tiere: ca. 80 Säugetier- und 450 Vogelarten
Information: www.magical-kenya.de, www.maasaimara.com

55 Die Ngong Hills – Jenseits von Afrika

Nairobi ist eine moderne Stadt, nach teils europäischem, teils amerikanischem Vorbild aufgebaut. Noch vor etwa 100 Jahren befand sich am Ort der heutigen Millionenstadt lediglich ein Eisenbahncamp. Das viel zu schnelle Anwachsen Nairobis, besonders seit den 1960er-Jahren durch den Zuzug verarmter Landbevölkerung auf der Suche nach Arbeit, brachte viele soziale Probleme mit sich. Im Stadtbild des heutigen Nairobi tritt der Gegensatz zwischen wohlhabenden Villenbesitzern, Banken-, Geschäfts- und Hotelvierteln und den unzähligen Slumbewohnern, die in Hütten aus Blech, Pappe und Plastik hausen, sehr deutlich zutage.

Die **ethnische Vielfalt** Kenias spiegelt sich in Nairobi besonders deutlich wider. 85 % der Bevölkerung sind der Herkunft nach Afrikaner (z.B. Kikuyu, Embu, Meru oder Luyu), die übrigen hauptsächlich Asiaten und nur wenige Europäer. Die drei Weltreligionen Christentum, Islam und Hinduismus treffen hier zusammen, ihre Kirchen, Moscheen und Tempel zeugen von einem regen religiösen Leben.

Zahlreiche Sehenswürdigkeiten und das angenehme, gemäßigte Höhenklima laden dazu ein, ein bis zwei Tage in Nairobi zu verbringen, bevor man zu einer Rundreise aufbricht. Die Stadt ist idealer Ausgangspunkt sowohl für Safaris als auch für Sightseeing in der näheren Umgebung, wie zum Beispiel eine Tour zum nur 14 km von der City entfernten **Karen Blixen Museum**. *Karen Blixen-Finecke* wurde am 17. April 1885 auf dem alten Familienbesitz Rungstedlund nahe Kopenhagen/Dänemark geboren. Als junges Mädchen verließ sie ihr Elternhaus, studierte in Kopenhagen, Paris und Rom Malerei, heiratete ihren Vetter, den schwedischen Baron *Bror Blixen* und siedelte 1914 mit ihm nach Kenia über. Dort übernahmen die beiden eine Kaffeefarm. 18 Jahre blieb sie in Afrika, eine Zeit, die ihr Leben entscheidend prägte. Doch ihre Ehe stand unter keinem guten Stern. Von 1920 an lebte das Paar getrennt, später wurde die Ehe formal geschieden. Karen nahm ihr Leben selbst in die Hand.

Das Karen Blixen Museum am Fuße der Ngong Hills

Ein anderer Mann trat in ihr Leben, der britische Adelige *Dennys Finch-Hatton*, der sich für Großwildjagd und die Fliegerei begeisterte. Es entwickelte sich eine innige Liebe zwischen den beiden. Doch dieses Glück fand ein abruptes Ende, als ihr die Nachricht überbracht wurde, dass ihr Geliebter über Tsavo

Originell: das Ngong House

mit seinem Flugzeug tödlich verunglückt sei. Gleichzeitig stand es um die Plantage schlecht. Durch die ständig eingefahrenen Verluste stand die Farm vor dem Bankrott und musste schließlich verkauft werden. Mitte 1931 kehrte Karen nach Dänemark zurück und begann ihre Erlebnisse in dem autobiografischen Roman „Dunkel lockende Welt", der später unter dem Titel **„Out of Africa"** verfilmt wurde, festzuhalten. Schlagartig erlangte das Buch Weltruhm. Nach dem Verfassen weiterer Romane, Erzählungen und Novellen wie „Die Rache der Engel", „Schicksalsanekdoten", „Gespensterpferde" und „Schatten wandern übers Gras" starb die Erzählerin 77-jährig am 07. September 1962 in Rungstedlund. Sie hatte Kenia seit 1931 nie wieder gesehen.

Ein Ausflug zu ihrer ehemaligen Farm am Fuße der **Ngong-Berge**, in einer unvergleichlichen Landschaft in 2.000 m Höhe, ist zugleich ein Ausflug in die Romanwelt Blixens. Neben dem Originalinterieur der Farm und diversen Exemplaren der veröffentlichten Werke der Autorin ist auch ein Teil der von Blixen gemalten Bilder – vorwiegend Porträtbilder von Einheimischen – zu sehen.

Einige originelle Übernachtungsmöglichkeiten in ausgebauten Baumhäusern bietet das **Ngong House** *an. Kaum zu sehen sind die aus natürlichen Materialien erbauten Hochgemächer, von denen man über die Büsche hinweg einen tollen Blick auf die Ngong Hills hat und Karen Blixens Begeisterung für dieses Land nachvollziehen kann. Jedes Baumhaus ist individuell erbaut und eingerichtet, und das Gelände ist eine grüne Oase der Ruhe am Rande des hektischen Nairobi (www.ngonghouse.com).*

INFO

Karen Blixen Museum, Nairobi
Lage: 14 km von der Innenstadt entfernt
Besonderheit: Die Farm ist noch im Originalzustand erhalten und diente als Kulisse für „Out of Africa".
Information: www.museums.or.ke

56 Lake Victoria – größter Binnensee und kleiner Ruma National Park

Der Lake Victoria wurde 1858 von dem britischen Entdecker *John Hanning Speke* nach der damaligen Königin von Großbritannien benannt. Mit 68.800 km^2 ist er der **größte Binnensee Afrikas** (zum Vergleich: Bodensee 540 km^2) und nach dem Baikal-See in Russland das zweitgrößte Süßwasser-Reservoir der Welt. Er entstand vermutlich vor etwa 750.000 bis 250.000 Jahren, trocknete aber wahrscheinlich zwischenzeitlich wieder aus. Der See hat eine Nord-Süd-Ausdehnung von 412 km und eine West-Ost-Ausdehnung von 355 km. Das Wasser des Sees ist zwischen 23,5 und 29 °C warm. Seine Fläche teilen sich die drei Staaten Uganda, Kenia und Tansania. Auf Uganda entfällt dabei ein Anteil von ca. 45 % der Seefläche.

Mehr als 30 Millionen Menschen leben an den Ufern des Lake Victoria mit seinen zahlreichen Fischarten. Die bekanntesten von ihnen und hier am häufigsten vertretenen sind sicher die in Europa auch als Aquarienfische erhältlichen Buntbarsche (Cichliden). Insgesamt leben im Lake Victoria ca. 550 verschiedene, der Wissenschaft bekannte Fischarten (in ganz Europa gibt es zum Vergleich nur etwas mehr als 200 Arten von Süßwasserfischen).

Idylle am Lake Victoria

Der ökologische Zustand des Lake Victoria ist vor allem durch die schnell wachsende Bevölkerung gefährdet. Hinzu kommen der Kahlschlag der natürlichen Vegetation entlang der Uferlinie, die boomende Fischexportindustrie, die Einführung verschiedener exotischer Tier- und Pflanzenarten, das Verschwinden von 50 % der heimischen Fischarten, übermäßiges Algenwachstum und das Einleiten von ungeklärtem Abwasser aus Industrie und menschlichen Siedlungen. Um die Kapazitäten des Fischfanges im See zu steigern, wurde der Nilbarsch eingeführt, der jedoch einheimische Fischarten verdrängte. Der entstandene Schaden ist erheblich und zum Teil irreversibel. Ökologen sind sich einig, dass der See nicht überleben wird, wenn nicht bald etwas für seinen Schutz getan wird.

Abendstimmung

Der kleine **Ruma Nationalpark**, an den Ufern des Lake Victoria gelegen, ist unter Touristen relativ unbekannt und vielleicht gerade deshalb reizvoll, weil man ungestört die Tiere beobachten kann. Neben der Pferdeantilope, die es nirgendwo sonst in Kenia gibt, finden sich Büffel, Leoparden, Rothschild-Giraffen, Bleichböckchen, Zebras, Hyänen und Löwen.

Umgeben vom Wasser des Lake Victoria und im Schatten gewaltiger Feigenbäume kann man auf der Insel Mfangano im **Mfangano Island Camp** *logieren. Die sechs luxuriösen Cottages mit Blick auf den See verfügen jeweils über eine eigene Veranda, ein separates Badezimmer und aufwändig gestaltete Himmelbetten. Die Insel ist der perfekte Ort für Angler und Vogelliebhaber und auch wer einen Einblick in das Leben der Einheimischen gewinnen möchte, kommt auf seine Kosten. Es besteht die Möglichkeit, eine der Luo-Familien zu besuchen, von denen die meisten ihren Lebensunterhalt mit der Fischerei verdienen (www.governors camp.com).*

INFO

Lake Victoria
Lage: angrenzend an Uganda, Tansania und Kenia
Größe: 68.800 km²
Tiere: ca. 550 Fischarten, Flusspferde
Besonderheiten: größter Binnensee Afrikas, zweitgrößter Süßwassersee der Welt
Information: www.magicalkenya.com

Ruma National Park
Lage: 10 km östlich des Lake Victoria
Größe: 120 km²
Tiere: Pferdeantilope (endemisch)
Information: www.kws.org/tourism/parks_info.html

57 Lake Naivasha – ein Vogelparadies

Der Lake Naivasha ist der höchstgelegene See des Ostafrikanischen Grabenbruchs (1.890 m). Sein Wasserspiegel ist großen Schwankungen unterworfen, worüber Aufzeichnungen vom Jahre 1880 an bis heute existieren. In den Jahren 1945–1955 sank er auf 1 m drastisch ab; das Wasser war so flach, dass der meiste Boden des Sees kultiviert werden konnte.

Zwei Flüsse, Malawi und Gilgil, ergießen sich im Norden in den reinen Süßwassersee. Im Gegensatz zur wilden Schönheit der übrigen Seen des Rift Valley hat der **Lake Naivasha** etwas Idyllisches, Liebliches. Seine Ufer sind grün und mit Papyrus bewachsen, große Bäume rahmen ihn im Süden ein. Das Klima ist gemäßigt, sein Wasser weich und sauber, so dass Pflanzen, Tiere und Menschen gute Lebensbedingungen vorfinden. Der See und seine Umgebung sind ein Vogelparadies von Weltruf. 273 Vogelarten sind hier (einschließlich des nahen Hell's Gate National Park) gezählt worden.

Im östlichen Teil des Lake Naivasha befindet sich die sichelförmige Insel Crescent Island (Crescent = Mondsichel), die der Rand eines alten Vulkans ist. Auf die Insel kann man mit einem Boot fahren. Der Schilf- und Papyrusgürtel des Sees wird zwar nicht alle seine Geheimnisse sofort preisgeben, aber doch einen Einblick in sein **ungemein reiches Vogelleben** gewähren, wenn man langsam und aufmerksam am Ufer entlang gleitet: Pelikane, Störche, Löffler, Reiher, Ibisse, Kormorane, Taucher, Enten, Greife, Rallen, Kiebitze, Regenpfeifer, Schnepfen, Möwen und Strandläufer, um nur einige der auffälligsten Gruppen zu nennen. In den Wintermonaten beobachtet man viele Zugvögel aus Europa. Mehrere fremde Fischarten wurden für Angler eingesetzt, so die Buntbarsche

Vogelparadies Lake Naivasha

(*tilapia grahami*), die sich sprunghaft vermehrten. Die Insel ist ein Schutzgebiet für Defassa-Wasserböcke, Thomson-Gazellen, Streifengnus und Steppenzebras. Dieses Wild wurde hier ausgesetzt und ist recht zutraulich. Auch andere Säugetiere wie der Löffelhund haben sich hier angesiedelt.

Eine der ältesten Farmen Afrikas: das Loldia House

Seit etwa 4.000 Jahren haben Menschen an den Ufern des Sees ihre Spuren hinterlassen. Das beweisen Funde von Messern, Äxten und Pfeilspitzen sowie tönerne Artefakte. Die ersten europäischen Entdecker hatten erhebliche Schwierigkeiten mit den Masai, die ihre Rinder in der noch wildreichen Umgebung des Sees hüteten. Der erste Weiße, der 1883 in diese Gegend gelangte, war der deutsche Naturwissenschaftler *G. A. Fischer*, nach dem die Felsnadel am Eingang des Hell's Gate National Park, „Fischer's Tower", benannt ist. Er musste an dieser Stelle seine Expedition wegen der feindlich gesinnten Masai abbrechen.

1891 erreichte die **erste Eisenbahn** von Mombasa über Nairobi den See. Dem Eisenbahnbau folgten viele weiße Siedler, u. a. auch der bekannte *Lord Delamere*. Naivasha entwickelte sich zu einem landwirtschaftlichen Zentrum. Früchte, Gemüse und Blumen wurden für den örtlichen Bedarf, aber auch für den Export angebaut. Die ersten Weinstöcke wurden gesetzt. Es entwickelte sich außerdem eine Parfüm-Industrie. Jagd- und Sportclubs entstanden. Man spielte Golf und Tennis, und der Wassersport blühte auf. Kurzum, der See entwickelte sich schon um die Jahrhundertwende zu einem beliebten Treffpunkt für das gesellige Beisammensein der Kolonialherren.

Loldia House, *eine ehemalige Farm am nordwestlichen Ufer des Lake Naivasha, bietet Unterkünfte im englischen Kolonialstil, in denen man sich gut in das Leben der frühen Siedler hineinversetzen kann. Unter Akazien und wilden Feigenbäumen wurde das Haus von einem Siedler errichtet, der einst nach den Burenkriegen mit dem Ochsenwagen nach Osten zog. Noch heute ist das Gebäude im Besitz der Familie.*
Von hier sind Ausflüge zum Lake Nakuru National Park, Hell's Gate National Park, Lake Elementaita & Lake Bogoria möglich, außerdem Game Drives und Spaziergänge über die Ranch. Auch wer lieber auf dem Rücken der Pferde die Umgebung entdecken oder auf einer Sundowner-Bootstour die faszinierenden Farben des afrikanischen Sonnenuntergangs erleben möchte, ist hier richtig. Fischen, Golf und Tennis – auch die Sportler kommen auf ihre Kosten (www.governorscamp.com).

INFO

Lake Naivasha
Lage: 90 km nordwestlich von Nairobi
Größe: 135 km²
Höhe: 1.880 m über dem Meeresspiegel
Tiefe: durchschnittlich 8 m
Name: vom Masai-Wort: „e-naiposha" = „das, was sich hebt und senkt"
Information: www.magical-kenya.de

58 Lake Nakuru National Park – Brutstätte der Flamingos

Nur 4 km südlich der lärmenden Großstadt Nakuru findet sich ein **Kleinod der Natur**, der Lake Nakuru. Hier ist ein nicht gerade großer, aber wegen seiner landschaftlichen Schönheit und besonders wegen seiner faszinierenden Tierwelt einmaliger Bereich zum Nationalpark erklärt worden.

In einer Senke des Rift Valley liegt dieser nur zehn Kilometer lange und vier Kilometer breite, einmalig schöne Salzsee. Im Osten ist er von einem düsteren Wald von Kandelabereuphorbien, im Süden von Sumpf und offener Savanne, im Westen von steilen schwarzen Felsen, den so genannten „Baboon Cliffs", und im Norden von einem Galeriewald, der meist aus Fieberakazien besteht, umgeben. Er ist von einem rosa schimmernden Band umsäumt. **Riesige Scharen von Rosa Flamingos** und Zwergflamingos bevölkern die Flachwasserzonen des Sees. Nicht nur die Färbung ihres Gefieders, auch ihre Spiegelung im Wasser rahmt das Gewässer rosa ein. Lange wusste man nicht, wo diese Masse der Flamingos brütet. *Leslie Brown* verfolgte sie mit einem Flugzeug und schrieb darüber ein spannendes Buch mit dem Titel „The Mystery of the Flamingos". Auch Rosapelikane, die sich von künstlich eingesetzten, an alkalisches Wasser gewöhnten Buntbarschen *(tilapia grahami)*, ernähren, und die robusten Marabus durchsetzen die Flamingoscharen. Diese und weitere 400 Vogelarten auf so engem Raum sind der Hauptanziehungspunkt für Naturfreunde aus aller Welt.

Die Anzahl der hier lebenden Vögel ist jedoch starken Schwankungen unterworfen. Bei heftigen Regenfällen steigt das Wasser des abflusslosen Sees. Die Salzkonzentration

Flamingos am Lake Nakuru

sinkt und mit ihr der Bestand an Algen, der Nahrung der Flamingos. Wenn das geschieht, verlassen sie in großer Zahl den Lake Nakuru und suchen andere Nahrungsgründe in weiteren Sodaseen auf. Wenn sich nach längerer Trockenzeit das alte Gleichgewicht wiederhergestellt hat, dann kehrt die Masse der Flamingos wieder zum Lake Nakuru zurück. Genauso können schädliche Abwässer das Ökosystem in dem See negativ beeinflussen.

Die 79 Säugetierarten nehmen sich dagegen bescheiden aus. Die Felsen am Ufer sind das Reich der Anubis-Paviane und der Klippschliefer, nur bibergroß und doch den Elefanten nahe verwandt. Büffel wechseln über die Wege. Ohrengeier, die stärksten ihrer Sippe, warten geduldig auf ein geeignetes Geiermahl. Schirrantilopen halten sich mehr im Unterholz auf. Impalas, Grüne Meerkatzen, Guerezas, die gerne die Früchte der Fieberakazien naschen, Warzenschweine, Steppenzebras und Masai-Giraffen gehören zum gewohnten Bild.

Kleine Nashornfamilie

Eine weitere Besonderheit sind die 1977 hier ausgesetzten, sehr seltenen **Rothschild-Giraffen**, die aus dem Soy-Gebiet stammen und in ihrem Bestand gefährdet sind. Mittlerweile ist ihre Population auf 70 Exemplare angestiegen, so dass sie schon wieder bis nach Uganda hin ausgewildert werden konnten. Ein weiteres geglücktes Experiment ist die Eingewöhnung von Spitz- und Breitmaulnashörnern. Ihre Zahl soll inzwischen auf mehr als 60 Tiere angewachsen sein. Sie werden streng bewacht. Ihretwegen ist der Nationalpark mit einem Elektrozaun umschlossen worden, nachdem im Meru National Park 1988 die dort ausgesetzten Breitmaulnashörner von Wilderern erschossen wurden.

Die artenreiche Tierwelt wird begünstigt durch das Aneinanderstoßen der Biotope: Salzsee, Sumpf, Savanne, Felsen, Akazien- und Euphorbienwald auf so engem Raum. Die Tierwelt ist also nicht der einzige Reiz hier am Lake Nakuru. Es ist genauso der landschaftliche Abwechslungsreichtum dieses Nationalparks, der einen Besuch empfehlenswert macht.

Lake Nakuru Nationalpark
Lage: 160 km nordwestlich von Nairobi
Größe: 188 km²
Name: vom Masai-Wort: „en-akuro" = „wirbelnder Staub"
Tiere: Flamingos, 400 weitere Vogelarten, die sehr seltene Rothschild-Giraffe
Information: www.magical-kenya.de, www.kws.org/tourism/parks_info.html

INFO

59 Die Nationalparks Aberdare und Mount Kenya – rund um den Berg des Schöpfers

Lange bevor Europäer nach Afrika kamen, wurde der **Mount Kenya** von den Menschen, die am Fuße des Berges lebten, verehrt. Manche glaubten, der Schöpfer des Universums weile auf dem Gipfel des Berges. Jener Schöpfer sei überdies verantwortlich für die Regenfälle, durch die der fruchtbare Boden an den unteren Berghängen bewässert werde. Um ihn gütig zu stimmen, brachten sie ihm Tiere als Opfer dar. Wegen der Schnee- und Eisflächen unweit der dunklen Gipfel nannten die Einheimischen den Berg „gefleckter Berg" oder „leuchtender Berg". Die drei höchsten Gipfel (Batian, Nelion und Lenana) tragen die Namen großer Häuptlinge. Die **zahlreichen jadegrünen Bergseen** in der Gipfelregion steigern noch die Schönheit des verehrten Bergriesen. Der Missionar *J. Krapf* erblickte 1849 als erster Europäer den Mt. Kenya. Seinem Bericht über die schneebedeckten Gipfel dieses Berges unter der Äquatorsonne glaubte man in Europa nicht.

Landschaft am Mount Kenya

Der Mt. Kenya (5.199 m), der zweithöchste Berg Afrikas, ist ein **gigantischer Vulkankegel** mit einem Durchmesser von ca. 120 km. Sein Alter wird auf 2,6 bis 3,1 Mio. Jahre geschätzt. Durch mehrere Ausbrüche wurde Lava durch zentrale Spalten herausgepresst. Man nimmt an, dass der Vulkan ursprünglich 1.000 m höher war. Der Gipfelkrater ist durch Gletschereis und Erosion abgetragen worden. Die beiden Gipfel „Batian" und „Nelion" sind ein Teil des „Vulkanhalses". Sie bestehen aus grobem, scharfkantigem Eruptivgestein. Die Endmoränen verraten die Ausdehnung der Vereisung in den verschiedenen Erdepochen. Der Gipfel des Mt. Kenya ist morgens meist klar zu erkennen, ab Mittag hüllt er sich oft in dichte Wolkenschleier.

Das Landwirtschafts- und Plantagengebiet ist durch Rodung der Primärvegetation bis zu einer Höhe von ca. 1.900 m ausgeweitet worden. **Urwüchsige Bergregenwälder** erstrecken sich bis auf ca. 2.700 m Höhe und beinhalten eine Vielzahl verschiedener Bäume von oft beachtlicher Größe, wie z. B. den Riesen-Campher. Sie sind von Lianen und Epiphyten überwuchert. Farne, Orchideen und zahlreiche Blütenpflanzen bedecken die Äste und den Waldboden.

Bergaufwärts findet sich bis auf 3.000 m Höhe der Bambus-Gürtel, eine undurchdringliche Wildnis. Bambus wird bis zu 12 m hoch und blüht nur ca. alle 15 Jahre. Oberhalb der Bambusdickichte lichtet sich die Vegetation. Es folgen bis ca. 3.300 m die so genannten Koso-Wälder. Die daran anschließende Riesenheide-Zone erstreckt sich bis auf ca. 3.500 m. Etwas höher gibt es die sogenannte offene, afroalpine Region mit Moor und Matten, auf denen Lobelien und Seggen wachsen. Das gelb blühende Riesenkreuzkraut wächst noch bis 4.400 m. Dann sieht man nur noch Flechten und Moose.

Drei Hauptrouten in das Bergmassiv des Mt. Kenya können einen nachhaltigen Einblick in seine Bergwelt geben, besonders wegen der uns fremden Flora und Fauna. Die Naro-Moru-Route ist die schnellste und deshalb sicher auch die beliebteste Route, um die drei Gipfel des Mt. Kenya, den Batian (5.199 m), den Nelion (5.188 m) und den verhältnismäßig leicht zu besteigenden Lenana (4.985 m) zu erreichen. Auf der Sirimon-Route kann man den Mt. Kenya von der trockenen und bewaldeten Nordseite angehen. Auf der dritten Route nähert man sich dem Mt. Kenya aus östlicher Richtung vom Dorf Chogoria her.

Aberdare National Park

Die Bergketten des 70 km langen, in Nord-Süd-Richtung verlaufenden Aberdare-Gebirges sind **vulkanischen Ursprungs**. Die Aktivität der Vulkane liegt 5–6,5 Mio. Jahre zurück. Sie bilden den hoch aufragenden östlichen Wulst des Rift Valley. Die unteren Regionen sind mit urwüchsigem Bergnebelwald bedeckt. Es folgen als nächsthöhere Stufe ein Bambusgürtel, durch den sich Elefanten und Büffel tunnelartige Wechsel bahnen, und schließlich ein weites Moorgebiet. Die beiden höchsten Gipfel sind der Ol Doinyo le Satima (3.999 m), dessen Name in der Masai-Sprache „junger Stier" bedeutet, und der Kinangop (3.908 m).

Morgendämmerung im Aberdare-Gebirge

Der 1950 eröffnete 770 km² große Nationalpark umfasst nur die über rund 3.000 m hohen Regionen des Aberdare-Waldgebirges. 41 Säugetier- und genauso viele Vogelarten leben hier. In dem Urwaldgebiet und Gebirge erinnern nur die wenig befahrenen Wege und einige Lodges an die Präsenz von Menschen. Die rote Erde, der dunkelgrüne Bergurwald mit den hellviolett blühenden Kap-Kastanien, dazwischen der tiefblaue Tropenhimmel mit den scharf abgesetzten schneeweißen Wolkentürmen bilden **faszinierende Farbkontraste**.

INFO

Mount Kenya National Park

Lage: 193 km nordöstlich von Nairobi
Größe: 588 km²
Höhe: 5.199 m (zweithöchster Berg Afrikas)
Tiere: 31 Säugetier- und 132 Vogelarten
Beste Reisezeit: außerhalb der beiden Regenzeiten, die von Mitte März bis Juni und von Oktober bis Mitte Dezember andauern
Besonderheiten: seit 1997 Weltnaturerbe der UNESCO
Information: www.magical-kenya.de, www.kws.org/tourism/parks_info.html

60 Meru National Park – einsame Savannenlandschaft

Wegen seiner abseitigen Lage und seines fast menschenleeren Hinterlandes im Osten vermittelt der Meru National Park einen guten Eindruck von einer **ursprünglichen Savannenlandschaft** mit ihrer reichhaltigen Flora und Fauna, bevor der Mensch mit seinen Rinder- und Ziegenherden das Land bevölkerte. Das Schutzgebiet ist, obgleich es nur 60–800 mm jährlichen Niederschlag gibt, sehr gut bewässert. Die Flüsse Tana, Rojewero und Ura führen ganzjährig Wasser. Ihr Quellgebiet liegt in den Bergen und sie lassen üppige Galeriewälder und große Bestände von Dumpalmen entstehen. Durch die gute natürliche Bewässerung entstehen verschiedene Biotope auf engstem Raum. Die sogenannten „National Reserves" Kitui, Kora und Rahole begrenzen den Meru National Park im Osten und Südosten. Sie bilden eine Ruhezone für Wild, das in dem übrigen, vom Menschen beanspruchten Gebiet, stark bedrängt wird.

Pirschfahrt im Meru National Park

Der östliche Teil des Meru National Park besteht aus einer nicht mittels Fahrwegen erschlossenen Wildnis (Bisanadi Reserve). Wer das Abenteuer sucht, kann hier mit einem bewaffneten Wildhüter zu Fuß „Afrika live" erleben, wie es zu Anfang des Jahrhunderts noch üblich war. Wenn man dabei allerdings plötzlich einem Elefanten oder Büffel gegenübersteht, wird man eventuell die Sicherheit eines Autos schmerzlich vermissen.

Der Meru Nationalpark ist durch *Joy Adamson* und ihre **zahme Löwin „Elsa"** bekannt geworden, die hier in die Freiheit entlassen wurde und ihre neue Heimat gefunden hat.

Adamson hat ihre Beziehung zu Elsa und die Geschichte der Löwin in dem – später von der BBC verfilmten – Buch „Born Free" beschrieben. Die Naturforscherin, die auch als Malerin in Erscheinung trat und zahlreiche Bilder von Stammeshäuptlingen sowie der Pflanzen- und Tierwelt erstellte, rief den „Elsa Wild Animal Appeal" ins Leben, ein Hilfsprojekt für die bedrängte Tierwelt. In „Elsa's Camp" am Ura River kann man sich über diese Begebenheiten informieren.

Auf Entdeckungsreise kann man in dem **nordwestlichen** Teil des Meru National Parks gehen. Dieser ist, aufgrund der verschiedenartigen Biotope, die dicht beieinanderliegen, besonders interessant: Sumpf, Flussläufe, Galeriewälder, hügeliges Gelände und Dornsavanne. Das Gebiet ist durch ein Netz gut befahrbarer Wege erschlossen. Bachläufe können durch ausbetonierte Furten überwunden werden, wenn sie nicht gar zu viel Wasser führen und die Strömung zu stark ist. Die beste Zeit für einen Game Drive sind die frühen Morgen- und die späten Nachmittagsstunden bis zur einbrechenden Dämmerung. Das Licht ist warm und milde. Es ist die Zeit der langen Schatten, Stunden hoher Aktivität der Tierwelt.

Luxus: Schaumbad mit Aussicht

Das Eco-Camp **Elsa's Kopje** *liegt malerisch auf dem 700 m hohen Mughwango-Hügel und bietet Ausblick in die endlose Savanne. Hier wird besonderer Wert auf die Erhaltung der Natur gelegt und darauf, dass die Auswirkungen des Tourismus auf die Tier- und Pflanzenwelt möglichst gering gehalten werden. Mit dem Geländewagen oder zu Fuß geht es auf Entdeckung der artenreichen Flora und Fauna. Etwas Besonderes ist das Frühstück am Hippo-Pool. Entspannen kann man im Panorama-Pool oder bei einem kühlen Drink auf der Terrasse, von der aus man vorbeiziehende Büffel, Elefanten, Giraffen und mitunter sogar die Nachkommen der Löwin Elsa, die der noblen Herberge den Namen gab, beobachten kann (www.elsaskopje.com).*

INFO

Meru National Park
Lage: 348 km nordöstlich von Nairobi
Größe: 870 km²
Tiere: 58 Säugetier- und 334 Vogelarten
Besonderheiten: sehr einsame Lage, wenig besucht, besondere Reize durch ursprüngliche Savannenlandschaft
Information: www.magical-kenya.de, www.kws.org/tourism/parks_info.html

61 Von Isiolo nach Norden in die Samburu-, Buffalo-Springs- und Shaba National Reserves

Isiolo ist ein Städtchen mit rund 29.000 Einwohnern und der letzte Vorposten der Zivilisation, bevor es gen Norden in die von der Sonne ausgedörrte Einsamkeit geht. Hier ist die Nahtstelle zweier Welten: Zentralkenia und wildes Nordkenia. Die Menschen, die sich auf dem farbenfrohen Markt treffen, spiegeln diesen Gegensatz wider. Modern angezogene Einheimische von den Hochländern rund um den Mt. Kenya treffen auf malerisch gekleidete Nomaden aus dem Norden, die noch in alten Traditionen verhaftet sind. Die letzteren sind Samburu, Turkana, Somali und Borana, die sich in dieser Stadt das Nötigste besorgen, Neuigkeiten austauschen und dann wieder in der Wildnis untertauchen. Ob in den Geschäften, an den Tankstellen, Werkstätten oder auf dem Markt, es herrscht ein reges Leben. Die weiße Freitagsmoschee ist das Wahrzeichen der Stadt.

Kurz hinter dem Ortsausgang befindet sich eine vom Militär bewachte Straßensperre. Will man zum Samburu Reserve, so darf man alleine weiterfahren. Wer aber die abenteuerliche Fahrt nach Marsabit oder zum Turkana-See fortsetzen möchte, muss unter Umständen warten, bis ein Konvoi zusammengestellt ist.

Bei der Weiterfahrt nach Norden muss man auf der nicht mehr asphaltierten Straße Staub, Hitze und riesige Schlaglöcher erdulden. Sobald man jedoch das „Acher's Post-Gate" des Samburu National Reserves passiert und das erste Großwild – Netzgiraffen, Grevy-Zebras oder Giraffen-Antilopen – erblickt, sind schnell alle Unbequemlichkeiten vergessen.

Im Herzen des Samburu-Landes

Man sollte die **drei Reservate** Samburu, Buffalo Springs und Shaba als eine Einheit betrachten. Das Samburu N. R. liegt nördlich des Ewaso Ngiro („Braunwasserfluss") und das Buffalo Springs N. R. südlich dieses Flusses. Beide N. R. sind durch eine Brücke verbunden. Östlich dieser beiden Reservate, ebenfalls am Südufer des Ewaso Ngiro, liegt das noch nicht allzu lange eingerichtete Shaba N. R. Die idyllische Flusslandschaft und der Wild- und Vogelreichtum der sonst sehr trockenen Umgebung machen diese geschützte Wildnis zu einem **beliebten Ziel für Safaris**. Die Landschaft ist gekennzeichnet durch Trockenbusch, dornige Akazien, Grasflächen, felsige Berge, schwarze Lavafelder (im Shaba National Reserve) und dazu im scharfen Gegensatz dem grünen, wilden Galeriewald und dem Ewaso Ngiro River mit seinen Sandbänken. Kleine Sümpfe und große Bestände von malerisch verästelten Dumpalmen wechseln einander ab. Die Reservate liegen in einer Höhe zwischen 782 m und 1.402 m.

Charakteristisch für diese **Buschsavanne Nordkenias** sind Netzgiraffen, Grevy-Zebras, Eritrea-Spießböcke, Somaliastrauße und Geierperlhühner. Außerdem Anziehungskraft für Naturfreunde haben natürlich auch die Löwen, Leoparden, Geparde, Elefanten sowie andere Säugetiere der afrikanischen Savanne wie die 364 verschiedenen Vogelarten. Das sind für dieses verhältnismäßig kleine Gebiet sehr viele Arten. Das Samburu National Reserve ist besonders wegen des Vorkommens der langhalsigen, sehnigen Giraffengazellen und der Grevy-Zebras mit ihrem engen Streifenmuster berühmt. Bewundernswert sind die Bauwerke der Termiten. Die Hochbauten dieses fleißigen Volkes, aus rotem Erdreich aufgetürmt, ergeben im Abendlicht ein wunderschönes Bild im verblichenen Steppengras gegen den stahlblauen Himmel.

Pool mit Flussblick

Im trockenen Herzland von Samburu liegt die **Sasaab Lodge** *an den Ufern des Ewaso Nyiro River mit Blick auf das Laikipia Plateau und den Mt. Kenya. Genächtigt wird in neuen komfortablen Zelten und auf den Pirschfahrten, Wanderungen oder Kamelsafaris gilt es, die großen Elefantenherden und das seltene Grevy-Zebra zu entdecken. Auch Touren mit Mountainbikes oder der Besuch eines Samburu-Dorfes werden angeboten. Wer es lieber etwas entspannter angeht: Vom Swimmingpool hat man einen tollen Blick auf den Fluss und die Ebene, und mit etwas Glück kann man sogar Elefanten beobachten, während man im Pool planscht (www.sasaab.com).*

Samburu-, Buffalo-Springs- und Shaba National Reserves
Lage: 335 km nordöstlich von Nairobi
Größe: Samburu 104 km², Buffalo-Springs 131 km², Shaba 239 km²
Tiere: ca. 60 Säugetier- und 360 Vogelarten
Besonderheit: berühmt für das Vorkommen der seltenen Giraffengazelle

INFO

62 Lake Baringo und Lake Bogoria National Reserve

Der **Bogoriasee**, dessen Ufer nicht besiedelt sind, liegt in einer wilden Berglandschaft. Er ist im Osten von der steilen Siracho Range begrenzt. Dieser Hang ist dichter bewachsen als das Hinterland am Westufer, das nicht so steil ist. Das Wasser des Sees ist stark alkalisch und schimmert grünlich von Algen. Sie sind die Nahrung von hunderttausenden von Flamingos, die das flache Wasser wie ein rosa Saum zieren. Der Lake Bogoria ist abflusslos. Durch die starke Verdunstung und die geringen Süßwasserzuflüsse weist er eine sehr hohe Salzkonzentration auf. Fische können in ihm nicht existieren. Eine besondere Sehenswürdigkeit sind die **Geysire**, 13 km vom Südeingang des Reservats entfernt. Mehrere Meter spritzt das kochend heiße Wasser zischend in die Höhe und ergießt sich in den See. Die dampfenden Schleier sind weithin sichtbar.

Der Fischadler auf der Jagd

Im Gegensatz zu dieser kargen Salzlandschaft liegt der **Baringosee** idyllisch von Bergen eingerahmt im Rift Valley. Er ist ein etwa 22 km langer und 11 km breiter Süßwassersee, der von einem grünen Schilf- und Papyrusgürtel umgeben ist. Sein Wasser schimmert meist bräunlich in der Sonne. Die Idylle trügt jedoch. Dieser See leidet unter dem Einfluss der Menschen. Das braune, trübe Wasser rührt von der Zerstörung der Grasnarbe und Vegetationsdecke her, die die Folge von Überweidung durch Rinder, Schafe und Ziegen ist. Der oft heftige Regen spült den freiliegenden Boden in den See. Die Verschlammung des Sees verstopft wahrscheinlich dessen unterirdische Abflüsse, die bisher die Versalzung des Süßwassers verhindert haben. Jeder See unter der heißen Sonne Afrikas, der keinen ausreichend starken Abfluss hat und die gelösten Salze nicht ausspült, wird zum Salz- oder Bittersee. Die Untersuchungen im Lake Baringo ergeben, dass das Süßwasser zunehmend brackiger wird.

Aber noch ist dieser See sehr fischreich. Einige hier vorkommende Fischarten lassen darauf schließen, dass er einst über den Lake Turkana mit dem Flusssystem des Nils in Verbindung gestanden hat. Durch Verwerfung und Austrocknung ist diese Verbindung wahrscheinlich unterbrochen worden. Der Fischreichtum wiederum ist die Nahrungsgrundlage für Krokodile, die allerdings in ihrem Bestand stark abnehmen. Die Fische fressenden Vögel sind hier sehr zahlreich. Das gilt besonders für Reiher, Störche, Kormorane und Pelikane, die man am besten während einer Bootsfahrt auf dem See beobachten kann.

Es gibt **dreizehn permanente Inseln** auf dem Baringosee, in der Trockenzeit können aber noch einige Felseninseln zusätzlich sichtbar werden. Die größte ist Ol Kokwa, auf der sich das Island Camp befindet. Sie ist für Vogelkundler ebenso interessant wie

Hippofamilie im Lake Baringo

Gibraltar Island, die die größte Goliathreiher-Kolonie Ostafrikas beherbergt. Aber auch andere Ausnahmevögel für Ornithologen haben dieser See und seine Umgebung zu bieten. In den Klippen brüten z. B. Kaffernadler. Als Stand-, Strich- oder Zugvogel sind am See 458 Vogelarten registriert worden. Außerdem tummeln sich im warmen Wasser Flusspferde.

Die Gegend um den Baringosee ist ein ergiebiger Ausgrabungsort für Paläontologen. Neben etwa 2 Mio. Jahre alten Elefantenfossilien und verschiedenen Artefakten, wie Äxten und Feuersteinen, wurde hier im Jahr 2000 der sogenannte „Millennium Man" gefunden: Teile eines 6 Mio. Jahre alten Hominiden-Schädels, der als der zweitälteste Hominidenfund der Welt gilt. Kenia wurde aufgrund dieser Funde zur eigentlichen „Wiege der Menschheit" erklärt, worüber aber ein heftiger Forscherstreit entbrannt ist.

Pool mit Seeblick: das Island Camp Baringo

Als Unterkunft empfiehlt sich das auf der Insel Ol Kokwa gelegene **Island Camp Baringo**. *Hier kann man ideal entspannen. Wer lieber aktiv werden möchte, hat die Wahl zwischen einer Bootsfahrt mit Champagnerfrühstück an einem einsamen Strand, einer Wanderung über die Insel, um ihre hunderte Vogelarten zu entdecken, Besuchen in den Dörfern der lokalen Bevölkerung oder der Fahrt zu einem Aussichtspunkt mit spektakulärem Sonnenuntergang. Für Bewegungsfreudige: Auch Wassersport wie Paddeln, Wasserski u. a. ist im Angebot (www.islandcamp.co.ke/index.html).*

INFO

Lake Bogoria National Reserve
Lage: 285 km nordwestlich von Nairobi
Größe: 107 km² (See 34 km²)
Höhe: 975 m
Besonderheit: Geysire
Beste Reisezeit: ganzjährig möglich, von November bis April ist es allerdings sehr heiß
Tiere: 28 Säugetier- und 135 Vogelarten, besonders die zahlreichen Flamingos sind einen Besuch wert

63 Das Laikipia-Plateau – unvergleichliche Freiheit

Im Schatten des schneebedeckten Mount Kenya liegt das noch wenig von Touristen überlaufene Laikipia-Plateau. Es erstreckt sich bis zum Rand des Great Rift Valley, umfasst über 8.000 km^2 Savannenlandschaft und ist u.a. von Masai- und Samburu-Stämmen besiedelt.

Weiter Blick auf das Laikipia-Plateau

Ursprünglich bestand die Gegend hauptsächlich aus Rinderfarmen, die aber in den 1980er- und -90er-Jahren nach und nach im Rahmen eines Öko-Tourismus-Projekts zu privat geführten Wildreservaten umgestaltet wurden. Nun teilen sich in den meisten Regionen Rinderherden das Land mit frei lebenden Wildtieren. Das Lakipia-Plateau beherbergt **bemerkenswerte Tierpopulationen**. Das gefährdete Spitzmaulnashorn findet man hier ebenso wie Elefanten, Büffel, Netzgiraffen, Grevy-Zebras, Löwen, Geparde und Leoparden. Auch Wildhunde lassen sich beobachten. Daneben gibt es über 250 Vogelarten – auf diesem Plateau leben mehr gefährdete Tierarten als überall sonst in Kenia!

Nach dem Tsavo National Park ist Laikipia das zweitgrößte Wildreservat Kenias und die einzige Region, in der die Anzahl der Wildtiere in den letzten 20 Jahren gestiegen ist. Die Flüsse Ewaso Nyiro und Ewaso Narok sorgen für die Wasserversorgung. Die gemäßigt warme, trockene Zeit von Juli bis Oktober eignet sich hier am besten, um Tiere zu beobachten.

Die eigentliche Attraktion Laikipias ist jedoch ein **unvergleichliches Gefühl von Freiheit**. Nicht nur die Freiheit unendlich weiter, unberührter Landschaften, sondern auch die Freiheit großer Entfaltungsmöglichkeiten.

Der Aufenthalt in einer der – oft sehr luxuriösen – privaten Unterkünfte bietet Gelegenheit sowohl zu Entspannung und Erholung als auch zu Abenteuer und Aktivurlaub. Pferde- und Kamelreiten, Mountainbiking, Klettern, Helikopterflüge, Angeln und Rafting auf dem Ewaso N'giro sind nur einige der hier angebotenen Aktivitäten. Eine der privaten Ranchs zu besuchen ist zudem eine ideale Möglichkeit, jenseits der ausgetretenen Pfade der Nationalparks die kenianische Wildnis zu entdecken.

Eine Nacht unter dem freien Sternenhimmel der Savanne ist ein Erlebnis, das man nicht so bald wieder vergisst. Möglich ist dies in der **Loisaba Wilderness Lodge** *auf einem der sogenannten* **„Star Beds“**. *Himmelbetten auf Rädern, die – je nach Bedarf und Wetter – unter das Hüttendach oder auf eine Plattform ins Freie geschoben werden können. Der Ausblick von*

Loisaba reicht mehrere hundert Meilen weit, bis zum Mount Kenya, den Lolldaiga Hills und ‚the Mathews Range'. Loisaba befindet sich am Rand von Lakipia, angrenzend an Kenias unwirtliches, nördliches Grenzland. Ende Oktober 2013 wurden einige Gebäude der Lodge und ein „Star Bed" Opfer der Flammen eines Buschbrandes. Bis zum kompletten Wiederaufbau der Lodge steht an dieser Stelle ein Camp mit Doppel-, Familien- und einem Honeymoon-Zelt. Natürlich sind die beliebten „Star Beds" ebenfalls im Einsatz (www.loisaba.com).

Die „Star Beds"

Ebenfalls luxuriös und gleichzeitig naturnah kann man in der **Sabuk Lodge** *nächtigen. Individuell ausgestattete, halboffene Lodges mit handgeschnitzten Möbeln und integrierten Badezimmern garantieren einen angenehmen Aufenthalt insbesondere auch für Familien mit Kindern. Die hier angebotenen Kamelsafaris, angeführt von einem erfahrenen Laikipia-Masai, sind ein ganz besonderes Erlebnis (www.sabuklodge.com).*

Laikipia-Plateau
Lage: nahe dem Mount Kenya
Größe: ca. 8.000 km²
Beste Reisezeit: Juli–Oktober
Tiere: u.a. Spitzmaulnashörner, Elefanten, Giraffen, Zebras, Löwen
Besonderheiten: Heimat vieler gefährdeter Tiere, Schlafen unterm Sternenzelt in *„Star Beds"*

INFO

Tansania

Land der Superlative

Der höchste Berg, der größte und der tiefste See Afrikas – Tansania hat einige geografische Highlights zu bieten. Aber nicht nur der gewaltige, schneebedeckte Kilimanjaro und die beeindruckenden Seen Victoria und Tanganjika machen dieses einzigartig ursprüngliche Land am Indischen Ozean zu einem lohnenden Reiseziel.

Wer auf Safari „Afrika pur" erleben möchte – riesige Elefanten- und Gnuherden, die durch die Serengeti ziehen, Löwen und andere Raubkatzen auf der Jagd in der Savanne –, der sollte das Land im Osten Afrikas besuchen. In Tansania befinden sich einige der größten und tierreichsten Naturschutzgebiete in Afrika: Serengeti, Selous, Tarangire, Arusha und Ruaha sind nur einige davon.

Aber auch wer einen entspannenden Tauch- und Badeurlaub verbringen möchte, wird nicht enttäuscht werden: Auf den Inseln Unguja und Pemba (Sansibar) kann man die kilometerlangen Sandstrände entlang spazieren, im badewannenwarmen Wasser des Indischen Ozeans schwimmen oder schnorcheln, mit Tauchausrüstung die Korallenriffs erkunden oder einfach am Pool in der Sonne liegen und entspannen.

Steckbrief Tansania

Lage: an der Ostküste, zwischen Victoria-, Tanganyika-, Nyassa-See und Indischem Ozean
Fläche: 883.749 km²
Einwohnerzahl: 45 Mio.
Hauptstadt: nominell: Dodoma; faktisch (Regierungssitz und größte Stadt): Dar Es Salaam
Staats- bzw. Regierungsform: Unionsregierung für Tansania, eigene Regierung für Sansibar – beides Präsidialsysteme
Sprachen: Amtssprache: Kisuaheli; Bildungs- und Verkehrssprache: Englisch
Währung: Tansania-Schilling
Exportgüter: v.a. landwirtschaftliche Produkte (Cashewnüsse, Kaffee, Tabak, Wolle)
Bevölkerung: 99 % Schwarzafrikaner, die über 130 versch. Ethnien angehören
Religion: 40 % Christen, 30 % Muslime, 30 % sonstige, Sansibar 95 % Muslime
Klima: wechselfeuchte Tropen mit ausgeprägten Trocken- und Regenzeiten
Beste Reisezeit: die eher trockenen Monate Januar bis März und Juni bis Oktober
Vorgeschriebene bzw. empfohlene Impfungen: Gelbfieber (vorgeschrieben bei Einreise aus einem Risikogebiet), Tetanus, Diphtherie, Polio, Hepatitis A (empfohlen), Malariaprophylaxe

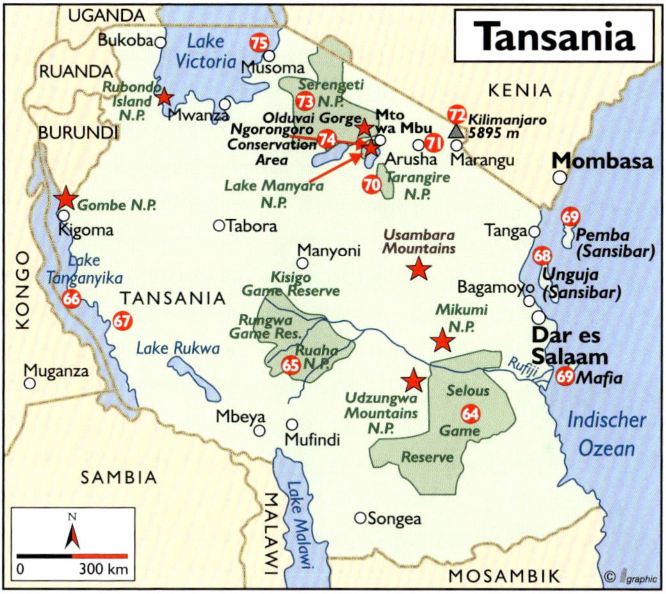

64 Selous Game Reserve – eines der größten Tierschutzgebiete Afrikas

65 Ruaha National Park – unbekanntes Juwel im Herzen Tansanias

66 Lake Tanganyika mit Lupita Island – zweitgrößter See Afrikas

67 Katavi National Park – Tiere und Geister

68 Sansibar – geheimnisvolle Gewürzinseln

69 Mafia und Pemba Island – Inselwelten des Sansibar-Archipels

70 Tarangire National Park – im Zeichen der Migration

71 Arusha National Park – Wildnis um den Mount Meru

72 Kilimanjaro – höchster Berg Afrikas

73 Serengeti National Park – Millionen von Gnus

74 Ngorongoro Conservation Area – im Krater

75 Lukuba Island – Vogelparadies im Lake Victoria

64 Selous Game Reserve – eines der größten Tierschutzgebiete Afrikas

Elefant zum Frühstück …

Siwandu Privat Camp

Das Tierschutzgebiet des Selous Game Reserve ist mit über 55.000 km² mit das größte in Afrika – und damit so groß wie manches kleine Land in Europa. Die vom Menschen relativ **unberührte Natur** ist bereits seit 1982 UNESCO-Weltnaturerbe.

Der nördliche Bereich dieses riesigen Gebietes ist für den Fototourismus reserviert. Die südlichen Teile des Selous sind größtenteils noch unerschlossen. Nur sehr wenige Touristen finden den Weg hierher. Dadurch hat der Park seine Ursprünglichkeit erhalten können.

Zehntausende Elefanten, riesige Impala- und Büffelherden, Löwen, Giraffen, Nashörner, Leoparden, Krokodile und Flusspferde streifen durch die vielfältige Vegetation. Auch geschätzte 800 der selten gewordenen Wildhunde sind hier beheimatet. Die Landschaftsformen reichen von undurchdringlichem Dickicht bis zu weitläufigen Grasflächen mit den trockenen Miombo-Wäldern, die den Flusslauf des **Rufiji River** umgeben. Zusammen mit seinen vielen Wasserarmen und Flussauen vermittelt dieser Fluss eine einmalige Atmosphäre. Ornithologen haben 440 bekannte Vogelarten zum Betrachten zur Auswahl.

Benannt wurde das Gebiet, das immerhin 5% der Fläche Tansanias bedeckt, im Jahre 1922 nach *Frederick Courteney Selous*, einem britischen Entdecker und Großwildjäger, der im I. Weltkrieg hier ums Leben kam. Er hatte seine Erfahrungen in diesem Landstrich in einem Buch niedergeschrieben. Bereits 1905 war der heutige Nationalpark zum Schutzgebiet erklärt worden – allerdings zum Wohle der Jäger.

Auch wenn im unerforschten Süden noch gejagt werden darf: Die meisten Touristen kommen heute in der friedlichen Absicht, die unberührte Natur zu entdecken. Neben Pirschfahrten mit dem Geländewagen ist das Gebiet des Rufiji-River-Delta ideal für Erkundungstouren mit dem Boot. Das Delta verbindet den Ruaha River mit dem Rufiji River, der weiter östlich im Indischen Ozean mündet.

Das **Siwandu Privat Camp** *besteht aus neun Zelten, die weit auseinander liegen und so ein Höchstmaß an Privatsphäre bieten. Alle Zelte sind luxuriös und geschmackvoll ausgestattet und haben ein Badezimmer und eine Außendusche. Die Lodge besitzt einen Pool, der bei den extremen Temperaturen eine willkommene Abkühlung schafft. Pirschfahrten, Fuß-Safaris und Bootsfahrten auf dem Rufiji River und seinen vielen Zuflüssen, Kanälen und Lagunen bieten sich an (www.selous.com).*

… und auf der Bootstour im Selous Game Reserve

Selous Game Reserve
Lage: im Südosten Tansanias
Größe: 55.000 km² – mit das größte Tierschutzgebiet in Afrika
Besonderheit: UNESCO-Weltnaturerbe (seit 1982)
Reisezeit: Juni–Anfang Oktober, Januar–Februar
Tiere: fast sämtliche größeren ostafrikanischen Tierarten
Information: www.tanzaniatouristboard.com

INFO

65 Ruaha National Park – unbekanntes Juwel im Herzen Tansanias

Ein echter Geheimtipp ist der Ruaha National Park im Herzen Tansanias. Der zweitgrößte Park des Landes dürfte auch gleichzeitig einer der unbekanntesten sein. Hier kann man beeindruckende Artenvielfalt und Tierreichtum **abseits aller Touristenpfade** in einer weitgehend unberührten Natur entdecken.

Eine der ersten Handelsrouten des Landes führte einst mitten durch den heutigen Park. Die arabischen Karawanen zogen von der Küste ins Inland, später folgten auf ihren Spuren die ersten europäischen Entdecker. Die Kolonialherren richteten erste „Schutzgebiete" ein – wobei die Jagdsafaris davon natürlich nicht beeinträchtigt wurden. Mitte der 1960er-Jahre wurde das Gebiet zum echten Nationalpark erklärt. Immer mehr angrenzende Gegenden wurden eingegliedert, so dass der Ruaha National Park heute einer der größten des Landes ist. Mit den angrenzenden Wildreservaten Rungwa und Kizigo sowie weiteren kleinen Schutz- und Pufferzonen ergibt sich ein Naturschutzgebiet von der Größe der Schweiz.

Entlang der beeindruckenden Landschaft des Rift Valley gelegen, treffen hier Flora und Fauna des südlichen und östlichen Afrika aufeinander. Am Great-Ruaha-Fluss am östlichen Rand des Parks kann man die typischen Lebensformen im und am Wasser beobachten. In der Regenzeit ist der Fluss ein mächtiger, über die Ufer tretender Strom. In der Trockenzeit ziehen die wenigen übriggebliebenen schlammigen Tümpel entlang des

Im Ruaha National Park

Picknick am Wasserloch

Flussbettes zahlreiche Tiere auf der Suche nach Wasser an. Unzählige Krokodile und Hippos tummeln sich hier und erstere sind nicht die einzige Gefahr für durstige Wasserböcke, Impalas und Grant-Gazellen. Hier lauern auch Löwen, Leoparden, Schakale, Tüpfelhyänen und anderswo selten gewordene Afrikanische Wildhunde. Über 8.000 Elefanten ziehen durch die Miombo-Wälder und Savannen des Parks.

Zudem leben hier vier Tierarten, die man in freier Wildbahn sonst nirgends zusammen findet – der Große und der Kleine Kudu sowie die Rappen- und die Pferdeantilope.

Stilvoll übernachten kann man im **Jongomero Tented Camp** *am Ufer des gleichnamigen Flusses, der nur zu bestimmten Jahreszeiten Wasser führt. Die acht komfortablen Zelte liegen im abgelegenen südwestlichen Bereich des Parks – hier hat man die afrikanische Wildnis tatsächlich (fast) ganz für sich alleine. Häufig werden die Mahlzeiten am trockenen Flussbett serviert – am Abend unter dem Sternenhimmel und bei Fackellicht (www.selous.com/jongomero/camp).*

INFO

Ruaha National Park
Lage: in Zentraltansania, 128 km westlich von Iringa
Größe: 10.300 km²
Besonderheit: 480 Vogelarten, einige seltene Tierarten, besonders große Elefantenpopulation, artenreiche Fauna
Reisezeit: Zur Tierbeobachtung ist die Trockenzeit von Mai bis Dezember am besten geeignet. Durch eine üppig blühende Landschaft mit vielen Wildblumen zeichnet sich die Zeit von Januar bis April aus. Dann lassen sich auch besonders gut Vogelexpeditionen durchführen.
Information: www.tanzaniaparks.com

66 Lake Tanganyika mit Lupita Island – zweitgrößter See Afrikas

Riesengroß und tief (bis zu 1.430 m) liegt der Lake Tanganyika im Great Rift Valley mitten im Herzen Afrikas zwischen Burundi, dem Kongo, Sambia und Tansania. Über 600 km erstreckt er sich in seiner nord-südlichen Ausdehnung und beherbergt in seinem Wasser eine der größten Artenvielfalten der Welt. Vor allem Hunderte von Fischarten, viele davon endemisch, sind auf die Millionen Jahre alte Geschichte des Sees zurückzuführen. In den Tiefen des Sees findet man sogar sogenanntes fossiles Wasser – dieses zeichnet sich dadurch aus, dass es noch nie als Oberflächenwasser existiert hat. Mitte des 19. Jahrhunderts entdeckten die ersten Europäer den See – und hielten ihn für die Quelle des Nils.

Sonnenuntergang am Lake Tanganyika

An den Ufern des tiefblauen Sees gibt es ebenfalls eine faszinierende Naturlandschaft zu entdecken. Eine ganze Reihe an Nationalparks, z.B. der Gombe Stream National Park, Mahale Mountains National Park und der Katavi National Park laden auf tansanischer Seite am Ostufer zu einzigartigen Tier- und Naturbeobachtungen ein.

Der sehr kleine **Gombe Stream National Park** zieht sich über zehn Kilometer am östlichen Seeufer entlang. Bekannt wurde er durch die Studien der Primaten-Forscherin *Jane Goodall*. Dichte, tiefgrüne Regenwälder, durchzogen von kleinen Flüssen, prägen das Gebiet. Der schmale, uralte Streifen Wald in den Bergen wird von tiefen Tälern zerfurcht, die sich an die Ufer des Sees anschließen. Die Besonderheit dieses nur mit dem Boot zu erreichenden Parks ist die Schimpansenpopulation, die man in ihrer natürlichen Lebensweise auf Wanderungen sehen kann. Ein beeindruckendes Erlebnis! Außerdem lassen sich auch farbenprächtige Rote Stummelaffen und Diademmeerkatzen gut beobachten.

Der nebenan liegende **Mahale Mountains National Park** bietet ebenfalls ein Refugium für seltene Tiere, die in den dschungelbewachsenen Bergen leben. Bei Wanderungen durch den Regenwald-Gürtel gibt es zahlreiche Tiere zu beobachten, so unter anderem die Roten Colobus-Affen und Rotschwanz- und Diademmeerkatzen. Der höchste Gipfel der Kette ist der 2.460 m hohe Nkungwe, der heilige Berg des Tongwe-Volkes. Der ebenfalls am Ostufer des Sees liegende, kaum zugängliche 4.471 km² große Katavi National Park ist einer der weniger besuchten Parks des Landes (s. S. 162).

20 Flugminuten von dort, im südlichen Teil des Sees, ragt ein 1,3 km² großes Stück Land aus dem Wasser, **Lupita Island**. *Die Insel bietet dichte Wälder, offene Landschaften, felsige Küste und – eine der spektakulärsten Unterkünfte des Landes. Erschöpft von anstrengenden Safaris, Wildnis und Abenteuern können sich gut betuchte Reisende hier erholen.*
In dreizehn luxuriösen Cottages schläft man in Himmelbetten mit Blick auf den See. Der private Plunge Pool auf der Terrasse wird von einem Villa-eigenen Flüsschen gespeist, und während man zum plätschernden Wasser meditiert und den Blick in die Ferne schweifen lässt, wird alles für das kulinarische Wohl getan. Nach dem morgendlichen Bad in wasserfallähnlichen Duschen hat man die Qual der Wahl: sich im Spa massieren lassen, zu einsamen Höhlen und Stränden wandern, schnorcheln im klaren Wasser, Wasserski fahren, tauchen oder angeln, Kajak fahren oder segeln. Abends geht es mit der „Wind Rose", der hauseigenen Yacht, zu einer Sundowner-Tour auf Afrikas zweitgrößtem See. In der Ferne sieht man die Laternen der traditionellen Fischerboote flackern, während hinter den Bergen des Kongos im Westen die Sonne untergeht (www.tanzaniafirelightsafaris.com).

Himmelbett mit Aussicht: Luxus pur auf Lupita Island

Lake Tanganyika
Lage: zwischen Burundi, Kongo, Sambia und Tansania
Größe: 32.900 km²
Tiere: viele endemische Fischarten
Besonderheit: einer der größten Süßwasserseen der Welt
Information: www.tanzaniaparks.com, www.tanzaniatouristboard.com

INFO

67 Katavi National Park – Tiere und Geister

Der am Ostufer des Tanganyika-Sees liegende Katavi National Park ist einer der weniger besuchten Parks des Landes und fasziniert mit seiner ungebändigten Wildnis. Wer die raue Natur ganz für sich alleine haben möchte, ist hier richtig. Nur verhältnismäßig wenige Touristen „verirren" sich in dieses geheimnisvolle, unentdeckte Gebiet. Die abwechslungsreiche Vegetation von Sumpflandschaften, Bächen, Flüssen und Wäldern machen den Besuch zu einem echten Erlebnis.

Das Katavi-Ökosystem, in dessen Herz der Park liegt, ist **eine der wildreichsten Gegenden Tansanias** nach der Serengeti. Besonders während der Trockenzeit kann man an den wenigen Wasserstellen unter anderem Tausende Elefanten, Büffel, die seltenen Säbelantilopen, Zebras und Impalas beobachten. In den verbliebenen Wasserstellen des Katuma-Flusses, einer Art Lebensader des Parks, der sowohl den Lake Chada als auch den Lake Katavi und die riesigen Katisunga-Sümpfe mit Wasser versorgt, tummelt sich Tansanias größte Krokodil- und Hippopopulation. Löwen, Leoparden und die seltenen Wildhunde lauern auf Beute und sind auf der Suche nach Wasser… Sobald der erste Regen fällt, verwandelt sich die Gegend in ein grünes Paradies mit Sümpfen, Flüssen, Wasserfällen. Unzählige Vogelarten bevölkern die Ufer, Pelikane ziehen gemächlich über den See. Lake Chada und Lake Katavi, Grasland während der Trockenzeit, füllen sich mit Wasser.

Benannt ist der Park nach einem **Geist des Wabende-Stamms** mit Namen *Katavi*, der mit einem anderen Geist namens *Wamweru* verheiratet ist. Der Geist Katavi lebt in der Nähe des Lake Katavi und zwar in zwei mit Opfergaben der lokalen Bevölkerung

Löwenfamilie

behangenen Tamarindenbäumen, während seine Frau auf der gegenüberliegenden Seite des Sees in den Wamweru-Hügeln wohnt. Jeden Morgen sollen sie sich aus der Ferne grüßen…

Schon 1911 wurde der Park während der deutschen Kolonialherrschaft unter dem Namen „Bismarck hunting reserve" gegründet, verschiedene Namen und Schutzmaßnahmen folgten, bis der Park 1998 vom ehemaligen Präsidenten von Tansania, *William Benjamin Mkapa*, offiziell eröffnet wurde. Im Park wurden Artefakte aus der Stein- und Eisenzeit gefunden, was auf eine **sehr frühe Besiedelung** durch Menschen hinweist. Heilige Orte und Betplätze gibt es heute noch auf dem Parkgelände.

Die Stämme der Pimbwe, Fipa, Gongwe, Bende und Konongo lebten bereits vor dem 19. Jahrhundert in dieser Gegend. Der Entdecker *Joseph Thomson* beschrieb das später zerstörte Fort des Konongo's Chief *Simba* (Löwe) 1880 als die größte Stadt entlang der Karema-Inyonga-Tabora-Sklavenroute, die einst durch das heute geschützte Gebiet verlief.

Unterkunft mit Blick auf den Hippo-Pool

Die Auswahl an Unterkünften ist nicht groß, aber mit dem nötigen Kleingeld wird man auch hier fündig: im **Palahala Camp** *bleiben keine Wünsche offen. Neun Monate pro Jahr (in der Regenzeit geschlossen) kann man in acht Luxuszelten mit King-Size-Betten plus Daunendecken und umweltfreundlichen Duschen (mit warmem Wasser!) schlafen, seine Mahlzeiten auf der Terrasse mit Blick auf den Fluss zu sich nehmen und abends am Lagerfeuer die ursprüngliche Atmosphäre genießen (www.tanzaniafirelightsafaris.com).*

INFO

Katavi National Park

Lage: West-Tansania, am östlichen Ufer des Tanganyika-Sees

Größe: 4.471 km², zusammen mit den daneben gelegenen Rukwa, Lukwati und Luafi Game Reserves 25.000 km²

Reisezeit: in der Trockenzeit Mai–September und Dezember–Februar

Tiere: 50 große Säugetierarten, darunter ca. 20.000 Zebras, je 15.000 Büffel und Impalas, 4.000 Hippos und Giraffen, 3.000 Elefanten

Information: www.tanzaniaparks.com, www.katavipark.org

68 Sansibar – geheimnisvolle Gewürzinseln

„Sansibar“ – schon der Klang des Namens erinnert an **Inselzauber**, Exotik, Gewürze, tropische Üppigkeit, Seefahrer-Romantik und 1001 Nacht – und so ist es tatsächlich auch. Der orientalische Duft von Gewürznelken, Pfeffer, Vanille, Kardamom, Zimtrinde und Muskatnuss, aber auch Paläste und verzierte Häuser in der Altstadt erinnern an die Herrschaft der Sultane von Oman im 18. und 19. Jahrhundert.

Seit Jahrhunderten sind die **Hauptinsel Unguja** – international meist als Sansibar bezeichnet – und die sie umgebenden Inselchen Anziehungspunkt für Händler, Abenteurer und Entdecker gewesen. Syrer und Sumerer, Ägypter und Phönizier, Inder, Chinesen, Perser, Portugiesen, Omaner, Holländer und Engländer – sie alle landeten einst an den Küsten Sansibars. Die ersten sollen im 8. Jahrhundert arabische Händler gewesen sein, die mit den Monsun-Winden aus dem Oman, beladen mit Elfenbein, Seide, Gold, Sklaven und Gewürzen, gen Sansibar segelten. Das älteste noch erhaltene Gebäude der Insel ist die Moschee in Kizimkazi aus dem 12. Jahrhundert.

Inselidylle

Einige „Entdecker“ blieben länger und regierten die Insel, wie zum Beispiel die Omaner und Perser. Aus diesem Grund sind über 95 % der Inselbewohner islamischen Glaubens, daneben gibt es einige Christen, Hindus und Sikhs.

Die relativ kleinen Inseln so dicht vor der Küste waren verhältnismäßig leicht zu verteidigen und ermöglichten die Kontrolle der Küste des heutigen Mosambik und Somalias. 1832 zog der Sultan *Seyyid Said* sogar mit seinem gesamten Sultanat von Maskat, der Hauptstadt des Oman, nach Sansibar, wo er und seine Nachkommen über 100 Jahre lang regierten. Die meisten Reichtümer waren in arabischer Hand – und die Araber blieben unter sich. Die Perser dagegen, die sich an der ostafrikanischen Küste und den vorgelagerten Inseln niederließen, vermischten sich mit der einheimischen Bevölkerung. Aus dem Mix an Traditionen und Sprachen ging die heutige Nationalsprache Tansanias hervor, das Kisuaheli. Das Wort kommt aus dem arabischen und bedeutet „Küste".

Die meisten der heutigen Bewohner leben in Sansibar-Stadt, neben den paradiesischen Stränden die Hauptsehenswürdigkeit der Insel: Die **Altstadt Stone Town**, seit 2000 UNESCO-Weltkulturerbe, ist das kulturelle Herz Sansibars und eines der besten Beispiele der Suaheli-Kultur, die auf einzigartige Weise afrikanische, arabische, indische und europäische Einflüsse miteinander vereint. Die Altstadt hat sich in den letzten 100 Jahren kaum verändert. Es geht durch enge Gassen mit alten arabischen Häusern und über die bunten Märkte schallt wie einst der Ruf des Muezzin. Viele Gebäude stammen aus dem 19. Jahrhundert, als Sansibar einer der wichtigsten Handelsstützpunkte des Indischen Ozeans war. Vor allem der Sklavenhandel war lange Zeit äußerst lukrativ. Bei der Abschaffung der Sklaverei kam der Gewürzinsel deshalb eine hohe symbolische Bedeutung zu. Von hier starteten die ersten Gegner wie *David Livingstone* ihre Kampagnen gegen die Sklaverei.

Aufzuchtgebiet für Schildkröten

Für die echten Romantiker: Traumhaft idyllisch, mitten im azurblauen Indischen Ozean, liegt **Mnemba Island**, *knapp fünf Kilometer vor der Küste Sansibars. Die kleine Insel ist von Korallenriffen umgeben und bietet eines der besten Tauchgebiete Afrikas. Hier leben geschätzte 600 Fischarten. Zudem ist hier ein Marine Reserve angesiedelt: ein Schutzprogramm für Schildkröten, die am Strand ihre Eier ablegen. Außerdem können Delfine, Wale (Juli-September) und zahlreiche Vögel beobachtet werden.*
Die Unterkünfte liegen direkt am weißen Strand – Entspannung pur (www.andbeyond.com).

Sansibar
Lage: 37 km von der tansanischen Küste entfernt
Einwohner: knapp 1,3 Mio.
Besonderheiten: Altstadt Stone Town von Sansibar-Stadt, UNESCO-Welterbe seit 2000
Reisezeit: ganzjährig, die kühlsten Monate sind Juli–Oktober (Durchschnitt 26 °C), die heißesten Dezember–März (max. 30 °C).
Information: www.tanzaniatouristboard.com

INFO

69 Mafia und Pemba Island – Inselwelten des Sansibar-Archipels

Sansibar ist ein Archipel und besteht eigentlich aus über 50 Inseln: Die Hauptinseln sind Unguja (s. S. 164) und **Pemba**. Letztere ist die kleinere Insel. Sie liegt noch im Dornröschenschlaf und ist der perfekte Ort für Ruhesuchende und Taucher.

Die Insel ist bekannt als „Al Kuh Dra", die grüne Insel, und wird geprägt von vier Millionen **Nelkenbäumen**, wovon viele älter als 100 Jahre sind. Die Insel ist aber nicht nur wegen ihrer Gewürznelken bekannt, sondern auch für ihre reichhaltigen Fischgründe. Der Pemba Channel ist für Sportfischer eines der herrlichsten Fischfangebiete Ostafrikas. Die Insel wird nur von sehr wenigen Touristen besucht. Die Zahl der Unterkünfte ist limitiert. An der Küste verteilen sich traumhafte Strände im Wechsel mit Mangrovenwäldern, ein idealer Ort um die Seele baumeln zu lassen. Die Tauchgebiete mit ihrer extremen Weitsicht unter Wasser gelten als hervorragend.

Dem Wassersport frönen kann man in der Anlage der **Fundu Lagoon** *an der Westküste auf der Halbinsel Wambaa. Sie liegt an einem langen weißen Sandstrand. Unterkunft wird in 18 Bungalows angeboten, die mit großer Liebe zum Detail eingerichtet worden sind und sich inmitten einer tropischen Buschlandschaft befinden (www.fundulagoon.com).*

Die mit Palmen und Cashewnussbäumen übersäte Insel **Mafia** liegt 160 km südlich von Sansibar und ist die kleinste der drei Inseln. Sie befindet sich vor dem Mündungsgebiet

Strand auf Mafia Island

Faszinierende Unterwasserwelt

des Rufiji River, dessen Delta ca. 65 km bedeckt. Für Hochseefischer und Tiefseetaucher ist auch dieses Areal mit seinen herrlichen Korallenriffen ein ergiebiges Jagd- und Wassersportgebiet. Landschaftlich ist diese Insel weniger abwechslungsreich als Pemba. Im Osten der Insel legen während des Nordost-Monsuns die Meeresschildkröten ihre Eier ab. Auf Mafia gibt es Ruinen zu besichtigen, die aus dem 9.–14. Jahrhundert stammen.

Das familiäre Boutique-Hotel **Kinasi Lodge** *liegt in der traumhaft schönen Chole Bucht an der südöstlichen Küste von Mafia. Die Unterkunft liegt in einer Plantage tropischer Bäume und besteht aus 14 großen, luftigen Cottages, die im afrikanischen Design eingerichtet sind. Die Küche ist hervorragend und bietet neben Meeresfrüchten auch suahelische Spezialitäten. Die Insel ist in erster Linie ein Wasserparadies und bietet hier zahlreiche Aktivitäten an: Tauchen im Marine Park, Schnorcheln, Segeltörns, Windsurfen, Picknicks auf isolierten und umliegenden Inselchen (www.mafiaisland.com).*

Mafia und Pemba Island
Lage: Pemba nördlich, Mafia südlich von Sansibar
Größe/Einwohnerzahl: Pemba: ca. 980 km²/ 360.000; Mafia: ca. 500 km²/ca. 40.800
Besonderheiten: Produzent von Gewürznelken, Wassersport
Reisezeit: s. Sansibar S. 164
Information: www.tanzaniatouristboard.com

INFO

70 Tarangire National Park – im Zeichen der Migration

Der Tarangire National Park ist nach dem ganzjährig wasserführenden Fluss Tarangire benannt. Das Gebiet beiderseits des Flusses wird unregelmäßig von den Masai mit ihren Viehherden durchstreift.

Der Tierbestand wechselt wie in der Serengeti mit den **Jahreszeiten**: Auf dem Höhepunkt der Trockenzeit im August und September ist eine sehr starke Konzentration an Wild am Tarangire River festzustellen, während in der großen Regenzeit um die Jahresmitte das Gebiet des Nationalparks recht wildarm ist. Trotz seiner verhältnismäßig großen Ausdehnung ist der Park mit 2.800 km^2 viel zu klein, um den umherziehenden Wildherden genug Raum zu bieten. Die Tierwanderungen erfassen ein Gebiet von 20.500 km^2! Deshalb verlassen 75 Prozent der Großtiere jährlich den Tarangire NP und verteilen sich in der Masai-Steppe.

Elefantenfamilie

Im **November** findet sich das Wild rund um den Tarangire River ein. Nach der kurzen Regenperiode werfen die ersten Gnus ihre Kälber und die ersten Zebras ihre Fohlen, eine gute Zeit, den Tarangire National Park zu besuchen. Im März verlassen diese Steppentiere zögernd den Park in nördlicher, östlicher und südlicher Richtung. Anfang Mai haben die ersten Pulks der Migration den Amboseli National Park in Kenia erreicht. Im Tarangire National Park gibt es in diesen Monaten ziemlich wenig Wild.

Im Juni kommen Elenantilopen und Spießböcke in den Park zurück, gefolgt von Elefanten Ende Juli und von fast der gesamten Zahl der Gnus und Zebras im Juli. **Mitte August** hat sich der Pulk der wandernden Tiere rund um den Tarangire River und die Sümpfe versammelt. Jetzt ist die beste Zeit, den Tarangire National Park zu besuchen.

Der Park zeichnet sich durch unterschiedliche Landschaftsformen aus. Das **Lemion-Gebiet** liegt im Norden des Nationalparks. Das Charakteristische dieser Landschaft sind die majestätischen Baobabs. Sie werden von den Einheimischen als heilig verehrt, speichern Regenwasser und ihre Hohlräume dienen wilden Bienenvölkern als Stock, den Hornraben als Nisthöhle und ihre Rinde wird im unteren Bereich von Elefanten geschält.

In dieser Region trifft man auf dem Höhepunkt der Trockenzeit auf Elefanten in größeren Herden, 40–60 Tiere, die gemächlich durch die Savanne ziehen, außerdem auf unzählige Steppenzebras und Ketten von wandernden Weißbartgnus, deren weiße Mähnen im Winde wehen. Grantgazellen und Kongonis lieben ebenfalls diese offene grasbestandene Landschaft. Warzenschweine und Anubis-Paviane finden hier ausreichend Nahrung. Am Fluss sind die Ellipsenwasserböcke mit ihrem dichten Fell und die rotbraunen Riedböcke mit ihrem nach vorn gebogenen Gehörn zu Hause. Prächtige Kronenkranich-Pärchen und einzelne Sattelstörche, deren ausgerupfte Brustfedern zeigen, dass sie sich jetzt in der Trockenzeit im Brutgeschäft ablösen, bevorzugen ebenfalls die Nähe des Wassers zur Nahrungsaufnahme.

Im versumpften **Schwarzerdegebiet Silale** trifft man häufig auf Felsenpythons, auf den Bäumen am Rande des Sumpfes ruhend. Dieses in der Trockenzeit stark ausgedörrte Sumpf-Grasland ist ein Paradies für Watt- und Wasservögel.

Ein besonderes Schlaferlebnis bietet die **Tarangire Treetops Lodge** *am Rande des Parks in einem privaten Game Reserve: die Luxuszelte mit Lounge sind hoch oben in alten Baobab- und Marula-Bäumen erbaut, der eigene Balkon bietet Ausblick auf den Lake Manyara und das Rift Valley und ein an der Lodge gelegenes Wasserloch. Entdeckt werden können die umgebenden Hügel und trockenen Flussbetten zu Fuß oder auf Pirschfahrten. Hier sind mit die größten Elefantenherden Afrikas zu Hause, und während der Migration kann man die faszinierenden Dickhäuter zu Tausenden durch den Park ziehen sehen (www.elewana.com).*

Mittag mal anders: Bush Lunch in der Treetops Lodge

INFO

Tarangire National Park
Lage: 111 km von Arusha, 318 km von Dodoma, 1.017 km von Dar Es Salaam
Größe: 2.800 km²
Besonderheit: in der Trockenzeit eine hohe Konzentration von Wildtieren
Reisezeit: lange Trockenzeit: Anfang Juni bis Ende Oktober, kurze Trockenperiode, die im Allgemeinen von Anfang Januar bis Ende März reicht
Tiere: 64 Säugetier- und 264 Vogelarten
Landschaftsformen: Grassavanne, offene Buschsavanne, dichte Buschsavanne, Berge, schwarzerdiges Gras-Sumpfgebiet
Information: www.tanzaniaparks.com, www.tanzaniatouristboard.com

71 Arusha National Park – Wildnis um den Mount Meru

Arusha ist mit knapp 350.000 Einwohnern der bedeutendste Industriestandort Nordtansanias und Zentrum des Tourismus. Von hier aus werden die meisten Fahrten in die umliegenden Nationalparks und Wildschutzgebiete unternommen, unter anderem zum Arusha National Park mit dem Mt. Meru in unmittelbarer Nähe. **1899 ist das Gründungsjahr von Arusha**, das zunächst als deutsche Garnison, später als größtes Siedlungsgebiet der Europäer mit Kaffeeplantagen und Industrieansiedlungen ausgewiesen wurde. Der Name stammt von den Warusha, einer Ethnie, die neben den Chagga und Masai rund um den Mt. Meru lebt.

Neugierige Büffel

Die geologische Entstehung des Mount Meru hängt mit dem vor 20 Millionen Jahren entstandenen Rift Valley zusammen. Das Tal ist Teil einer 8.000 km langen Erdspalte vom Toten Meer bis zur Mündung des Sambesi in Mosambik. Die erkaltete Erdkruste wurde an diesem Riss dünn, und es bildete sich eine Reihe von Vulkanen, so auch der **Mt. Meru** und der Ngurdoto. Der Mt. Meru (4.565 m) ist ein „schlafender Vulkan". Die vulkanischen Tätigkeiten haben sich sporadisch wiederholt, der letzte Lavastrom erfolgte 1879. Dampflöcher und heißes Wasser im Kratersee beweisen, dass der Vulkan noch nicht erloschen ist.

1876 kam der Graf *Samuel Teleki von Szek*, Großwildjäger, Geograf und Naturfreund aus Ungarn, als erster Europäer in das Momela-Gebiet. Er berichtete von der enormen Zahl an Flusspferden und Nashörnern. 1907 siedelte sich die deutsche Familie *Trapp*, der die erste berufsmäßige Jägerin Ostafrikas entstammte, in Momela an und benutzte einen großen Teil des jetzigen Nationalparks als Weidegrund für ihre Rinderfarm. In den 1950er-Jahren verkaufte die Familie das Anwesen an den Schauspieler *Hardy Krüger sen.*, der ihm den Namen Momela Lodge gab. Hier wurde der berühmte Film „Hatari" (Gefahr) mit *John Wayne* gedreht. 1967 erweiterte man den Park um das Meru-Bergmassiv und benannte ihn nach den einheimischen Warusha in Arusha National Park.

Eine Pirschfahrt durch den Park ist ein abwechslungsreiches Erlebnis: Wenn man sich zuerst dem Ngurdoto-Urwald zuwendet, kommt man durch einen **prächtigen Bergregenwald**. In dieser Waldregion spielt sich ein reges, aber heimliches Leben ab. Anubis-Paviane in großen Trupps von 30 bis 100 Tieren bewegen sich in ihren festgefügten Hierarchien, meist auf dem Boden, zielstrebig durch den Bergregenwald. Laut kreischend werden Machtkämpfe untereinander ausgetragen. Den Guereza zuzusehen, wie sie sich hangelnd oder manchmal fast fliegend mit wehendem weißen Mantel akrobatisch von Baum zu Baum schwingen, ist beeindruckend. Aber auch die Diademmeerkatzen mit ihrem wunderschön geperlten Haarkleid beleben den Urwald.

Kaum zu übersehen und durch ihre lauten Rufe auch kaum zu überhören, sind die riesengroßen, schwarzen Silberwangen-Hornvögel mit ihren gewaltigen Helmen (besonders die Männchen) auf dem großen Schnabel. Die scheuen Ducker oder eine Schirrantilope zu Gesicht zu bekommen, ist schon schwieriger. Die Waldwege und Lichtungen mit niedriger Vegetation sind das Reich der Schmetterlinge. Handtellergroße, schwarzgrün und gelb gefärbte Schwalbenschwänze fliegen in schnellem Flug von Blüte zu Blüte.

Der Ngurdoto-Krater verfügt über sieben Aussichtspunkte und man kann tief in seinen grünen, sumpfigen Grund gucken. Es ist streng verboten, über den Kraterrand hinabzusteigen. Dieses Reservat im Reservat ist ein wahres Tierparadies und ein unangetastetes Rückzugsgebiet der Tierwelt Ostafrikas. Der Leitong ist mit 1.853 m der höchste Punkt des Kraterrandes und mit dichtem Urwald bewachsen. Am Senato Pool, dem Jembamba- und Longilsee zur Rechten und dem Kokie-Sumpf vorbei, an dem es von Büffeln nur so wimmelt, kommt man in das savannenartige Gebiet mit dem Namen Kamba ya Fisi, was in Suaheli „Hyänen-Gebiet" heißt. Besonders nachts schleichen die Tüpfelhyänen durch dieses offene Gelände. Die Momela-Seen werden von Flusspferden bevorzugt. Außerdem sind diese Gewässer ein Vogelparadies: Zwergtaucher, Kormoran, Hammerkopf, Heiliger Ibis, Afrikanischer Löffler, Rosa Flamingo, Nilgans, Afrikanische Ruderente, Waffenkiebitz, um nur einige zu nennen, geben sich hier ein Stelldichein.

Bei schönem Wetter genießt man am Pool der **Ngurdoto Lodge** *mit einem Sundowner in der Hand den herrlichen Ausblick auf den Mount Meru und auf den schneebedeckten Gipfel des Kilimanjaro. In einer großzügigen Gartenanlage stehen den Gästen sieben große Bungalows und zwei Räume im Haupthaus zur Verfügung. Hier kann man sich in Ruhe auf die Besteigung des Mount Meru oder Kilimanjaro vorbereiten (www.african-view.com).*

INFO

Arusha National Park
Lage: 37 km von Arusha
Größe: 137 km², der zweitkleinste Nationalpark Tansanias
Höhe: 1.524–4.565 m
Tiere: 48 Säugetier- und 242 Vogelarten
Information: www.tanzaniaparks.com

72 Kilimanjaro – höchster Berg Afrikas

Der Kilimanjaro, der **höchste Berg Afrikas**, ist auch gleichzeitig eine topografische Besonderheit: es ist die größte freistehende Erhebung der Erdoberfläche. Aus einer rund 1.000 m hohen Savannenlandschaft ragt sein gewaltiges Massiv noch einmal fast 5.000 m majestätisch in die Höhe. „kilima njaro" heißt „weiß leuchtender Berg". Das „Dach Afrikas" ist ein Vulkan mit drei Kratern: dem Kibo (5.895 m), dem Mawenzi (5.149 m) und dem Shira (3.962 m). Kibo, der jüngste Krater, besticht durch seine ebenmäßige Form, die noch nicht so stark von der Erosion angegriffen ist wie die seiner beiden Nachbarn Mawenzi und Shira. Giftige Schwefelgase und heißer Wasserdampf von 70–100 °C werden nach wie vor ausgestoßen.

Am 11. Mai 1848 erblickte der deutsche Missionar *Johannes Rebmann* als erster Europäer den schneebedeckten Gipfel des Kilimanjaro. Sein Bericht über einen Schneeberg südlich des Äquators wurde ihm in Europa nicht geglaubt. Am 6. Oktober 1889 gelang es dem deutschen Geografen Prof. Dr. *Hans Meyer* aus Leipzig, den Berg zu bezwingen.

Noch heute ist der höchste Krater des Kilimanjaro, der schnee- und eisbedeckte Kibo, der Traum vieler **Bergsteiger**! Es gibt für die Besteigung verschiedene Routen, einer der besten Ausgangspunkte ist Marangu. Die Marangu-Route, auch Touristen- oder scherzhaft „Coca-Cola-Route" genannt, ermöglicht den leichtesten Aufstieg. Wer gesund ist und über eine gute Kondition, Ausdauer und starke Willenskraft verfügt, hat mit einem professionellen Führer auch als „Flachlandtiroler" die Chance, den Gipfel des Kilimanjaro zu erreichen. Allerdings schaffen es nur ca. 20 Prozent der vielen (Freizeit-) Bergsteiger bis zum Gillman's Point (5.685 m), und nur ca. 5–8 Prozent erreichen den Uhuru Peak (5.895 m). Das Problem ist nicht die Schwierigkeit der Aufstiegsroute, sondern die Höhe. Der Kilimanjaro kann ganzjährig bestiegen werden, ausgenommen während der Regenzeit im April und Mai. Für Auf- und Abstieg muss man insgesamt sechs Tage einplanen:

Am ersten Tag kann man in nur drei Stunden die Mandara-Hütte (2.727 m) erreichen. Man ist umgeben vom Bergregenwald, der ungeheure Artenreichtum der Pflanzenwelt ist beeindruckend. Zwischen den abgestorbenen, umgestürzten, teilweise vermoderten Urwaldriesen wachsen junge Bäume nach.

Am zweiten Tag folgt der Aufstieg zur Horombo-Hütte (3.780 m). 19 km geht es in etwa fünf Stunden durch die oberen Ausläufer des Bergregenwaldes. Relativ unvermittelt ist der Hochwald zu Ende und eine offene Heidelandschaft tut sich auf. Die hier typische Riesenheide erreicht an der Waldgrenze Höhen von bis zu zehn Metern.

Am dritten Tag wird die Höhe von 4.750 m erreicht. In der Hochland-Wüste gibt es nur noch 55 Pflanzenarten. Von einem Bergrücken schaut man über eine wüstenartige weite Fläche, den so genannten Kibo-Sattel, zu dem mit blendend weißer Schneekappe gekrönten Kibo hinüber.

Der nächste Tag ist der Höhepunkt der Tour: es geht auf den Gillman's Point (5.685 m). Besonders reizvoll ist die Besteigung des Berges noch vor dem Sonnenaufgang. Ein Blick

Traum vieler Bergsteiger: der Kilimanjaro

in den schneebedeckten Kratergrund und zum blanken Eis der Gletscher im Morgenlicht ist ein unbeschreibliches Erlebnis.

Sollte man sich vorgenommen haben, den höchsten Punkt Afrikas zu erreichen, muss man noch zwei weitere Stunden Aufstieg in Kauf nehmen, bis der Uhuru Peak erreicht ist.

Der Abstieg zur Mandara-Hütte (2.727 m) umfasst 35 km Wegstrecke und kann bis zu acht Stunden in Anspruch nehmen.

Kaum zu glauben: Man hat innerhalb von vier Tagen die Klima- und Vegetationszonen vom tropischen Regenwald bis zum ewigen Eis und zurück durchlaufen. Vergleichsweise müsste man in der Ebene die Distanz vom Kongo bis Grönland passieren.

INFO

Kilimanjaro National Park
Lage: von Dar Es Salaam 552 km
Größe: 756 km²
Höhe: 1.829–5.895 m
Besonderheit: UNESCO-Weltnaturerbe (seit 1987)
Tiere: Säugetiere: 13 Arten; Vögel: 24 Arten
Wanderzeiten: Beste Zeit: während der Monate Januar bis Februar und Juli bis August, auch September bis Oktober, allerdings sehr kalt
Information:
www.tanzaniaparks.com,
www.tanzaniatouristboard.com

73 Serengeti National Park – Millionen von Gnus

Der **Name Serengeti** stammt von dem Masai-Wort „Siringet", das „endlose Ebene" bedeutet. Hier kann der Besucher nach dem Ergrünen des „Grasmeeres" Zeuge einer der größten Konzentrationen an Steppentieren werden, die es auf unserem Erdball noch gibt. Ca. 1.500.000 Gnus, 240.000 Thomson-Gazellen, 200.000 Steppenzebras sind dann unterwegs. Außer in ihrem Südteil ist die Serengeti zu zwei Dritteln mit Busch und Wald bedeckt. Die den Nationalpark umgebenden Schutzgebiete, z.B. die Masai Mara, sollen die Tiere bei ihren großen Wanderungen schützen.

Die **Gnus** sind zahlenmäßig die **stärkste Wildgattung**, die weite Wanderungen auf der Suche nach Wasser und Weide unternimmt. In den Regenzeiten im November/Dezember und März bis Juni halten sie sich in der Kurzgras-Savanne im Südosten des Nationalparks und in der angrenzenden Ngorongoro Conservation Area auf. Dort kommen in dieser Zeit, wenn alles grün ist, innerhalb von drei Wochen 90 % der Kälber zur Welt. Ein Gnukalb kann bereits sieben Minuten nach der Geburt stehen und ist, wenn es zwei Tage alt ist, schon so schnell, dass eine Tüpfelhyäne Mühe hat, es zu fangen. Dann zwingt die Trockenzeit die Gnus zur Großen Wanderung (Migration): einmal nach Nordwesten über den sogenannten West-Korridor zum Lake Victoria und zum anderen nach Norden in die Masai Mara (Kenia). Als erstes muss der Grumeti River in der Serengeti überquert werden, der im Juni flach genug ist. In fast endlosen Ketten von bis zu 40 km ziehen die Tiere dann durch die weite Savanne. Im September haben die meisten Gnus die Masai Mara erreicht. Wenn im Oktober die ersten Regenfälle auf das dürre Land niedergehen, setzt die Rückwanderung ein.

Auch eine gewaltige Schar von Vögeln bevölkert die Serengeti, von denen viele jährlich große Entfernungen zurücklegen, um aus Europa, Asien und anderen Ländern Afrikas

Beeindruckend: Gnus während der Migration

ihr Winterquartier zu erreichen. Rund 400 Vogelarten wurden hier festgestellt, ein Viertel davon sind Zugvögel. Es treffen Abdimstörche aus anderen Gegenden Afrikas, Kampfläufer aus Nordeuropa, Wermutregenpfeifer (von der kasachischen Steppe) und viele andere Vögel in der Serengeti ein. Im späten September oder Oktober strömen die ermüdeten Zugvögel in Ostafrika zusammen. Die ersten Blitze entladen sich krachend über der Serengeti, der Donner grollt und aus den schwarzen Wolken prasselt der Regen auf die durstige Savanne nieder. Das frische Grün bedingt ein explosionsartiges Aufkommen von Insekten und Nagetieren, die wiederum eine begehrte Beute der einheimischen Vogelwelt und der hungrigen Zugvögel sind.

Die Serengeti bietet unterschiedliche Landschaftsformen: die **Kurzgras-Savanne** ist eine Landschaft von herber Schönheit, ein unendlich erscheinendes, weites Grasland. In der Regenzeit ist es grün und voll überquellenden Lebens. In der Trockenzeit wirkt diese Landschaft wie eine Wüste. Es gibt kein Wasser mehr, das kurze Gras ist verdorrt, Staub wirbelt auf und die Luft flirrt vor Hitze. Mehr im Zentrum des Nationalparks und nach Süden ausstrahlend herrscht die **Langgras-Savanne** mit lockeren Schirmakazienbeständen vor. Elefantenherden, aber auch andere Savannentiere wie Kongonis, Topis, Warzenschweine, viele Vogelarten wie Strauße, Sekretäre und die wunderschönen Gabelracken halten sich hier bevorzugt auf.

Im **Seronera-Tal** stoßen verschiedenartige Lebensräume (Biotope) zusammen: Langgras-Savanne, baumbestandene Flussläufe und Kopjes. Deshalb ist dieses Zentrum der Serengeti landschaftlich so abwechslungs- und tierreich. Der Seronera River führt das ganze Jahr über Wasser. Das ist ein weiterer Garant für Wildreichtum an Giraffen, Büffeln, Topis, Gnus, Impalas, Schirrantilopen, Dik-Diks, Warzenschweinen, Krokodilen und für ein reiches Vogelleben. Selten sieht man Servale und Wüstenluchse. Besonders Leoparden, die tagsüber in dem dichten Laubwerk ihrer Lieblingsschlafplätze – Leberwurst- und Feigenbäume – ruhen, sind im Seronera-Tal anzutreffen. Oft haben sie ihre Beute auf die Bäume hochgezogen. Tüpfelhyänen, hier zahlreich von dem Geruch der geschlagenen Tiere angelockt, belagern diese Bäume vergeblich. Geparde machen in diesem wildreichen Gebiet erfolgreich Jagd, hauptsächlich auf Gazellen. Flusspferde, Nilkrokodile, Ried- und Wasserböcke bevölkern Flüsse und Wasserstellen und deren Uferpartien.

Am Rande der Kuka Hills bietet das **Klein's Camp** *zehn luxuriöse Unterkünfte mit jeweils eigener Veranda und traumhafter Aussicht in die wildreiche Gegend an. Tag- und Nachtsafaris im offenen Wagen sowie geführte Spaziergänge werden für die Gäste organisiert (www.andbeyond.com).*

INFO

Serengeti National Park
Lage: im Norden Tansanias, an der kenianischen Grenze
Größe: 14.763 km²
Besonderheiten: die größte Konzentration an wild lebenden Großsäugern auf Erden, die Große Wanderung („Migration") von Gnus, Zebras und Gazellen, seit 1981 Weltnaturerbe der UNESCO
Tiere: 93 Säugetier- und 500 Vogelarten
Reisezeit: November–Mai
Information: www.tanzaniaparks.com, www.serengeti.org

74 Ngorongoro Conservation Area – im Krater

Ngorongoro ist großartig! Nicht nur, weil diese Kraterlandschaft zum **UNESCO-Weltnaturerbe** erklärt wurde, sondern weil sie zu Recht als das „Achte Weltwunder" bezeichnet wird. Zusammen mit der atemberaubenden Schönheit ihrer vulkanischen Szenerie bietet sie auf kleinem Raum eine enorme Verschiedenartigkeit an Biotopen. Sie reicht vom halbwüstenartigen Grasland der nordwestlichen Ebene bis zu dichten, nebelfeuchten Regenwäldern an den Kraterrändern. Außerdem sind Vielzahl und Artenvielfalt an Wildtieren wegen der verschiedenen **Lebensräume auf engstem Raum** überwältigend und bewundernswert. Über 30 % der Tiere der berühmten Migration der Serengeti verbringen einen Teil des Jahres in der Ngorongoro Conservation Area, über 1.000.000 Gnus, 500.000 Grant- und Thomson-Gazellen wie auch 250.000 Zebras. Die Pflanzenfresser werden begleitet und belauert von der höchsten Dichte an Beutegreifern in Afrika. Sie machen Ngorongoro zu einem einmaligen Ort für Löwen, Geparden und Hyänen. Außerdem ist der Krater einer der besten Plätze, um Spitzmaulnashörner zu sehen, von denen es hier rund 20 geben soll.

Blick in den Krater

Es gibt Tiere, die im Krater sesshaft sind, und solche, die ihn verlassen und zurückkommen. Das Faszinierende jedoch ist, dass es innerhalb einer Tiergattung Sesshafte und Wanderer gibt. In dem Fieberakazienwald, dem „Lerai Forest", halten sich gerne Elefanten, Anubis-Paviane und Grüne Meerkatzen auf, weil sie hier das beste Nahrungsangebot vorfinden.

Hinter dem Eingang zum Wildschutzgebiet Ngorongoro Conservation Area umfängt den Besucher ein **urwüchsiger tropischer Bergwald**. Man erreicht den Rand des Riesenkraters Ngorongoro und passiert den Gedenkstein für *Professor Dr. Dr. Bernhard Grzimek* und seinen Sohn *Michael Grzimek*, der bei den Dreharbeiten des weltberühmten Films „Serengeti darf nicht sterben" am 10.1.1959 mit dem Flugzeug tödlich verunglückte. Von hier oben kann man einen ersten Blick auf die Kratersohle werfen.

Geologisch gesehen ist der Ngorongoro-Krater im eigentlichen Sinne kein Krater, sondern eine Caldera:

Luxus: Bad der Ngorongoro Lodge

Black Rhino

Mehrere Vulkane nebeneinander haben durch die verschiedenen Vulkanausbrüche und Lavaströme, die teils nicht mehr abfließen konnten, ein Kraterhochland geschaffen. Bei einer dieser Explosionen ist die Mitte des Kraters zusammengebrochen, und die sogenannte Caldera hat sich gebildet.

Vor 1891 war der Ngorongoro-Krater jahrhundertelang Weidegrund der Masai für ihre Viehherden. 1891/92 war *Oscar Baumann* wahrscheinlich der erste Europäer, der den Ngorongoro-Krater gesehen hat.

Die außergewöhnliche **Ngongorongo Crater Lodge** *bietet neben kolonialem Flair einen fantastischen Blick von der Terrasse in den Krater – allein dafür lohnt sich der Aufenthalt. Die Unterkünfte sind vom Masai-Stil beeinflusst und passen sich perfekt an die Umgebung an. Drinnen ist die Lodge verschwenderisch im Stile der alten Zeit eingerichtet – frei nach dem Motto „Masai meets Versailles" (www.andbeyond.com).*

INFO

Ngorongoro Conservation Area
Lage: nördliches Tansania, im Osten der Serengeti
Größe: 384 km², wenn der Kraterrand als Begrenzung gerechnet wird, Höhe: Kraterrand: 2.280–2.440 m, Kratergrund: 1.700–1.830 m
Besonderheit: UNESCO-Welterbe (seit 1979)
Landschafsformen: feuchter Bergurwald, Fieberakazienwald, Grasland, Sumpf, Sodasee
Reisezeit: Die beste Reisezeit liegt zwischen den beiden Regenzeiten von Januar bis Mitte März und im Juni/Juli.
Tiere: 53 Säugetier- und 248 Vogelarten
Information: www.tanzaniatouristboard.com, www.ngorongorocrater.org

75 Lukuba Island – Vogelparadies im Lake Victoria

Musoma, an der Mündung des Mara-Flusses in den Lake Victoria gelegen, ist eine bunte und lebhafte afrikanische Stadt, deren Bevölkerung sich aus vielen ethnischen Gruppen zusammensetzt. Im 19. Jahrhundert wurde die Stadt von der deutschen Kolonialregierung gegründet und inzwischen leben über 100.000 Menschen hier. Lebensgrundlage der Bewohner ist die Fischerei – es gibt hier einige Fischfabriken, die in ausländischem Besitz sind –, wohingegen die Landwirtschaft nur der Selbstversorgung dient. Trotz der Nähe zum Serengeti National Park (s. S. 174) spielt der Tourismus in Musoma bisher keine große Rolle und abgesehen von dem farbenfrohen, typisch afrikanischen Markttreiben gibt es auch nicht allzu viel zu sehen. Allerdings lohnt sich die Überfahrt nach **Lukuba Island**, die von hier aus möglich ist. Bei ruhigem Wasser braucht man ca. 45 Minuten bis zur 11 Kilometer entfernten Insel, bei rauer See fast doppelt so lange. Die stürmische Überfahrt ist dann nicht jedermanns Sache. Erst wenn die ersten Vogelinseln in Sicht kommen, wirken diese als Wellenbrecher und die Fahrt wird erträglicher.

Ist die Überfahrt geschafft, kann man sich entspannt der Insel zuwenden. Ein Schreiseeadlerpaar begrüßt bei aufgehender Sonne den frühen Morgen durch seinen Jubelruf. Bei der Morgenwanderung lotst ein Ornithologe die Besucher über die felsige Insel. Ein schmaler Pfad führt durch eine enge Schlucht von riesigen runden Granitfelsen. Gewaltige Bäume haben sich in dem felsigen Untergrund mit ihrem starken Wurzelwerk verankert. **Erstaunlich viele Vogelarten** finden sich auf der nur 600 m langen Insel. Be-

Strand auf Lukuba

Vogelfelsen auf Lukuba Island

sonders farbenfroh ist der Scharlachwürger mit seiner leuchtend karminroten Unterseite. Der Afrikanische Paradiesschnäpper mit seinem langen Schwanz und rostrotem Rückengefieder ist ebenfalls eine ornithologische Besonderheit. Aber nicht nur Vogelliebhaber kommen auf ihre Kosten. Auch kleinere ungefiederte Zeitgenossen wie Eidechsen, Otter und die Grüne Meerkatze können beobachtet werden.

Auf der Insel befindet sich ein **Fischerdorf**. Die Bevölkerung ist sehr freundlich. Man kann die Menschen in ihrem Alltag beobachten, zum Beispiel den Männern bei den Vorbereitungen für den kommenden nächtlichen Fischfang zuschauen. Sie präparieren Senksteine für ihre Netze. Zu diesem Zweck wickeln sie die Steine in Gaze ein. Ihr harter Beruf ist oft mit großen Gefahren verbunden. Schon viele Männer des Dorfes sind von dem tückischen Lake Victoria verschluckt worden, wenn plötzlich Sturm aufkam. Die Frauen sind meist mit der Zubereitung von Mahlzeiten und dem Flechten von Körben beschäftigt oder sie kümmern sich um die Kinder.

Nächtigen kann man in der **Lukuba Island Lodge**. *Aus den fünf Steinbungalows unter schattigen Feigenbäumen mit grasgedeckten Dächern hat man einen schönen Blick auf den See. Hier kann man die Seele baumeln lassen oder, etwas aktiver, schwimmen, Kanu fahren, wandern, die Kultur der Fischerdörfer des Lake Victoria entdecken, Vögel beobachten und fischen. Angeln von modernen Booten oder traditionellen Dhaus aus ist eine der beliebtesten Aktivitäten. Besonders der Nilbarsch kann hier häufig gefangen werden (www.anasasafari.com/lukuba-island-lodge/).*

INFO

Lukuba Island
Lage: Nordtansania, im Lake Victoria, ca. 13 Kilometer vor der Küste bei Musoma

Besonderheit: über 90 Vogelarten
Aktivitäten: Fischen, Schwimmen, Vögel beobachten

Sambia

Afrikas bestgehütetes Geheimnis

Noch bis vor kurzem besuchten die meisten Touristen Sambia nur, um die berühmten Victoriafälle (s. S. 196) einmal von der „anderen Seite" zu betrachten. Langsam scheint sich aber herumzusprechen, dass das Land im südlichen Afrika noch einiges mehr zu bieten hat. „The real Africa" – mit diesem Slogan wirbt die sambische Tourismusbehörde. Gemeint sind die Ursprünglichkeit und Unberührtheit der verschiedenartigen Landschaften von den Ausläufern der Kalahari im Süden bis hin zu den Sumpflandschaften im Norden und die riesigen Tierpopulationen in den zahlreichen Nationalparks des Landes. Trotz dieser guten Voraussetzungen für einen blühenden Safaritourismus ist Sambia als Reiseziel noch nicht sehr etabliert. Manche bezeichnen das Land auch als „Afrikas bestgehütetes Geheimnis".

Die noch wenig ausgebaute Infrastruktur und die daraus resultierenden, etwas mühseligen Anfahrten zu den verschiedenen Nationalparks und anderen Sehenswürdigkeiten schrecken viele ab. Als bequemere Alternative bietet sich jedoch eine Flugsafari an, bei der längere Strecken in kleinen Sportflugzeugen zurückgelegt werden.

Sambia bietet für jeden etwas: reichlich Wasser und die zugehörige Tier- und Pflanzenwelt, einmalige Vogelbestände, riesige Herden großer Säugetiere, darunter die „Big Five" (bis auf das Nashorn, dessen Bestände sich noch nicht wieder erholt haben) und vieles mehr. Zudem bietet sich von Sambia aus ein Ausflug ins östlich angrenzende Malawi an. Das kaum bekannte kleine Land hat einige Überraschungen zu bieten: weiße Traumstrände, paradiesische Tauch- und Schnorchelmöglichkeiten, romantische Kleinstinseln und erstaunliche Fischpopulationen.

Steckbrief Sambia

Lage: Binnenland im südlichen Afrika
Fläche: 752.614 km^2
Einwohnerzahl: ca. 13,5 Mio.
Hauptstadt: Lusaka
Staats- bzw. Regierungsform: Republik
Sprachen: Amtssprache: Englisch; daneben sieben offiziell anerkannte Stammessprachen sowie 72 Dialekte
Währung: Kwacha
Exportgüter: v.a. Kupfer, außerdem Kobalt, Tabak, Elektrizität
Bevölkerung: 99 % Schwarzafrikaner, kleine asiatische und europäische Minderheiten
Religion: Christen (ca. 50 %, davon 60 % katholisch, 20 % protestantisch, 20 % Freikirchen), daneben v. a. Naturreligionen, vereinzelt Muslime und Hindus
Klima: tropisch
Beste Reisezeit: Mai bis Oktober
Vorgeschriebene bzw. empfohlene Impfungen: Gelbfieber (vorgeschrieben bei Einreise aus einem Risikogebiet), Tetanus, Diphtherie, Polio und Hepatitis A (empfohlen), Malariaprophylaxe!

76 Kafue National Park – unberührte Wildnis

77 Liuwa Plains National Park – Expedition in die „Serengeti Sambias“

78 South Luangwa National Park – Sambias tierreichstes Reservat

79 Der Malawi-See – unbekanntes Paradies im Südosten Afrikas

76 Kafue National Park – unberührte Wildnis

Der Kafue Nationalpark ist **der älteste und größte Nationalpark in Sambia** und einer der größten Nationalparks der Welt. Als Naturpark wurde er 1950 von der Regierung des damaligen Nordrhodesien proklamiert und 1972 dann zum Nationalpark erklärt. Er befindet sich fernab jeglicher Zivilisation und bietet einer außerordentlich hohen Anzahl an Wildtieren Schutz.

Der Park umschließt den mittleren Teil des **Kafue River** und zwei seiner größeren Nebenflüsse, den Lufupa und den Lunga River. Große Flächen des Parks weisen Kalahari-Sandböden auf, vor allem im Süden und im Westen. Im Norden und im Süden des Parks befinden sich jeweils bedeutende Überflutungsebenen, die Busanga Plains und die Nanzhila Plains. Die spektakulären Busanga-Auen im nördlichen Teil des Parks sind unermesslich weite und flache Auen und zählen zu den wichtigsten Feuchtgebieten Sambias. Die Hauptvegetation besteht aus Miombowald, die Überflutungsflächen werden fast ausschließlich von Grasflächen bedeckt und nur durch wenige Inseln aus Termitenhügelvegetationen unterbrochen.

Der Kafue Nationalpark gehört zu den wichtigsten Schutzgebieten für die Wildtiere Sambias. Dies liegt einerseits an seiner enormen Größe, andererseits aber auch an der Vielfalt oft nahe beieinander liegender Lebensräume und permanent wasserführender Flüsse. Etwa **80 % der in Sambia bekannten Säugetiere** können hier gefunden werden, darunter viele der großen Pflanzenfresser wie Elefant, Hippo, Büffel, Zebra, Elen, Kudu, Buschbock, Gnu, Kuhantilope, Pferdeantilope, Rappenantilope, Impala und Warzenschwein. Wer Geduld und Glück hat, kann vielleicht auch eine der sehr scheuen Sitatungas sehen.

Elefant auf Futtersuche

An Großkatzen leben Löwe, Gepard und Leopard hier, natürlich gibt es auch andere Fleischfresser wie Schakale, Hyänen und die wesentlich selteneren Afrikanischen Wildhunde, von denen es weltweit nur noch wenige lebensfähige Populationen gibt.

Insgesamt wurden **über 400 Vogelarten** im Kafue Nationalpark registriert. Auch wenn viele als Zugvögel nur Gäste für eine gewisse Zeit und andere sehr scheu oder selten sind, wird man hier unabhängig von der Jahreszeit eine reichhaltige Vogelwelt zu sehen bekommen. Zu bestimmten Jahreszeiten kann man große Schwärme von Pelikanen, Kronen- und Klunkerkranichen in den Auenlandschaften beobachten.

Kein Gähnen, sondern Drohgebärde: Hippo mit offenem Maul

Das größte Problem des Parks stellt die **Wilderei** dar, die insbesondere im Bereich der Asphaltstraße wegen der dort leichten Zugänglichkeit und der schnellen Abtransportmöglichkeiten zu einer erheblichen Dezimierung des Wildbestandes geführt hat. Hier wie in anderen Teilen Afrikas ist ein Tier seit Jahrtausenden zunächst einmal ein Stück Fleisch, das eine hungrige Familie sättigt. Und solange die Lebensgrundlage nicht gesichert ist, sind Naturschutzgedanken nur schwer zu vermitteln, erst recht, wenn eine Jahrtausende alte Tradition, nämlich das hohe soziale Ansehen eines erfolgreichen Jägers, dabei zusätzlich überwunden werden muss. Für einige Arten, insbesondere das Spitzmaulnashorn, hat der Schutz nicht ausgereicht: Es war früher im Park sehr häufig, ist aber derzeit ausgerottet.

Das exklusive **Busanga Bush Camp** *bietet nur wenigen Gästen Platz. Jedes der Zelte steht unter einem Rieddach und verfügt über ein eigenes Badezimmer. Tierbeobachtungsfahrten im offenen 4x4-Landrover mit qualifizierten Guides sowie Fußsafaris werden angeboten. Das Camp liegt südlich der Busanga Plains am Zusammenfluss des Lufupa-Flusses und des mächtigen Kafue-Flusses im nördlichen Teil des Nationalparks (www.wildernesssafaris.com).*

INFO

Kafue National Park
Lage: 200 km westlich der Stadt Kafue
Größe: 22.400 km²
Besonderheit: einer der größten Nationalparks der Welt
Tiere: Afrikas reichstes Antilopengebiet, daneben Elefanten, Hippos, Löwen
Information: www.zambiatourism.com

77 Liuwa Plains National Park – Expedition in die „Serengeti Sambias“

Die Liuwa Plains sind sozusagen die „Serengeti Sambias“ – aber ohne den dort herrschenden Touristenrummel. Die wenigen Besucher sind mit den zahlreichen Tieren in der Weite der Grasebenen alleine. Das **ungetrübte Safarivergnügen** setzt jedoch Vernunft und eine gute Logistik voraus, denn man ist fernab aller Infrastruktur unter Expeditionsbedingungen unterwegs: Den Park als Selbstfahrer mit lediglich einem einzigen Fahrzeug zu besuchen, ist schlicht Dummheit! Es müssen Vorräte und Benzin für die gesamte Tour mitgeführt werden.

Hotels und andere Unterkünfte gibt es nicht, dafür ausgewiesene Camping-Gebiete, die mit – wenigen – Toiletten und Kaltwasserduschen ausgestattet sind.

Es gibt wenig Straßen in diesem abgelegenen und kaum besuchten Park, was unter anderem seine Attraktivität ausmacht: **ca. 3.660 km² unberührtes Afrika!** Man fährt durch eine unendlich weite, honiggelbe Grasebene, die von vereinzelten offenen Pfannen, Bauminseln oder Baumgürteln aufgelockert wird. Die Landschaft ist einzigartig in ganz Sambia: Hunderte von Gnus sammeln sich hier, aber auch Zebras, Kuhantilopen und Büffel mischen sich unter die riesigen Herden, vereinzelt auch die seltenen Rappen-

Werden ungern gestört: Löwenmütter

und Moorantilopen sowie Reedböcke. Die offenen Ebenen sind auch ein idealer Lebensraum für die Oribis. Diese Tiere ziehen wiederum Raubkatzen, Hyänen und auch die seltenen Hyänenhunde an, sogar die scheuen Leoparden können oft beobachtet werden.

Der Name des Parks ist auf eine Legende zurückzuführen, nach der einst ein Lozi-König auf dem Gelände des heutigen Parks seinen Spazierstock („Liuwa") in den Boden gesteckt hat. Dieser ist zu einem großen Baum herangewachsen.

Bevor der Park 1972 zum Nationalpark erklärt wurde, war das Gelände eine Game Management Area unter Verwaltung des Lozi-Königs.

Camping in den Liuwa Plains

Auch nach Schaffung des Nationalparks hatten und haben die Lozi hier besondere Rechte. Sie dürfen nach wie vor innerhalb der Nationalparkgrenzen wohnen und in geringem Umfang Ackerbau und Viehzucht betreiben. Die Jagd ist natürlich verboten, was aber schwer zu überwachen ist.

Ein besonderes Ereignis im Liuwa Plains Nationalpark ist der **Beginn der Regenzeit** im November: Spektakuläre Wolkenformationen jagen über den Himmel und Blumenteppiche in allen möglichen Farben sprießen aus dem Boden so weit das Auge reicht. In dieser Zeit sammeln sich auch riesige Streifengnuherden in den Liuwa Plains, um nach Angola zu ziehen. Die weite offene Grasebene bevölkert sich mit zahlreichen Gnus, Büffeln, Zebras und zahlreichen Antilopenarten, die Raubkatzen und seltene Hyänenhunde anziehen.

Die wenigen Wasserlöcher sind für Vogelfreunde wegen ihrer überraschenden Artenvielfalt von Interesse. Insgesamt sind über 200 Vogelarten bislang gesehen worden. Die Region ist bekannt für besonders große Gruppen von Kronenkranichen, oftmals 60–100 Tiere an einer Stelle. Auch findet der Besucher hier nach der Bangweulu-Region wohl die zweitgrößte Population der eleganten, im Stand über einen Meter großen Klunkerkraniche. Vermutlich ist hier auch die beste Region Sambias zur **Beobachtung von Sekretärvögeln**, deren Landung am Nest besonders sehenswert ist: dem Besucher drängt sich unweigerlich das Gefühl auf, dass der Landeanflug schief gehen und in einem Absturz enden wird, was dann allerdings nicht passiert! Verschiedene Reiher-, Ibis- und Entenarten runden das Spektrum ab.

INFO

Liuwa Plains National Park
Lage: im Westen Sambias, am Oberlauf des Sambesi
Größe: 3.660 km²
Tiere: riesige Gnuherden
Beste Reisezeit: August bis Dezember
Besonderheiten: äußerst einsam und abgelegen
Information: www.zambiatourism.com

78 South Luangwa National Park – Sambias tierreichstes Reservat

Der South Luangwa Nationalpark ist legendär. Hier liegen auf engstem Raum sehr unterschiedliche und artenreiche Lebensräume zusammen, und hier findet der Besucher die **beste touristische Infrastruktur**. Der Park ist wohl der bekannteste unter Sambias 20 Nationalparks und der südlichste der drei Parks im Tal des Luangwa-Flusses. Weiter nördlich liegen noch der Luambe- und der Nordluangwa-Nationalpark.

Insgesamt sind über 100 Säugetierarten im South Luangwa Nationalpark beschrieben worden, und der Besucher hat gute Chancen, zahlreiche von ihnen zu Gesicht zu bekommen. Für Elefant, Kudu, Impala, Puku, Pavian, Meerkatze, Warzenschwein, Hippo und Zebra stehen die Chancen bei praktisch 100 %. **Hippos** überbevölkern den Luangwa River geradezu: Im Mittel kommen auf jeden Flusskilometer 40 Tiere! Auch Wasserböcke wird man vor allem im Bereich Mfuwe sicherlich sehen können, auch wenn ihre Bestände im Park aufgrund der Nahrungskonkurrenz mit den vielen Hippos relativ gering sind. Wer früh zu Beginn der Trockenzeit kommt, kann sie oft mit Jungtieren beobachten. Mehrere große Büffelherden, mitunter mit mehr als 500 Tieren, wandern im Park umher. Eine Besonderheit des Parks stellen die **Thornicroft-Giraffen** dar. Das Cookson-Gnu und das Crawshay-Zebra gibt es lediglich im Luangwe-Tal und in seiner Umgebung.

Thornicroft-Giraffen

Die hohe Tierdichte im Luangwa-Tal ist eine Folge optimaler Nahrungsverhältnisse, denn ganzjährig stehen Wasser und guter Boden für die Futterpflanzen der Pflanzenfresser zur Verfügung. Hierdurch haben auch die Raubtiere eine gesicherte Nahrungsgrundlage. Neben einer guten Löwenpopulation kommen auch zahlreiche Leoparden vor. Letztere sieht man allerdings meist nur nachts. Für Vogelliebhaber ist der Luangwa National Park ein wahres Paradies. Es gibt über 400 verschiedene Vogelarten!

In der Trockenzeit (Juni bis November) halten sich die meisten Tiere an den Ufern des Luangwa-Flusses auf. Viele Seitenarme trocknen in diesen Monaten aus, die darin gefangenen Fische wiederum ziehen viele Raubtiere wie z. B. Schreiseeadler, Hyänen und Schakale an. Auch die farbenprächtigen Bienenfresser (Karminspinte) finden hier ausreichend Nahrung und nisten an den Sandbänken des Flusses.

Candlelight Dinner im Island Bush Camp

Nicht jedermanns Sache, aber trotzdem faszinierend, sind die im Luangwe-Tal lebenden **34 Schlangenarten**. Wer vor allem ihretwegen kommt, sollte die Regenzeit bevorzugen, da die Schlangen dann offensichtlich wegen Überflutung ihrer Verstecke aktiver sind. Die größte Schlange ist der ungiftige Afrikanische Python, der bis zu 5,6 m lang und 45 kg schwer wird. Er greift praktisch nie Menschen an. Anders sieht das bei der Speikobra aus. Diese höchstens 1,5 m lange Schlange richtet sich bei Störung auf und spreizt Hautfalten im Nackenbereich seitwärts ab. Sie kann bis zu einer Entfernung von etwa 2 m zielsicher ihr Gift verspritzen, das ähnlich dem der Schwarzen Mamba potenziell tödlich ist. Letztere ist bis zu 4 m lang und oliv-braun. Der Name kommt von der schwarzen Innenseite des Mauls. Mambas sind für ihre Aggressivität berüchtigt.

Man sollte sich jedoch von einer übertriebenen Angst vor Schlangen nicht von einer Walking-Safari abhalten lassen; Schlangenangriffe auf Menschen sind generell äußerst selten.

Etwas rustikal übernachtet man im **Island Bush Camp** *direkt am Fluss. Aus den offenen Gras-Chalets hat man wunderschöne Ausblicke auf die Natur und die nach oben freien En-suite-Badezimmer mit Eimerdusche bieten das pure Safari-Feeling. Das Abendessen wird bei Kerzenschein unter dem afrikanischen Sternenhimmel serviert (www.luangwa.com/our-camps/island-bush-camp/).*
Die **Kafunta River Lodge** *liegt ebenfalls direkt am Ufer des Luangwa-Flusses mit Blick über den National Park. Jedes Chalet ist aus natürlichen Materialien (Gras, Holz und Schilf) hergestellt und auf Stelzen gebaut (www.luangwa.com/our-camps/kafunta-river-lodge/).*

INFO

South Luangwa National Park
Lage: im südlichen Luangwa-Tal
Größe: 9.050 km²
Tiere: Elefanten, Hippos, Büffel, Impalas, Zebras u.v.m.
Besonderheiten: Cookson-Gnu und Crawshay-Zebra (endemisch)
Information: www.zambiatourism.com

79 Der Malawi-See – unbekanntes Paradies im Südosten Afrikas

Malawi – zwischen Sambia im Westen und dem Lake Malawi im Osten gelegen – ist eines der letzten Geheimnisse Afrikas. Wer denkt bei dem kleinen Land schon an weiße Strände und Wassersport? Dabei ist der Lake Malawi, auch Lake Nyasa genannt und der südlichste der Great-Rift-Valley-Seen, ein wahres Paradies.

Der See mit tropischem Klima liegt 500 Meter über dem Meeresspiegel und erstreckt sich über eine Länge von etwa 600 km, an einigen Stellen ist er über 80 km breit und 700 m tief. Damit ist er der **drittgrößte Süßwassersee Afrikas** und bedeckt fast 20 % der Oberfläche Malawis. An seinen Ufern leben in Miombowäldern Paviane und Grüne Meerkatzen, und auch Hippos fühlen sich in dem Gewässer wohl. Über 100 Vogelarten wurden verzeichnet, wie der afrikanische Schreiseeadler und der Weißbrustkormoran.

Auch die **Fischpopulation** hat einige erstaunliche Daten aufzuweisen: Hier leben mehr Süßwasserfischarten als in jedem anderen See der Erde und mehr als in Europa und Nordamerika zusammen. Die meisten von ihnen gehören zu den bunten Cichliden (Afrikanische Buntbarsche), von denen sich über 400 Arten im See heimisch fühlen. Der *chambo fish* war lange die Lebensgrundlage der Bewohner an den Ufern der Sees, nach einem dramatischen Rückgang der Population wird nun versucht, diesen Fisch wieder zu vermehren.

Mitten im Malawi-See, im nordöstlichen Teil nahe Mosambik, liegt **Likoma Island**. Eine Reise hierher ist wie ein Ausflug in eine andere Zeit. Die kleine Insel ist von Mangobäu-

Für Romantiker: die Honeymoon Suite der Kaya Mawa Lodge

men und uralten Baobabs bestanden, rundherum ziehen sich weiße Sandstrände und felsige Höhlen.

Auf dem südwestlichen Zipfel der Insel liegt eine der wohl romantischsten Unterkünfte der Welt: **Kaya Mawa**. *Der Name bedeutet „vielleicht morgen" in dem lokalen Chichewa-Dialekt und tatsächlich kann man bei einem Aufenthalt jegliches Zeitgefühl vergessen. Das Leben hier verläuft fast noch so wie zu Zeiten der ersten Missionare. Die Cottages haben Panoramablick auf den See und eine private Terrasse mit Zugang zum Wasser. Die Honeymoon-Suite liegt sogar ganz allein auf einer kleinen Insel. Hoch oben auf einem Felsen lässt sich von Bar, Pool und Aussichtsterrasse ein spektakulärer Ausblick auf das azurblaue Wasser genießen (www.kayamawa.com).*

Paddeln auf dem Lake Malawi

Für Abenteuerlustige stehen zahlreiche Aktivitäten zur Verfügung: Das kristallklare Wasser ist hervorragend zum Schwimmen, Schnorcheln und Tauchen geeignet. Wasserski, Angeltrips oder Segelausflüge rund um die Insel oder zu den Stränden Mosambiks sind ebenfalls im Angebot. Die Insel selbst, der Hafenort mit lebendigem Markt und Kirche kann zu Fuß oder per Mountainbike entdeckt werden. Die Inselbewohner sind für ihre Freundlichkeit bekannt.

Im Süden des Sees liegt der **Lake Malawi National Park**, UNESCO-Weltnaturerbe (seit 1984), eingerichtet zum Schutz der Buntbarsche, die man hier ausgezeichnet beobachten kann. Diese kleinen, bunten Fische sind hier in solch einer Vielfalt vorhanden, dass ihre Bedeutung für Evolutionsstudien mit denen der Galápagos-Finken (oder Darwinfinken) verglichen wird.

Am südlichen Teil des Sees kann man auf einem idyllischen Eiland entspannen: **Mumbo Island**. *Im Gegensatz zu anderen Inseln im Malawi-See war die Insel niemals bewohnt und ist so in ihrem ursprünglichen Zustand erhalten. Im Camp kann man in sechs Zelten, hoch oben auf dem Felsen, nächtigen und tagsüber unten am See beim motorfreien Wassersport die einzigartige Natur genießen (www.wilderness-safaris.com).*

INFO

Malawi
Lage: im Südosten Afrikas, angrenzend an Tansania, Mosambik und Sambia
Größe: 118.480 km²
Einwohner: 16 Mio.
Hauptstadt: Lilongwe
Staatsform: Präsidialrepublik
Währung: Malawi-Kwacha
Information: www.malawitourism.com

Simbabwe

Ungezügelte Naturgewalten
und alte Kulturen

Simbabwe wird zu Recht als afrikanisches Kleinod bezeichnet. Es verfügt zwar über keinen Meerzugang und somit fehlen Strände, dennoch überrascht das ehemalige Rhodesien den Reisenden mit seiner landschaftlichen Vielfalt, die von weiten, ebenen Savannenflächen bis zu bizarren Gebirgsketten reicht.

Der Name Simbabwe geht auf die heute „Great Zimbabwe" genannte Ruinenstätte zurück, einem Zeugnis der alten, geheimnisumwitterten Vergangenheit des Landes.

Zu den faszinierendsten Sehenswürdigkeiten Afrikas gehören die Victoriafälle im äußersten Nordwesten des Landes: Ob ein gemütlicher Spaziergang am Rande der Schlucht mit atemberaubendem Ausblick oder ein todesmutiger Bungee-Sprung direkt zum schäumenden Sambesi hinunter – hier findet jeder sein ganz besonderes Urlaubs-Highlight.

Als einer der größten Stauseen der Welt fängt der Kariba-See das Wasser des wilden Sambesi auf. An seinen Ufern tummeln sich riesige Wildtierherden. Im weiteren Verlauf des Flusses breitet sich die weitgehend unberührte Wasserlandschaft des Mana Pools National Park aus. Erstklassige Wildreservate, wie der Hwange National Park – bisher verschont vom Massentourismus – lassen die Herzen von Naturliebhabern höherschlagen.

Die Menschen Simbabwes sind ausgesprochen freundlich und freuen sich, dass immer mehr Reisende ihre Heimat besuchen und kennenlernen wollen.

Steckbrief Simbabwe
Lage: Binnenland im Südosten Afrikas, angrenzend an Sambia, Mosambik, Südafrika und Botswana
Fläche: 390.580 km^2
Einwohnerzahl: ca. 13,7 Mio.
Hauptstadt: Harare
Staats- bzw. Regierungsform: Republik mit Präsidialverfassung
Sprachen: Englisch, Shona, Ndebele
Exportgüter: Tabak, Zucker, Kaffee, Baumwolle, Tee und Erdnüsse, aber auch Chrom, Kupfer, Wolfram und Asbest
Währung: US-Dollar und SA-Rand (der Zimbabwe Dollar wurde 2009 aus dem Verkehr gezogen)
Bevölkerung: wichtigste Volksgruppen: Shona (71%), Ndebele (16%), Tonga u.a.
Religion: 50–60% christlich, traditionelle afrikanische Religionen, kleine islamische und jüdische Gemeinden
Klima: Größtenteils subtropisches Klima, gemäßigt durch die Höhen und- Binnenlage des Landes
Beste Reisezeit: Für Pirschfahrten April bis Okt. In der Regenzeit (Nov.–März) sind die Victoriafälle besonders imposant
Vorgeschriebene bzw. empfohlene Impfungen: Gelbfieber, Tetanus, Diphtherie, insbesondere auch Polio und Hepatitis A+B (empfohlen), Malaria-Prophylaxe!

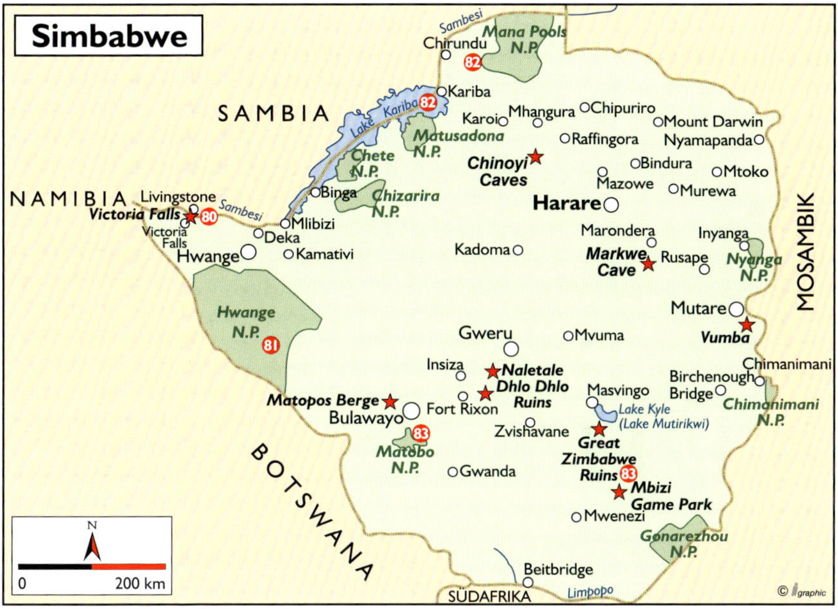

80 Die Victoriafälle – „Donnernder Rauch“

81 Hwange National Park – von grauen Riesen und bunten Hunden

82 Kariba-See und Mana Pools National Park – Wasserlandschaften im Norden

83 Great Zimbabwe und Matobo National Park – auf den Spuren alter Kulturen

80 Die Victoriafälle – „Donnernder Rauch"

„Nach zwanzig Minuten Fahrt von Kalai aus sahen wir zum ersten Male die Rauchsäulen, die sich in einer Entfernung von 5–6 Meilen erhoben, gerade wie wenn große Strecken Gras in Afrika angebrannt werden. Es stiegen fünf Säulen auf, deren Spitzen sich mit den Wolken zu vermischen schienen." aus: David Livingstone, Zum Sambesi und quer durchs südliche Afrika 1849–1856, K. Thiemanns Verlag, Stuttgart 1985, S.310f.

Der schottische Missionar und enthusiastische Afrikareisende **David Livingstone** entdeckte die gewaltigen Wasserfälle des Sambesi 1855 auf seiner Reise und nannte sie zu Ehren seiner Königin Victoriafälle. Nach ihm selbst wurden später die Stadt Livingstone am Nordufer des Sambesi sowie die Livingstonefälle des Kongo benannt. Ein Denkmal an den Victoriafällen erinnert an ihren Entdecker. Ohrenbetäubend stürzt der Fluss in die Tiefe. Mosi-oa-Tunya („Donnernder Rauch") nennen die einheimischen Kololo die Victoriafälle, die seit 1989 zum Welterbe der UNESCO gehören und eine eindrucksvolle natürliche Grenze zwischen Simbabwe und Sambia bilden. Der Name verweist auf den Sprühnebel, der entsteht, wenn sich die Wassermassen des Sambesi auf einer Breite von 1.708 m in die 110 m tiefe und nur 50 m weite Schlucht aus Felswänden ergießen. Damit sind die Victoriafälle der breiteste durchgehende Wasserfall der Erde.

Den besten Blick auf die Victoriafälle hat man von der simbabwischen Seite aus. Über eine Brücke, die Victoria Falls (Simbabwe) und Livingstone (Sambia) verbindet, kann man zwischen den Seiten wechseln. Das gewaltige Energiepotenzial des Sambesi könnte für die beiden angrenzenden Länder Sambia und Simbabwe genutzt werden, wofür aber ein Staudamm unterhalb der Fälle gebaut werden müsste. Naturschützer versuchen, diesen Plan zu verhindern, da ein solcher Eingriff in das bisher unberührte Ökosystem unabsehbare Folgen für die Flora und Fauna haben könnte.

Beeindruckendes Naturschauspiel: die Victoriafälle

Pflicht für jeden Besucher ist der **Rundweg zu den verschiedenen Aussichtspunkten**, die jeweils einen anderen beeindruckenden Blick auf die Fälle freigeben und so das Ausmaß dieser gigantischen Naturgewalt vor Augen führen. Für Naturliebhaber ist ein **Streifzug durch den Rainforest Nationalpark** interessant. Der Weg führt parallel zu den Fällen durch den kleinen Regenwald, der aufgrund der permanenten Gischt der herabstürzenden Wasser hier entstanden ist. Wilde Dattelpalmen, immergrüne Afrikanische Mangostenbäume, Wasserbeerbäume und Kapfeigen sind auf dem relativ schmalen Streifen anzutreffen, zumindest so lange, bis der Sprühnebel aufhört, dann sieht man wieder die Flora der Savanne gedeihen, wie Mopane- und Dornbuschwald.

Für Abenteuerlustige kann ein Aufenthalt an den Victoriafällen ganz besonders reizvoll sein: Wildwasserfreunde kommen bei einer **White Water Rafting Tour** auf ihre Kosten. In großen Schlauchbooten geht es über das weiß schäumende Wasser mit den vielen Stromschnellen („rapids") durch die enge Schlucht. Dabei kann es mitunter dramatisch und ziemlich nass zugehen, schließlich werden hier Wassermassen mit einer Breite von über 1.000 m auf 15 m durch Schluchten gepresst. Trotz erfahrener Guides ist so eine Rafting-Tour nicht ganz ungefährlich: Es kommt vor, dass Boote kentern. Schneller in vertikaler Richtung geht es beim **Bungee Jumping** von der Victoria Falls Bridge zu. Kopfüber lässt man sich 110 m hinab in den Boiling Pot fallen. Da die Absprungstelle im Niemandsland zwischen Simbabwe und Sambia liegt, muss man hierfür einen Grenzposten passieren und den Pass abgeben. Anbieter u. a. www.shearwatervictoriafalls.com.

Die sambische Seite

Auch hier gibt es im Bereich der Fälle einiges zu sehen und zu erleben: Auf **Livingstone Island** kann man in einem natürlichen Pool unter Aufsicht erfahrener Guides direkt am Abgrund der Fälle baden. Wer mehr an Tieren als an potenziell halsbrecherischen Unternehmungen interessiert ist, der wird im – relativ kleinen, aber äußerst sehenswerten – **Mosi-Oa-Tunya-Nationalpark** auf seine Kosten kommen. Dieser umfasst die Landschaft oberhalb der Wasserfälle, auf etwa 12 km Länge des Sambesi. Hier finden sich Antilopen, Elefanten, Zebras, Giraffen, Rhinozerosse, und aus der Vogelwelt das Afrikanische Binsenhuhn, der Kobalt-Eisvogel, der Braunmantel-Scherenschnabel und die Halsband-Brachschwalbe.

Stilecht residiert man in der Nähe dieses majestätischen Naturwunders in der **Victoria Falls River Lodge**, *nur wenige Minuten von den Victoriafällen entfernt. Die geräumigen Luxuszelte liegen am Ufer des Sambesi und verfügen über ein eigenes Bad, einen gemütlichen Aufenthaltsbereich sowie eine private Terrasse, von der man die Flusspferde beobachten kann. Atemberaubende Sonnenuntergänge sowie hervorragende Wildbeobachtungsmöglichkeiten machen diesen Ort zum idealen Ausgangspunkt, die Victoriafälle und die Umgebung zu erkunden (www.victoriafallsriverlodge.com).*

INFO

Victoriafälle
Lage: an der Grenze zwischen Simbabwe und Sambia
Breite: 1.708 m
Tiefe: 110 m
Besonderheit: UNESCO-Weltnaturerbe (seit 1989), breitester durchgehender Wasserfall der Welt
Sambesi: wird durch die Fälle in Ober- und Mittellauf getrennt und ist mit 2.574 km der viertlängste Fluss in Afrika
Information: www.zimparks.com

81 Hwange National Park – von grauen Riesen und bunten Hunden

Der **Hwange National Park** ist mit ca. 14.650 km² das größte Naturschutzgebiet des Landes. Im Westen grenzt er an Botswana, im Osten an die Eisenbahnlinie und an die Straße Bulawayo–Victoria Falls. Die Landschaft variiert vom tiefen Kalaharisand im Süden zur felsigen Hügellandschaft im Norden. Vor allem die Aussichten am Masuma Dam oder der Dom Pan locken die Menschen in diesen Park. Schon 1930 wurde das Gebiet zum „Wankie National Park" deklariert. Nur ein kleiner Teil des Parkgebietes – der Norden – ist touristisch erschlossen. Hier liegen die drei staatlichen Camps, und 480 km Schotterpiste durchziehen die Savannenlandschaft, die etwa 100 m über dem Meeresspiegel liegt. Die flächenmäßig ausgedehntere Region im Süden ist dagegen unberührte Wildnis geblieben, wegelos, und damit auch noch heute ein von Menschenhand unberührtes Reich der Tiere.

Hwange zählt zu den **wildreichsten Tierreservaten der Erde** und ist mit den Tierschutzgebieten Ostafrikas durchaus vergleichbar. Alle Savannentiere der wechselfeuchten Subtropen Afrikas sind hier zu beobachten.

Berühmt ist der Park wegen seiner Elefanten. Rund **35.000 der „grauen Riesen"** sind hier beheimatet, mitunter wandern einige von ihnen während der Regenzeit (November bis März) in den benachbarten Chobe Nationalpark in Botswana oder in das Linyanti- oder Moremi-Gebiet ab. Aber in der trockenen Periode werden sie von den mehr als 60 natürlichen Pfannen angezogen und dominieren die (teilweise künstlich angelegten) Wasserlöcher. Neben Antilopen, Giraffen, Löwen, Leoparden und Nashörnern bevölkern rund 400 Vogelarten den Nationalpark. Der Hwange National Park liegt an den

Painted Dog Conservation

Der Afrikanische Wildhund (Lycaon Pictus), auch Afrikanischer Hyänenhund, Hunting Dog, Wild Dog oder Painted Dog genannt, gehört zu den bedrohten Tierarten Afrikas. Er ist entfernt verwandt mit dem Grauwolf aus Eurasien und Nordamerika. Charakteristisch sind seine langen Beine und das bunt (schwarz, weiß, braun) gefleckte Fell. In Rudeln jagt er vorwiegend Antilopen. Leider hat sein (unverdient) schlechtes Image und sein großer Revierbedarf Farmbesitzer gegen ihn aufgebracht, zwischen 1957 und 1975 wurden in Simbabwe über 3.000 Tiere im Rahmen einen Programms zur Dezimierung schädlicher Tiere erschossen. Auch wurden in den letzten Jahren viele Wildhunde Opfer von Verkehrsunfällen, sodass heute geschätzt etwa nur noch 3.000–5.000 Tiere in ganz Afrika leben. Das **Painted Dog Conservation Projekt** wurde 1992 von Gregory Rasmussen zum Schutz dieser bedrohten Tierart gegründet. Das Projekt sammelt u.a. Informationen zum Geburtenstand, Jagdverhalten, Todesursachen, um die Afrikanischen Wildhunde besser zu verstehen und so schützen zu können. So erholte sich der Bestand in Simbabwe von 400–450 Tieren im Jahre 1987 auf ungefähr 750 im Jahr 2008. Gegenüber vom Hwange Airport gibt es ein Visitor Center mit einer Auffangstation. Die Besucher sollen mit Hilfe von Informationen für den Schutz des Wildhundes und das Projekt sensibilisiert werden. Der Eintritt ist frei, dafür ist eine Spende immer gern gesehen (www.painteddog.org).

Afrika-Feeling pur im Little Makalolo Camp

Ausläufern der Kalahari. Weiter westlich schließt sich das Feucht-Biotop des Okavango-Deltas an.

Vor Jahrmillionen herrschte im Hwange-Gebiet ein sehr trockenes Klima, Wüstensande wurden abgelagert. Auf trockene folgten feuchte Perioden: Besonders in den nördlichen Teilen wuchsen dann ausgedehnte Wälder, welche die Grundlage der späteren Kohlevorkommen von Hwange ergaben. Während der „Pluvialzeiten" (regenreichste Perioden) begann auf den Sanddünen der Pflanzenwuchs, z. B. Teakbäume. In den Senken, wie der Etosha Pan in Namibia, entstanden Seen, auf den Lehmböden wuchsen Mopane-Wälder. Dann wurde das Klima wieder trockener, das Wasser der Seen verdunstete und hinterließ Kalkschichten aus Muscheln und Fischgräten. In den ausgetrockneten Flussbetten entstanden Grassavannen, auf den Seeflächen wuchsen flachwurzelnde Bäume.

Das **Little Makalolo Camp** *liegt im östlichen Teil des Hwange Nationalpark und bietet ein tolles und naturnahes Safari-Erlebnis. Das kleine und persönliche Camp verfügt über sechs Zelte mit En-suite-Badezimmer, Veranda und Außendusche. Das Hauptgebäude besteht aus einer offenen Lounge und einem Esszelt mit einer kleinen Feuerstelle davor, wo man den Tag Revue passieren lassen kann. Der Plunge Pool wird gerne sowohl von den Gästen als auch von den Elefanten besucht. Das Wasserloch vor der Lodge ist ebenfalls Lieblingstreff für die grauen Riesen. Mit Hilfe eines Holzstapels als Versteck kommt man den Tieren bei der Beobachtung sehr nahe – ein unvergessliches Erlebnis (www.wilderness-safaris.com).*

Hwange National Park
Lage: im Südwesten des Landes, an der Grenze zu Botswana
Größe: 14.650 km²
Besonderheit: sehr hoher Elefantenbestand, Painted Dog Conservation zum Schutz des Afrikanischen Wildhundes
Weitere Tiere: Antilopen, Giraffen, Löwen, Leoparden, Nashörner, rund 400 Vogelarten
Information: www.zimparks.com

INFO

82 Kariba-See und Mana Pools National Park – Wasserlandschaften im Norden

Der **Kariba-See** ist einer der weltweit größten, künstlich angelegten Seen. Wegen seiner Ausmaße wird er oft als Inland-Ozean bezeichnet. Er liegt im Zambezi Valley an der Grenze zwischen Sambia und Simbabwe. Der **Kariba-Damm** staut den Kariba-See zurück, ein Wasserkraftwerk erzeugt so Strom für beide Länder. Beim Bau des Damms in den 1950er-Jahren wurden etwa 6.000 Tiere in den Matusadona Nationalpark am südlichen Ufer des Sees angesiedelt, sodass dieses Gebiet besonders gut für Wildtierbeobachtungen geeignet ist. Charakteristisch für den Kariba-See sind die bergige Umgebung und die vielen an den See grenzenden Nationalparks, Wälder umsäumen die Ufer und viele kleine und große Inseln sind über den See verstreut. Eine Bootsfahrt bei Sonnenuntergang ist ein ganz besonderes Highlight.

Per Boot geht es auch über den Kariba-See zum 1.400 km² großen **Matusadona National Park**. Die inselreiche Wasserlandschaft verbindet sich hier mit den reichen und fruchtbaren Ebenen, umrahmt von einer nahezu majestätischen Hügel- und Berglandschaft im Hinterland. Viele Tiere sind hier anzutreffen, darunter die **Big 5**, und es ist gut möglich, das **Black Rhino** (Spitzmalnashorn) zu entdecken. Mehr als 350 verschiedene Vogelarten machen das Gebiet zu einem beliebten Ort für Vogelbeobachtungen. Allerdings ist der Park nahezu unerschlossen und deshalb etwas schwer zu erreichen.

Weitgehend unberührt: Mana Pools National Park

Elefantenbesuch im Ruckomechi Camp

Breit und flach wird der Sambesi hinter den Staumauern des Karibi-Damms. Ausgedehnte Mäander, malerisch unterbrochen von Inseln, Sandbänken, Flussarmen und Tümpeln. Der wechselnde Stand des Flusses bestimmt das Aussehen der Landschaft.

Hier, etwas versteckt, liegt die weitgehend unberührte Flusslandschaft des **Mana Pools National Parks.** Für Naturfreunde ein unvergessliches Erlebnis. Mahagonibäume und Akazien säumen das Flussufer, auch riesige Baobab-Bäume sind zu sehen. In der Trockenzeit sind die dauerhaft wasserführenden Tümpel oft die einzige Wasserquelle im weiten Umkreis und werden so zum Versammlungsort zahlreicher Tiere: Große Elefanten- und Büffelherden und viele Antilopenarten wandern zum lebensnotwendigen Nass. Nilkrokodile und Flusspferde der im Sommer austrocknenden Seitenarme des Sambesi ziehen sich in die wenigen verbleibenden Gewässer (Pools) zurück. Oft kann man Raubtiere beobachten, die ihrer Beute folgen.

Auch die Vogelwelt ist hervorragend, zahlreiche Arten wie der Morgenrötel, die Spatelracke, der Porphyrnektarvogel und der Schwarzkehl-Lappenschnäpper sind zu entdecken.

An den Ufern des Sambesi-Flusses, unter Schatten spendenden Akazien- und Mahagoni-Bäumen liegt ganz im Westen des Parks das **Ruckomechi Camp**. *Von hier genießt man eine großartige Sicht auf die Berge des Great Rift Valley auf der anderen Seite des Flusses in Sambia. Die zehn geräumigen Zelteinheiten in diesem offenen Camp verfügen über ein eigenes Bad sowie eine Innen- und eine Außendusche. Ein separates Deck mit Pool lädt tagsüber zum Schwimmen und Sonnenbaden und nachts zur Sternbeobachtung ein. Hin und wieder schaut auch mal spontan einer der tierischen Nachbarn im Camp vorbei (www.wilderness-safaris.com).*

INFO

Kariba-See
Lage: im Zambezi Valley zwischen Sambia und Simbabwe
Größe: 290 km lang, breiteste Stelle 42 km
Besonderheit: der weltweit größte, künstlich angelegte See
Information: www.zimparks.com

Mana Pools Nationalpark
Lage: im Norden von Simbabwe, zwischen Kariba-See und Sambesi
Größe: 2.500 km²
Besonderheit: UNESCO-Weltnaturerbe seit 1984
Tiere: große Anzahl an Flusspferden und Krokodilen
Information: www.zimparks.com

83 Great Zimbabwe und Matobo National Park – auf den Spuren alter Kulturen

Inmitten der von Granitkuppen unterbrochenen Savannenebene südöstlich von Masvingo liegt die nach den Pyramiden Ägyptens wohl interessanteste archäologische Stätte Afrikas, die etwa 900 Jahre alten Ruinen von **Great Zimbabwe**. Eine geheimnisvoll-mystische Stimmung breitet sich über das Gelände aus, welches seit 1986 zum UNESCO-Weltkulturerbe gehört.

„Simbabwe" stammt aus der Sprache der Shona. Man vermutet eine Zusammensetzung aus: „dzimba dza mabwe", was etwa soviel bedeutet wie „Steinhäuser". Eine weitere Ableitung kommt von „dzimba woye" = „ehrwürdige Häuser" oder auch Häuser/Gräber von Häuptlingen. Die ersten Portugiesen, die von den Steinbauten erfuhren, nannten sie in ihren Dokumenten „zimbaoe". Die Karanga (Volksgruppe der Shona) verwendete diese Bezeichnung fortan für alle Residenzen von Häuptlingen, auch für die Steinbauten südlich von Masvingo. In den letzten drei Jahrzehnten generalisierte man die Bezeichnung und übertrug sie auf das gesamte Land: Simbabwe.

Felszeichnungen in den Matobo Hills

Die Zufahrtstraßen nach Great Zimbabwe sind gut, das Ruinengelände aus dem 11. bis 15. Jahrhundert selbst ist durch Fußpfade erschlossen. In einem kleinen Museum kann sich der Besucher über die archäologische Entdeckung informieren. Die schönsten Fotos erhält man in den Morgenstunden von der „Akropolis" (etwa 15 Min. Fußweg bergauf) mit seinem beeindruckenden Überblick über das gesamte Gelände. Am Nachmittag verbreiten die Licht- und Schattenverhältnisse innerhalb der Ruinen eine ganz besondere Stimmung und faszinierende Eindrücke.

Der etwa 445 km² große **Matobo National Park** im Matabeleland (ca. 35 km südlich von Bulawayo) ist, 1953 gegründet, der älteste Nationalpark Simbabwes. Er ist für seine außergewöhnlichen Aussichtspunkte bekannt, welche besonders im Sonnenuntergang einen unvergesslichen Blick über den Nationalpark bieten. Breitmaulnashörner, Giraffen, Rappenantilopen und Impalas sind hier ebenso beheimatet wie Leoparden. Die Hügel der Matobo Hills sind Rückzugsort vieler Raubvögel, es gibt hier die weltweit dichteste Population an Felsenadlern.

Die **Matobo Hills** mit ihrer Ansammlung riesiger, kahler Granithügel und schwerem Geröll bieten eine ruhige, einmalige und geheimnisvolle Landschaft. Sie besteht aus Hunderten kleiner Hügel oder Kopjes (Afrikaans für „kleine Köpfe", „Inselberge"). Manche bestehen aus aufeinander „balancierenden Felsen", andere sind riesige kuppelförmig gewölbte Flächen aus Granit (dwala). Mit etwas Fantasie erkennt man in diesen Felsformationen Gebilde: z. B. das „Kamel" oder „Mutter und Kind".

Die zum UNESCO-Weltnaturerbe gehörenden Matobo Hills beheimaten auch eine der umfangreichsten Ansammlungen von **Steinzeitkunst und Höhlenmalereien** im südlichen Afrika. Inmitten der Felsen, in den Spalten und Höhlen kann man die „Leinwände" der San entdecken. Etwa 3.000 registrierte Fundorte von Felsmalereien, die mitunter mehrere tausend Jahre alt sind, bieten ein ganz besonderes Erlebnis. Einige Malereien sind wunderschöne und detailgenaue Abbildungen von Jagdszenen: Mensch und Tier treffen im Überlebenskampf aufeinander, viele Tiere sind auch heute noch in der Region zu finden. Andere wiederum gleichen eher einem abstrakten „Gekritzel". Zwischen den Felsen wachsen häufig, als scheinen sie mit dem Stein verbunden, mit üppigem Blattwerk gedeihende Feigenbäume, die sich mit langen Wurzeln in die winzigen Felspalten krallen. Auf einem besonders imposanten „dwala" liegt **„World's View"** das Grab von *Cecil John Rhodes*. Von hier oben hat man einen spektakulären Blick auf die einzigartige Landschaft.

Wer von dem faszinierenden Anblick nicht genug bekommen kann, sollte in einem der zehn individuell ausgestatteten, reedgedeckten Zimmer im **Camp Amalinda** *unterkommen. Von der Lounge aus hat man bei seinem Sundowner einen herrlichen Ausblick auf die skurrilen Formen der Matobo Hills. Das Camp verfügt über einen Swimmingpool mit Liegestühlen und Bar, von wo man einen Blick auf ein Wasserloch hat. In der gemütlichen kleinen Bibliothek findet man neben Klassikern über Afrika auch Ruhe und Entspannung. Der natürliche Felsenkeller von Amalinda bietet Weinliebhabern den einen oder anderen köstlichen Tropfen (www.campamalinda.com).*

Stilecht entspannen im Camp Amalinda

INFO

Great Zimbabwe
Lage: 39 Kilometer südlich von Masvingo
Größe: 7,2 km² (abgesperrtes Gelände)
Entstehung: zwischen dem 11. und 15. Jahrhundert n. Chr.
Besonderheit: interessanteste archäologische Stätte Afrikas, UNESCO-Weltnaturerbe seit 1986
Information: www.zimparks.com

Matobo National Park
Lage: 35 km südlich von Bulawayo
Größe: 445 km²
Besonderheit: Felsmalereien der San, UNESCO-Weltnaturerbe seit 2003, Grabstätte von Cecil John Rhodes
Tiere: Breitmaulnashörner, Giraffen, Rappenantilopen, Impala, Leoparden
Information: www.zimparks.com

Ruanda und Uganda

Das Land der tausend Hügel
und die „Perle Afrikas“

Das kleine **Ruanda**, einst Teil der Kolonie Deutsch-Ostafrika, hatte es schwer in der Vergangenheit. Wer verbindet mit dem Namen Ruanda nicht den Völkermord, dem 1994 rund 800.000 Menschen zum Opfer fielen? Das war nicht immer so. In der Zeit der Belgier waren Orte wie Gisenyi mondäne Badeorte und seit *Dian Fossey* gilt Ruanda als das Land der Berggorillas schlechthin. Das „Land der tausend Hügel" hat sich seit den schweren Zeiten Mitte der 1990er-Jahre erfreulich weiterentwickelt und ist seit dem Jahr 2000 wieder für Touristen offen.

Uganda, die „Perle Afrikas", wie einst der britische Premierminister Winston Churchill das Land im zentralen Ostafrika nannte, war durch seine politische Vergangenheit lange von der Reiselandkarte verschwunden. Erst Ende der 1980er-Jahre erholte sich das Land wieder von den Schrecken der Diktaturen und entwickelte sich in den 1990ern zu einem der stabilsten und wirtschaftlich erfolgreichsten Staaten im östlichen Afrika.

Seit einigen Jahren rückt Uganda mit seinen Naturschönheiten vom Weißen Nil und seinen zahlreichen Wasserfällen, dem riesigen Lake Victoria bis hin zum Ruwenzori-Gebirge wieder in den Blickpunkt der Reisenden.

Steckbrief Ruanda

Lage: in Ost-Zentralafrika knapp südlich des Äquators
Fläche: 26.340 km²
Einwohnerzahl: 11,4 Mio
Hauptstadt: Kigali
Sprachen: Kinyarwanda, Französisch, Englisch
Währung: Ruanda-Franc
Klima: tropisches Hochlandklima
Beste Reisezeit: Juni bis Mitte September und Dezember/Januar
Vorgeschriebene bzw. empfohlene Impfungen: Gelbfieber (vorgeschrieben), Tetanus, Diphtherie, Polio und Hepatitis A (empfohlen), Malariaprophylaxe!

Steckbrief Uganda

Lage: in Ostafrika, angrenzend an den Sudan, Kenia, Tansania, Ruanda und die D.R. Kongo
Fläche: 236.860 km²
Einwohnerzahl: 34,5 Mio.
Hauptstadt: Kampala
Sprachen: Englisch (dazu Kisuaheli, div. Bantu- und Nilotische Sprachen)
Währung: Uganda-Shilling
Klima: gemäßigtes tropisches Klima, durchschnittliche Temperaturen von 14 bis 28 °C
Beste Reisezeit: von Juni bis September und Ende Dezember bis Anfang Februar
Vorgeschriebene bzw. empfohlene Impfungen: Gelbfieber (vorgeschrieben), Hepatitis A+B, Polio, Tetanus (empfohlen)

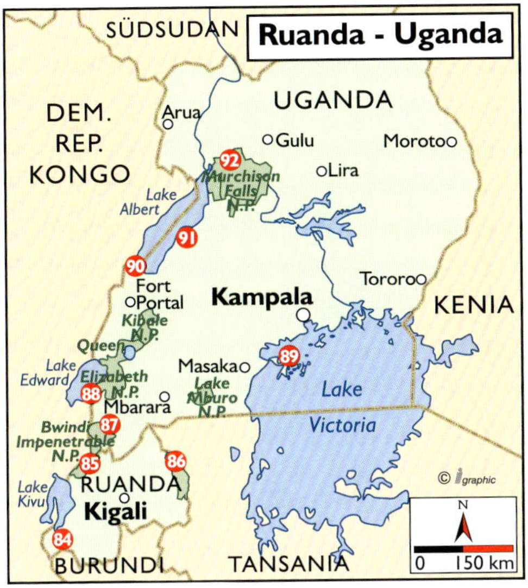

Ruanda

84 Nyungwe Forest National Park – immergrüner Regenwald

85 Parc National des Volcans – Gorillas im Nebel

86 Akagera National Park – zwischen Hügeln und Seen

Uganda

87 Bwindi Impenetrable National Park – Berggorillas im „Sumpf der Dunkelheit“

88 Queen Elizabeth National Park – im Geheimdienst Ihrer Majestät

89 Ngamba Island – Paradies für Schimpansen

90 Semliki Wildlife Reserve – rehabilitiertes Jagdgebiet

91 Ruwenzori Mountains – schneebedeckte „Regenmacher“

92 Murchison Falls National Park – Phönix aus der Asche

84 Nyungwe Forest National Park – immergrüner Regenwald (Ruanda)

An der östlichen Randschwelle des zentralafrikanischen Grabenbruchs liegt in Höhen von 1.700 bis 3.000 m der sogenannte immergrüne Nebelwald. Er weicht im Erscheinungsbild und in der Zusammensetzung der Pflanzen vom Regenwald des angrenzenden Kongobeckens ab. Die Bezeichnung Nebelwald entstand auf Grund unterschiedlicher Wasserkondensation, durch die der Wald häufig in Wolken gehüllt ist. Diese Nebelwälder finden sich in Ruanda nur noch in Form von Restbeständen im Westen des Landes, deren flächenmäßig größter der Nyungwe-Wald ist. Er ist der letzte noch intakte Berg-Regenwald Ruandas. Im Park gibt es **zahlreiche Tier- und Pflanzenarten**, die ihn neben den Virungas zu einem der lohnenden Ziele für Naturfreunde in Ruanda werden lassen. Im Nyungwe-Wald sind mindestens 200 Baumarten heimisch. Die höchsten von ihnen können 50–60 m erreichen. Einer der beeindruckendsten und zugleich wertvollsten ist der Afrikanische Mahagoni (*Entandrophragma excelsum*).

Am besten in der Regenzeit zu beobachten: Schimpansen

Schon seit Millionen von Jahren existiert im west- und zentralafrikanischen Gebiet ein Regenwald. Man geht davon aus, dass es in der Vergangenheit als Folge mehrerer Klimaveränderungen in diesem Gebiet zu **Vegetationsfluktuationen** kam. Im Verlauf von warmen Feuchtphasen waren stets die Wälder auf dem Vormarsch, während sich zu Zeiten kühler Trockenphasen Savannen-Formationen großzügig ausdehnten. Von relativ kleinflächigen Rückzugsgebieten ging bei erneutem Klimawechsel die Wiederbesiedlung aus. So kommt den Nebelwäldern eine große Bedeutung als Rückzugsgebiet für die tropischen Feuchtwälder in den Trockenperioden Afrikas zu. Die hohen Lagen boten immer noch ausreichend Niederschläge für das Überleben vieler, in diesen feuchten Wäldern heimischer Arten.

Die Nebelwälder Ugandas und Ruandas zeigen in vertikaler Richtung folgende **Vegetationszonen**:

- die Untere Nebelwaldzone (1.700–2.300 m)
- die Mittlere Nebelwaldzone (2.300–2.600 m)
- die Obere Nebelwaldzone (oberhalb 2.600 m)

Mit zunehmender Höhe ändert sich das Erscheinungsbild des Nebelwaldes. In der Mittleren Nebelwaldzone erreicht die obere Baumschicht nur noch etwa 15 m an Höhe. In der Epiphytenvegetation (Pflanzen, die auf anderen Pflanzen wachsen) häufen sich die Flechten, insbesondere die Bartflechten. In der Oberen Nebelwaldzone treten je nach Bodenverhältnissen Bambuswälder in Verbindung mit anderen baumförmigen Arten (Kossobaum, *Hagenia abyssinica*, Baumheiden, z.B. *Erica rugegensis*) auf. Die Baumhöhe beträgt in den oberen Bereichen nur noch fünf bis zehn Meter. Der Besatz an Epiphyten nimmt weiter zu.

Im Wald leben **86 Säugetierarten**, **120 Schmetterlingsarten**, über 260 Baum- und Straucharten und es gibt etwa 200 Arten von Orchideen. Die Vogelwelt im Nationalpark ist nicht minder interessant. Mehr als 260 Arten sind hier zu beobachten, davon 26, die nur in den Wäldern des Albert Rift Valley vorkommen. Die bekanntesten Tiere des Nyungwe-Waldes sind sicherlich die Primaten, von denen es hier insgesamt 13 unterschiedliche Arten gibt.

Verschiedene Wanderrouten stehen im Nationalpark zur Auswahl. Die Pfade sind oft in dichter Vegetation und können nach einem Regen sehr rutschig werden. Eine angemessene Kleidung ist daher erforderlich. Um **Schimpansen** zu sehen, sind die Monate der Regenzeit am günstigsten, da die Tiere sich dann im Bereich der „Farbigen" Wanderrouten aufhalten. In der Trockenzeit verweilen die Schimpansen lieber in höheren Lagen. Wanderungen bis zu den Menschenaffen können dann insgesamt bis zu acht Stunden dauern.

Vom Uwinka-Campingplatz starten sieben **Uwinka-** oder **„Farbige" Wanderrouten**. Jede einzelne Route ist mit einer bestimmten Farbe gut markiert und bis zu zehn Kilometer lang. Bei der Auswahl der Route ist zu bedenken, dass die Wege teilweise sehr steil sind und bei Regen recht matschige Verhältnisse herrschen. Die Uwinka-Routen sind beliebt, da sie durch ein Gebiet führen, in dem eine riesige Gruppe von **400 Guereza-Affen** lebt. Um sie zu sehen, kann man auf sein Glück hoffen oder einen Führer für den „Primaten-Walk" nehmen.
Auf allen Wanderrouten sind verschiedene Affenarten und Vögel zu entdecken. Die 10 km lange Rote Route passiert mehrere Wasserfälle und die Chance, Schimpansen zu sehen, ist hier am größten. Gut zum Beobachten von Meerkatzen und diversen Vogelarten ist die 2,5 km lange Blaue Route.

Ausblick von der Nyungwe Forest Lodge

Die wunderschön gestaltete **Nyungwe Forest Lodge** *liegt perfekt am Rande des Nationalparks. Von den geräumigen und luxuriösen Zimmern mit Balkon hat man einen tollen Blick auf den Regenwald und seine Bewohner (www.nyungweforestlodge.com).*

INFO

Nyungwe Forest National Park
Lage: im Südwesten Ruandas, zwischen Gikongoro und Cyangugu
Größe: 970 km²
Tiere: 86 Säugetierarten, davon 13 Primatenarten, über 280 Vogel- und 120 Schmetterlingsarten
Besonderheit: letzter noch intakter Berg-Regenwald Ruandas
Beste Reisezeit: Um Schimpansen zu sehen, sind die Monate der Regenzeit am günstigsten, da die Tiere sich dann im Bereich der Wanderrouten aufhalten.
Information: www.rwandatourism.com, www.nyungwepark.com

85 Parc National des Volcans – Gorillas im Nebel (Ruanda)

Die Virunga-Vulkane erstrecken sich nördlich des Kivu-Sees entlang des westlichen Ausläufers des Grabenbruch-Systems. Die Vulkankette besteht aus acht an den Riftspalten entstandenen Vulkanen. Die beiden westlichen Vulkane **Nyiragongo** und **Nyamuragira** (3.063 m) befinden sich auf kongolesischer Seite am Boden des Grabenbruchs und sind heute noch aktiv. Der zu Ruanda gehörende Teil der Virunga-Vulkane liegt im äußersten Norden des Landes. Es ist ein sehr niederschlagsreiches Gebiet, in dem es das ganze Jahr über regnen kann. Die trockensten Monate sind Dezember bis Februar und Juni bis September. Je nach Höhe liegen die durchschnittlichen Tagestemperaturen zwischen 5 und 22 °C. Auf den Bergspitzen, vor allem dem Karisimbi, kann es nachts auch frieren.

Der **Parc National des Volcans** schützt den ruandischen Teil der Virunga-Vulkane. Er liegt auf einer Höhe zwischen 2.400 und 4.507 m. Den höchsten Punkt markiert die Spitze des Karisimbi-Vulkans an der Grenze zum Kongo.

Die bekanntesten Bewohner dieses Nationalparks sind die weltweit berühmten **Berggorillas**. Dazu beigetragen hat die amerikanische Forscherin **Dian Fossey**, die diese Tiere fast 20 Jahre lang erforschte, bis sie ihren Einsatz für die letzten Berggorillas 1985 mit dem Leben bezahlte. Nur drei Jahre später wurde ihr Leben von Hollywood unter dem Titel „Gorillas im Nebel" verfilmt. Ihre Arbeit und ihr Anliegen, die Berggorillas zu schützen, wurden in der ganzen Welt bekannt. *Nyiramachabelli*, die einsame Frau des Waldes, wurde sie von den Afrikanern genannt.

Die Berggorillas wurden erst 1902 vom deutschen Forscher *Friedrich Robert von Beringe* entdeckt. Einige Jahre nach ihrer Entdeckung verfolgte die belgische Kolonialregierung bereits mit Sorge die zunehmende Jagd auf die großen Affen. Das war eine der Ursachen, die 1925 zur Gründung des Albert-Nationalparks führten. Erst 1960 begannen die Forscher, sich näher mit den Gorillas zu beschäftigen. 1978 wurde das erste Projekt zum Besuch von Berggorillas durch Touristen gestartet. Bis Mitte der 1980er-Jahre war dieses Projekt so profitabel, dass 10 Mio. US$ pro Jahr eingenommen werden konnten. Damit war der Berggorilla-Tourismus die dritthöchste Devisen-Einnahmequelle Ruandas. Bis zum Ende der 80er wuchs die Gorillazahl auf 320 Tiere an. Durch die Berggorillas bekamen mehr Menschen Arbeit, und sie verdienten mehr Geld, als sie es durch Wilderei je konnten. Aufgrund des Bürgerkrieges kam der Berggorilla-Tourismus 1991 leider zum Erliegen.

Gorilla

In der Folge der instabilen Jahre dauerte es bis etwa zum Ende der 1990er, bis die Pforten des Nationalparks für ausländische Besucher wieder geöffnet werden konnten. Trotz der bisherigen Erfolge hat der **Gorilla-Tourismus** allerdings mindestens auch zwei negative Effekte: Zum einen besteht die Gefahr der Übertragung von Krankheiten, gegen die Gorillas keine Abwehrstoffe besitzen, zum anderen sind an Menschen gewöhnte Gorillas auch immer leichtere Beute für Wilderer.

Außer den Berggorillas kommen drei **weitere Affenarten** im Park vor. Die Goldene Diadem-Meerkatze, die Dogett-Diadem-Meerkatze und die Schouteden-Diadem-Meerkatze. Weitere Säugetierarten leben ebenfalls im Parkgebiet, auch wenn sie nicht immer zu sehen sind: Elefant, Afrikanischer Büffel, Buschbock, Schwarzstirn-Ducker, Tüpfelhyäne, Leopard, Serval, Goldkatze und Streifenschakal, Riesen-Waldschwein, Stachelschwein, Ruwenzori-Sonnenhörnchen, Savannen-Hase, Afrikanische Zibet-Katze, Waldginsterkatze, Ichneumon, Baumschliefer, Kleine Rohrratte, Stuhlmann-Goldmull und Hufeisennase.

Blick von der Sabyinyo Silverback Lodge auf die Vulkane

Im Vulkan-Nationalpark konnten die Wissenschaftler **185 Vogelarten** beobachten, darunter Kronenkranich, Raubadler, Augur-Bussard, Schmarotzer-Milan, Kronentoko, Ruwenzori-Turako, Mönchskuckuck, Schildrabe, Geierrabe und Braunflügel-Mausvogel. Auch Reptilien sind im Nationalpark vertreten, wie zum Beispiel Chamäleons: Johnston-Chamäleon, Zweistreifen-Chamäleon und das Blaue Chamäleon.

In der luxuriösen **Sabyinyo Silverback Lodge** *verfügt jede Unterkunft über eine eigene überdachte Veranda mit Blick auf die umliegenden Vulkane und Wälder, einen offenen Kamin und ein komfortables Badezimmer. Neben einem Besuch der Gorillas sind Ausflüge zur benachbarten Stadt Ruhengeri und den wunderschönen umliegenden Seen Kivu, Burera, Ruhondo und Karago möglich (www.governorscamp.com).*

INFO

Parc National des Volcans
Lage: im Dreiländereck Uganda, Ruanda und Kongo
Größe: 125 km²

Tiere: vier Affenarten sowie Elefanten, Büffel, Leoparden und 185 Vogelarten
Besonderheit: Berggorillas
Information: www.rwandatourism.com

86 Akagera National Park – zwischen Hügeln und Seen (Ruanda)

Der **Akagera National Park** schützt Teile der einzigen Savannen-Landschaft Ruandas. Hier leben die meisten der für die ostafrikanischen Savannen bekannten Tiere, wie Zebras, Antilopen, Büffel, Hyänen und Elefanten. Die Savannen-Landschaft wird durch zahlreiche Hügel und Seen strukturiert. Der größte See ist der **Ihema-See**, der sich im Süden des Parks befindet und damit in der Nähe des Parkeingangs liegt. Sieben weitere größere Seen folgen in Richtung Norden. Hier leben zahlreiche Wasservögel und teilweise auch Flusspferde, wie am Mihindi-See. Zwischen den Seen befinden sich etliche Sümpfe, die meist von einem breiten Rand von Papyruspflanzen gesäumt werden. An der östlichen Grenze des Parks, die gleichzeitig die Grenze zum Nachbarland Tansania darstellt, schlängelt sich der Akagera-Fluss. Er ist der Namensgeber des Parks und der größte Fluss Ruandas.

Mutware, der „Chef" im Akagera National Park

Es wäre vermessen, den Park mit anderen Schutzgebieten Ostafrikas zu vergleichen. **Zu viele Tiere wurden** in den vergangenen Jahrzehnten **gewildert**, einige Arten gar völlig ausgerottet (Spitzmaulnashorn, Afrikanischer Wildhund). Seit die Schutzbemühungen zunehmen, kommen die Tiere aber langsam wieder zurück. Zu sehen sind vor allem Zebras, Impalas, Giraffen, Afrikanische Büffel und Paviane. Je nach Glück und Tageszeit trifft man noch auf eine Reihe weiterer Tiere, wie zum Beispiel Topis, Oribis, Elandantilopen, Buschböcke und Sitatunga-Antilopen.

Vor einiger Zeit hat man sogar eine einsame Nashornkuh im Akagera-Park entdeckt. Wahrscheinlich war dieses Östliche Spitzmaulnashorn von Tansania aus eingewandert. Auch wer sich für Vögel interessiert, wird auf seine Kosten kommen. Über 500 Arten leben im Park. Lohnend ist auch eine **Bootsfahrt** auf dem Ihema-See, bei der man große Nilkrokodile, zahlreiche Flusspferde und Brutkolonien von Wasservögeln beobachten kann.

Einen Vorteil hat der Akagera-Nationalpark gegenüber vielen anderen in Afrika: Man kann oft stundenlang durch die schöne Landschaft fahren und Tiere beobachten, ohne dass man auch nur einem anderen Wagen begegnet. Als Kontrastprogramm zu den beiden anderen Nationalparks Ruandas lohnt sich Akagera allemal.

Der Nationalpark hat eine **lange und bewegte Vorgeschichte**: Am 26. November 1934 wurde von der damaligen Kolonialmacht Belgien der „Parc National de la Kagera" geschaffen. Das damals 2.500 km² große Landstück wurde bereits nach heute üblichen Regeln geführt. Ein Teil wurde als strikte Schutzzone ausgewiesen, Randbereiche durften von der Bevölkerung noch weiter genutzt werden. Nach der Unabhängigkeit wurde der Park in „Parc National d'Akagera" umbenannt und unterstand zunächst dem Ministerium, bevor später ein eigenes Amt für Nationalparks gegründet wurde. Die neue Regierung hatte große Probleme mit dem anhaltenden Bevölkerungswachstum. So wurde der Akagera National Park bereits einige Jahre nach der Unabhängigkeit um einige tausend Hektar verkleinert. Der Aufbau einer eigenen Nationalparkverwaltung verlief nur schleppend, die Schutzmaßnahmen in den Nationalparks ließen zunächst zu wünschen übrig. Erst im Laufe der 1970er-Jahre verbesserte sich die Situation. Durch die bessere Zusammenarbeit zwischen der ehemaligen deutschen Kolonie Ruanda und der Bundesrepublik Deutschland rückten der Naturschutz und der Tourismus mehr in den Blickpunkt der ruandischen Politik.

Blick von Akagera auf den Ihema-See

Ein zweiter Prozess der Verkleinerung von Akagera erfolgte 1998. Die nach dem Ende des Völkermordes zurückkehrenden Exil-Batutsi benötigten dringend Land. Die Regierung entschloss sich, große Teile im Osten und Norden des Parks für diese Zwecke von dem Parkgebiet abzutrennen. So schrumpfte der Park auf heute 900 km² und verlor damit fast zwei Drittel seines ursprünglichen Gebietes. Das Problem der schnell wachsenden Bevölkerung besteht weiterhin, voraussichtlich wird sich die Bevölkerungszahl in den nächsten 20 Jahren verdoppeln. Nur wenn der Akagera National Park ein viel besuchtes Reservat wird, besteht die Hoffnung, verhindern zu können, dass weitere Gebiete abgetrennt werden.

Die **Akagera Game Lodge** *– trotz des Namens ein Hotel und eigentlich keine Lodge – liegt nur einen Kilometer vom Haupteingang des Parks entfernt und besitzt Zimmer und Suiten mit Blick auf den Ihema-See. Geführte Safaris, Spaziergänge und Angeltouren werden angeboten (www.rwanda-direct.com/akagera-game-lodge/). Seit November 2012 bietet die* **Ruzizi Tented Lodge** *sieben großzügige Zelte in einem Waldgebiet direkt am Ihema-See. Holzstege verbinden die einzelnen Gebäude miteinander (www.african-parks.org).*

INFO

Akagera National Park
Lage: im Osten, an der Grenze zu Tansania
Größe: 900 km²
Tiere: Zebras, Impalas, Giraffen und Paviane; über 500 Vogelarten
Beste Reisezeit: November bis Januar
Information: www.rwandatourism.com

87 Bwindi Impenetrable National Park – Berggorillas im „Sumpf der Dunkelheit“ (Uganda)

Zur Namensgebung des Waldes gibt es eine in Uganda **sehr bekannte Sage**. Darin wird berichtet, dass vor etwa 100 Jahren zahlreiche Menschen aus Ruanda Richtung Norden gezogen sind. Um zum Edward-See zu kommen, mussten die Menschen einen dichten Wald durchqueren. Als eine Familie dies tat und an einen Sumpf kam, sah der Geist des Sees, dass bei der Familie eine junge, hübsche Magd namens *Nyinamukari* war. Der Geist sprach zur Familie: „Gebt mir eure Magd, dann lass ich euch sicher den Sumpf durchqueren“. Die Familie wusste nicht, was sie tun sollte und blieb zwei Tage am Rand des Sumpfes. Letztendlich wurde ihnen bewusst, dass sie keine andere Möglichkeit hatten, als dem Wunsch des Geistes nachzukommen. Sie warfen die Magd in den Sumpf und konnten ihn daraufhin problemlos durchqueren.

Einer der letzten Berggorillas

Die Geschichte der Familie und ihrer Magd machte bald die Runde, und die Menschen begannen, sich vor dem Wald und besonders vor dem Sumpf zu fürchten. Sie nannten das Gebiet fortan *Mubwindi bwa Nyinamukari*. Das bedeutet so viel wie „Nyinamukari (die Magd) im Sumpf der Dunkelheit“. Ableitend von dieser Geschichte bekam das Schutzgebiet seinen Namen: **Bwindi Impenetrable** („undurchdringlich“) **National Park**.

Der Bwindi National Park umfasst den Rest des ursprünglichen Albert-Rift-Waldes, der sich in früheren Zeiten entlang des gesamten Zentralafrikanischen Grabenbruchs zog. Der Park wurde hauptsächlich zum Schutz der letzten etwa 300 hier lebenden **Berggorillas** eingerichtet. Das Gebiet ist mit einem Bergregenwald überzogen. Wie Oasen liegen einige Sumpfgebiete verstreut im Wald.

Der Bwindi-Wald gehört zu den wenigen Wäldern, die die Zeiten der wiederkehrenden klimatischen Veränderungen in der Zeit von vor 1,8 Mio. bis vor 40.000 Jahren überdauerten. Während der letzten Eiszeit vor 12.000 Jahren herrschte am Äquator in Afrika wahrscheinlich ein recht trockenes und vor allem kühleres Klima. Teile des einst übermächtigen Waldes in Afrika mit seinen an tropisch-feuchtes Klima gewöhnten Pflanzen wurden zurückgedrängt, nur wenige Waldrefugien blieben übrig, darunter der Bwindi-Wald. Nach Ende der Eiszeit vor etwa 10.000 Jahren begann sich der Wald von hier aus wieder über weite Flächen auszubreiten.

1991 wurde aus dem Waldreservat offiziell ein Nationalpark. Im Masterplan wurde die Finanzierung des Projektes u. a. mit der Einführung des sogenannten Gorilla-Tourismus gesichert. Im Oktober 1991 begann die Ansiedelung der ersten beiden Gorilla-Gruppen. Mit der **Mubare-Gruppe** fiel im April 1993 der Startschuss für den Gorilla-Tourismus in Bwindi. Aufgrund der vielen besonderen Tier- und Pflanzenarten wurde der Park im Dezember 1994 von der **UNESCO als Weltnaturerbe** eingestuft.

Im Bwindi-Nationalpark gibt es insgesamt 120 Säugetierarten, davon zehn Affenarten. Darunter sind die Vollbart-Meerkatze, die Rotschwanz-Meerkatze, die Stuhlmann-Diadem-Meerkatze, die Dogget-Diadem-Meerkatze, der Nördliche Guereza, der Anubis-Pavian, der Langhaar-Schimpanse, der Bwindi-Berggorilla sowie zwei weitere nachtaktive Primatenarten. Unter den **28 Gorilla-Gruppen** (insgesamt etwa 320 Tiere) gibt es vier Gruppen, die an Menschen gewöhnt sind und für einen Besuch von Touristen in Frage kommen.

Im Wald leben 350 Vogelarten. Sie sind am besten in den Perioden von Februar bis Mai und September bis Dezember zu beobachten. Dann ist Regenzeit und viele Vögel brüten oder sind auf Brautschau und dadurch aktiver und lauter im Gesang. Besonders schön anzusehen sind die Vertreter der 310 im Wald lebenden Schmetterlingsarten.

Es gibt mehrere Wanderungen, die man vom Parkeingang aus alleine unternehmen kann. Der **Mubwindi Swamp Trail** dauert etwa drei Stunden und führt durch den Teil des Parks, in dem es auch Elefanten gibt. Der 6-stündige Bamboo Trail führt hinauf zum Rwamunyoni Peak in 2.607 m Höhe. Eine weitere Wanderung führt zum **Rushura Hill** (1.915 m). Dies ist die höchste Erhebung in der Nähe des Parkbüros. Die Wanderung erfordert Kondition und man sollte genügend Getränke mitnehmen. Von oben hat man einen herrlichen Ausblick, bei schönem Wetter bis zum Edward-See und dem Ruwenzori-Gebirge.

Unterkommen kann man z. B. im **Buhoma Homestead**. *Das freundliche Personal sorgt für eine sehr saubere Unterkunft und ein sehr gutes Essen. Von hier aus hat man einen großartigen Blick auf den Wald, der Startpunkt der Gorilla-Trekking-Tour ist nur wenige Minuten entfernt (www.wildfrontiers.co.ug). Einige Campingplätze haben auch einfache Hütten zu vermieten.*

INFO

Bwindi Impenetrable National Park
Lage: im äußersten Südwesten, an der Grenze zur D.R. Kongo
Größe: 331 km²
Tiere: 120 Säugetierarten, davon zehn Affenarten, Berggorillas
Besonderheit: seit 1994 UNESCO-Weltnaturerbe
Information: www.ugandawildlife.org

88 Queen Elizabeth National Park – im Geheimdienst Ihrer Majestät (Uganda)

Zwischen dem Ruwenzori-Gebirge und den Virunga-Vulkanen liegt der Queen Elizabeth National Park. Er erstreckt sich zwischen den beiden Seen Edward und George bis hin zur kongolesischen Grenze. Jenseits der Grenze, im Kongo, befindet sich als Fortsetzung des Schutzgebietes der Virunga National Park. Das Gebiet des Parks besteht hauptsächlich aus Savanne. Außerdem gehören auch die Feuchtgebiete der beiden Seen, die Kyambura-Schlucht und der Maramagambo-Wald mit zum Landschaftsbild des Schutzgebietes. Der Queen Elizabeth National Park ist durch den 33 km langen Kazinga-Kanal in zwei Hälften geteilt, die nur durch eine (künstliche) Brücke miteinander verbunden sind.

Bereits im Jahr 1925 wurde das Gebiet um die beiden Seen George und Edward zum Wildschutz-Reservat (Lake George and Edward Game Reserve) erklärt. Das Land war zu dieser Zeit **fast nicht bewohnt**, da der Ausbruch der Rinderpest in den 1890ern viele Bauern aus der Gegend vertrieben hatte. Nach dem vermehrten Auftreten der Schlafkrankheit 1910 wurde beschlossen, alle Bewohner aus dem Gebiet zu evakuieren und sie in Regionen umzusiedeln, wo es keine Tsetsefliegen gab. Im Jahr 1952 wurde das Reservat unter dem Namen Kazinga zum Nationalpark erhoben. Zwei Jahre später (1954) wurde der Kazinga National Park während eines Besuches der englischen Königin *Elizabeth* ihr zu Ehren in Queen Elizabeth National Park umbenannt. Während der Ära von *Idi Amin* hatte der Park einen großen **Verlust an Wildtieren** zu beklagen. 1971 lebten noch rund 4.000 Elefanten im Park. 1980 waren es gerade noch 150. Die Population der Afrikanischen Büffel fiel in der Zeit von 18.000 auf 8.000 Tiere. Seit Anfang der 1990er-Jahre erholen sich die Bestände allerdings kontinuierlich. Die Elefantenpopulation ist zumindest wieder auf über 1.000 Tiere angewachsen und auch die Löwen, einst fast völlig verschwunden, zählen wieder mehr als 200 Tiere.

Der Queen Elizabeth National Park hat ein breites Spektrum an Landschaftsformen und damit auch an vielen verschiedenen Tierarten, die gut beobachtet werden können. Das Gebiet unterhalb des Kanals ist durch weitläufiges Grasland geprägt, in dem sich zahlreiche Großtiere wie Zebras und Antilopen aufhalten. Die häufigste Baumart ist hier die Akazie, hauptsächlich die *Acacia gerrardii*. Im Osten liegen das große Kibona-Sumpfgebiet und der Nyamusingire-See. Im zentralen Bereich befindet sich der Maramagambo-Wald. Das Gebiet um Ishasha ist bekannt für seine

Flamingos im QENP

auf Bäume kletternden Löwen. Diese galten nach ihrer Entdeckung in den 1960ern am Manyara-See in Tanzania noch als Sensation. Im Gegensatz zu damals weiß man heute, dass Löwen in vielen Gegenden Afrikas auf Bäume klettern. Nur über die wirklichen Gründe streitet sich die Wissenschaft noch.

Außer den Pirschfahrten zur Tierbeobachtung durch die Savannenlandschaft sind noch weitere Aktivitäten im Queen Elizabeth National Park möglich. Dazu gehört das **Schimpansen-Trekking** in der Kyambura-Schlucht (auch Chambura geschrieben): Die Schlucht gehört wie der Maramagambo-Wald sowie die angrenzenden Waldstücke und das **Kalinzu Forest Reserve** zu einem einst zusammenhängenden Waldgebiet, in dem heute eine der größten Schimpansen-Populationen Ostafrikas lebt. Zu sehen bekommt man die Tiere in den Wäldern allerdings nur selten. Um ihnen dennoch zu begegnen, ist daher zu einer geführten Wanderung zu raten. Am besten zu beobachten ist die an Menschen gewöhnte Schimpansengruppe (ca. 30 Tiere) in der **Kyambura-Schlucht**. Diese Schlucht ist 16 km lang, 400 m breit und etwa 100 m tief. Hier hat ein Teil des Waldes überlebt, der im Umland schon einer Savanne gewichen ist. Dabei lassen sich auch andere Tiere trefflich beobachten. Dazu gehören Meerkatzen, Guereza-Affen und Paviane.

Ein weiterer und sehr beliebter Ausflug ist eine Bootstour auf dem **Kazinga-Kanal**. Dabei sind vom Wasser aus eine Menge interessanter Tiere zu beobachten. Dazu gehören Flusspferde, Elefanten, Afrikanische Büffel und Antilopen. Wenn man genau hinschaut, wird man sicher auch die wendigen Nil-Warane und die großen Nil-Krokodile im Wasser entdecken. Manchmal sind Krokodile auch an der Uferböschung auszumachen, wenn sie sich dort „sonnen". Zudem gibt es diverse Vogelarten zu beobachten. Für Ornithologen ist der Bereich am Kazinga-Kanal eine wahre Augenweide. Unter anderem sind zu sehen: Nimmersatt-Storch, Löffler, Rosapelikan, Goliath-Reiher, Silberreiher, Schwarzhals-Reiher, Schreiseeadler, Kronenadler, Blatthühnchen, verschiedene Liest-Arten (Eisvögel), Kiebitze und viele mehr.

Präsidentensuite der Mweya Safari Lodge

*In der **Mweya Safari Lodge** – einer der besten Parkunterkünfte in Uganda – logiert man königlich: 1954 übernachtete hier Queen Mum. Die luxuriösen Unterkünfte verfügen jeweils über Balkone mit Blick auf den Lake Edward. Geführte Touren durch den Park werden angeboten (www.mweyalodge.com).*

INFO

Queen Elizabeth National Park
Lage: im Süden, zwischen Lake Edward und Lake George
Größe: 1.978 km²
Tiere: u. a. Flusspferde, Elefanten, Afrikanische Büffel, Löwen, Leoparden, Wasserböcke und über 600 Vogelarten
Information: www.ugandawildlife.org; www.queenelizabethnationalpark.com

89 Ngamba Island – Paradies für Schimpansen (Uganda)

Etwa 23 km vor der Küste des Lake Victoria liegt der **Kome-Archipel**. Dieser besteht aus 15 Inseln, die durch den sogenannten Damba-Kanal vom Festland getrennt sind. Eine dieser Inseln ist das 50 ha große Ngamba Island.

Auf dieser Insel wurde 1997 vom Uganda Wildlife Education Trust (UWECT) ein Schimpansen-Reservat etabliert, nachdem man die vorher hier ansässigen Fischer auf benachbarte Inseln umgesiedelt hatte. Die natürliche Vegetation auf der zu 90 % bewaldeten Insel machte sie zu einem idealen Schimpansen-Habitat. Die ersten 19 Schimpansen kamen vom Entebbe Wildlife Education Centre und von der kleinen Insel Isinga im Queen Elizabeth National Park.

Das Ziel des UWECT und des Chimpanzees Sanctuary and Wildlife Conservation Trust (CSWCT) ist es, den von den Behörden beschlagnahmten **Schimpansen** einen **sicheren Lebensraum** in einer natürlichen Umgebung mit geregelter Geburtenkontrolle (wegen des begrenzten Lebensraums) zu geben. Des Weiteren möchte man über die Natur und den Schutz von Tier- und Pflanzenarten auf Ngamba Island informieren sowie die hohe Qualität des Informations- und Lehrmaterials für die Besucher garantieren. Ein wichtiges Anliegen ist es ebenfalls, die lokalen Gemeinden insbesondere ökonomisch zu unterstützen. Das Schutzgebiet zielt langfristig darauf ab, die örtliche Bevölkerung für den Schutz von Schimpansen und anderen Tieren zu sensibilisieren und diese und ihren Lebensraum zu erhalten.

Schimpanse auf Ngamba Island

Auf der bewaldeten Insel können sich die Schimpansen frei bewegen. An einer Stelle der Insel ist ein kleiner Teil abgetrennt worden. Hier werden die jungen und neu ankommenden Schimpansen gehalten. Ein weiterer abgetrennter Teil dient den Mitarbeitern und den Besuchern als Refugium. Hier sind also die Menschen „im Käfig" und nicht die Affen!

Camp direkt am Ufer des Lake Victoria

Seit der ersten Ansiedlung 1998 und der Öffnung für Besucher 1999 hat sich das Projekt rasch weiter entwickelt. Immer wieder werden illegal gehandelte Schimpansenbabys konfisziert und auf die Insel gebracht. Heute leben 48 Schimpansen auf Ngamba Island, womit die Insel bereits mehr als ausgelastet ist. Zurzeit wird mit Hochdruck an der Erschließung einer Nachbarinsel gearbeitet, um weitere Schimpansen gut unterbringen zu können. Mittlerweile entwickelt sich das Schimpansen-Reservat zu einem beliebten Ausflugsziel.

Mit einem Besuch unterstützen Sie die Arbeit dieser Gesellschaft zum **Schutz der Schimpansen** in Ostafrika. Neben der Teilnahme an den Fütterungen können die benachbarten Inseln und ihre Fischerdörfer besucht werden. Daneben gibt es noch die Möglichkeit an einem Schimpansen-Spaziergang teilzunehmen. Dabei geht man etwa eine Stunde lang mit einer Gruppe von jungen Schimpansen (etwa ein bis sieben Jahre alt) durch ein Waldgebiet.

Man sollte beachten, dass die Tiere gerne spielen und dabei auch spielerisch beißen können. Sie „turnen" gerne auf Menschen, ziehen an den Haaren und reißen Brillen herunter. Wenn man jedoch auf all das vorbereitet ist und sich darauf einlassen kann, macht es viel Spaß, so mit den Schimpansen in Kontakt zu kommen.

Es gibt verschiedene Boote, mit denen die Besucher zur Insel gebracht werden. Die Überfahrt dauert etwa eine Stunde (je nach Art des Bootes). Auf der Insel gibt es eine Bar und Übernachtungsmöglichkeiten in einigen festen Safarizelten im **Ngamba Island Camp** *(www.wildfrontiers.co.ug).*

INFO

Ngamba Island
Lage: 23 km von Entebbe entfernt im Lake Victoria
Größe: 40 ha
Besonderheit: Schimpansen-Reservat
Information: www.ngambaisland.com

90 Semliki Wildlife Reserve – rehabilitiertes Jagdgebiet (Uganda)

1932 wurde das heutige Semliki Wildlife Reserve als *Toro Game Reserve* gegründet. Unter dieser Bezeichnung ist es noch auf vielen Uganda-Karten zu finden. Das Gebiet liegt zwischen dem Albert-See im Nordosten und dem Ruwenzori-Gebirge im Südwesten. Seine Landschaft besteht größtenteils aus **Akaziensavannen und Galeriewäldern** entlang der Flüsse. Mit zunehmender Nähe zum Albert-See bestimmen auch Sumpfgebiete die Landschaft. Das Reservat liegt nicht, wie sein Name vermuten lässt, am Semliki-Fluss, sondern am Fluss Wasi. Dieser Fluss teilt das Reservat in zwei Hälften.

Zu Zeiten *Idi Amins* sollte das Reservat als Großwildjagdgebiet etabliert werden. Der Diktator war nicht nur für seine Brutalität bekannt, sondern auch für seine zum Teil verrückten Ideen. Er hatte gehört, wie viel Geld Jäger für die Erlegung eines Tigers in Indien bezahlen mussten, und wollte daher die **Tigerjagd** auch in Uganda **als lukratives Geschäft** begründen. Zu diesem Zweck wurde ein Dutzend Tiger importiert, um sie in Semliki auszuwildern. Das Projekt scheiterte aber an großen Protesten von Bevölkerung und Naturschützern. Mitte der 1990er-Jahre war das Gebiet Angriffziel der ADF (*Allied Democratic Front*) aus dem Kongo. Seit Ende der 90er hat sich die Situation um einiges verbessert. Mit der Eröffnung der Semliki Safari Lodge im Jahr 1997 konnte auch die Wilderei eingedämmt werden.

Mittlerweile gibt es wieder über 8.000 Uganda-Kobs und über 1.000 Afrikanische Büffel im Reservat. Im Mugiri-Wald leben auch etwa 60 Schimpansen. Eine Gruppe wird seit Jahren von Forschern beobachtet und ist daher an Menschen gewöhnt. Allerdings soll die Chance, die Tiere zu sehen, nicht allzu groß sein. Auch wenn das Großwild noch nicht wieder so zahlreich ist wie im Queen Elizabeth oder Murchison Falls National Park, so sind es zumindest die Vögel. Mit fast 400 Arten sind sie hier im Grabenbruch vertreten.

Interessant ist eine **Bootstour** auf dem Albert-See, während der auch die Nkusi Falls angesteuert werden können. Sie muten wie eine kleinere Ausgabe der Murchison Falls an. Das Semliki-Reservat ist zurzeit der einzige Ort in Uganda, wo Nachtfahrten möglich sind. Dabei hat man gute Chancen, einen Leoparden auf der Pirsch zu beobachten.

Semliki Nationalpark

Der **Semliki Nationalpark** befindet sich innerhalb des Grabenbruchs und wird im Nordosten durch den Semliki-Fluss, im Südosten durch die Hauptstraße nach Bundibugyo begrenzt. Der Park schützt hauptsächlich den Tiefland-Regenwald, der als Teil des im Kongo liegenden Ituri-Waldes angesehen wird.

Die Tierwelt des Semliki-Parks weist einige Arten auf, die ansonsten nur im Kongo heimisch sind – ein Beleg dafür, dass der im Semliki-Park liegende Bwamba-Wald **Teil des Ökosystems** des kongolesischen Ituri-Waldes ist. Die Spannbreite der Säugetierarten ist dabei nicht so zahlreich, rund 65 Arten sind offiziell registriert. Davon elf Arten, die in Uganda sonst nicht zu finden sind. Eine Besonderheit ist das hier vorkommende Afrikanische Hirschferkel, dessen Ursprünge noch aus der Tertiär-Zeit stammen und das somit schon fast als lebendes Fossil bezeichnet werden kann. Die Vogelwelt ist bei Weitem artenreicher. Fast 400 Vogelarten, davon knapp 40 endemische, finden sich hier. Im Parkgebiet leben zudem über 300 Schmetterlingsarten. Auch die Pflanzenwelt ist sehr faszinierend, durch das feucht-warme Klima gedeiht die Vegetation besonders üppig. 300 Baumarten wurden entdeckt, 30 % davon gibt es sonst nirgendwo in Ostafrika zu sehen.

Geysir

Einer der Höhepunkte im Nationalpark sind die **heißen Quellen von Sempaya**. Sie sind Ziel auf einer von mehreren Wanderrouten im Nationalpark. Die größte der Quellen ist ein Geysir, der hin und wieder Wasser aus einem Loch mehrere Meter in die Höhe schießt. Vorsicht ist hier geboten, denn das Wasser ist teilweise über 100 °C Grad heiß. Interessant ist auch eine Wanderung weiter zum Mungilo-Wasserfall. Chancen, besonders viele verschiedene Tierarten zu sehen, hat man vor allem bei der Wanderung entlang des Semliki-Flusses. Für Abenteurer sei in diesem Zusammenhang noch auf den **Kirumia River Trail** hingewiesen. Eine mehrtägige Wanderung (oder eher Expedition) von Kirumia Richtung Semliki-Fluss mit zweifacher Überquerung des Kirumia-Flusses führt tief ins Gebiet des Parks und gibt die Möglichkeit, auch die seltensten Tierarten zu sehen.

Die ***Semliki Safari Lodge*** *im Semliki Wildlife Reserve liegt inmitten der Natur – sie ist die einzige Unterkunft in dem über 500 km² großen Gebiet. Sie bietet diverse Aktivitäten an, wie z.B. Bootstouren auf dem Albertsee, Wandertouren und Safarifahrten im offenen Geländewagen. Entspannen kann man danach am Pool mit Blick auf die Blue Mountains des Kongo (www.safariuganda.com).*

INFO

Semliki Wildlife Reserve (früher: Toro Game Reserve)
Lage: im Westen von Uganda, an der Grenze zur D.R. Kongo
Größe: 548 km²
Tiere: Uganda-Kobs (eine Antilopenart), Büffel, Schimpansen; fast 400 Vogelarten
Information: www.ugandawildlife.org

Semliki Nationalpark
Lage: 52 km von Fort Portal entfernt, im äußersten Westen Ugandas, an der Grenze zur D.R. Kongo
Größe: 220 km²
Tiere: 65 Säugetier- und 400 Vogelarten
Besonderheiten: heiße Quellen, das Afrikanische Hirschferkel (ein „lebendes Fossil")
Information: www.ugandawildlife.org

91 Ruwenzori Mountains – schneebedeckte „Regenmacher“ (Uganda)

Der Ruwenzori Mountain National Park schützt die oberen Bereiche des Ruwenzori-Gebirges entlang der Grenze zum Kongo. Dieses Gebirge liegt direkt am Grabenbruch und hat mehrere Berge bzw. Bergspitzen: Mt. Stanley mit den Spitzen Margherita (5.109 m) und Alexandra (5.044 m), Mt. Speke (4.889 m), Mt. Baker (4.843 m), Mt. Gessi (4.797 m), Mt. Emin (4.791 m) und Savoyen (4.626 m). Das Ruwenzori-Gebirge ist damit die **dritthöchste Erhebung Afrikas**, nach dem Kilimanjaro und dem Mt. Kenya. Der westlichste Teil des Gebirges (von Uganda aus hinter den Bergspitzen) gehört bereits zur D. R. Kongo. Das Ruwenzori-Gebirge liegt knapp oberhalb des Äquators auf Höhen zw. 1.300 und 5.109 m. Im Jahr 1991 wurde das Gebirge als Nationalpark deklariert.

Das Ruwenzori-Gebirge ist im Gegensatz zu den anderen hohen Bergen der Region, und vor allem auch im Gegensatz zu den anderen schneebedeckten Bergen Afrikas, nicht vulkanischen Ursprungs. Die Entstehung des Gebirges geht auf die beginnenden Verschiebungen am heutigen Zentralafrikanischen Grabenbruch vor etwa 10 Mio. Jahren zurück.

Die wahrscheinlich **ersten Europäer**, die dieses Gebirge zu Gesicht bekamen, waren *Henry M. Stanley* und seine Mitreisenden bei einer Expedition Richtung Kongo. Stanley schlug im Oktober 1875 erstmals seine Zelte an den Osthängen des Ruwenzori auf. Aus Gesprächen mit Einheimischen erfuhr er erstmals von den schneebedeckten Bergen, glaubte den Berichten aber nicht, da das Gebirge zunächst im Dunst nicht zu erblicken war. 1889 passierte Stanleys Expedition auf ihrem Rückweg vom Kongo erneut dieses Gebiet. Erst jetzt wurde ihnen die Entdeckung einer riesigen Gebirgskette klar, auf deren Spitzen tatsächlich Schnee lag. Stanley war derjenige, der sich entschloss, den heimischen Namen des Gebirges zu verwenden und keinen europäischen (dieser folgte später bei der Benennung der einzelnen Bergspitzen). Ruwenzori bedeutet in der Sprache der hier ansässigen Völker „Regenmacher“.

Blick auf den Mount Speke

Abenteuerlustige Gemüter können mit dem Ruwenzori Mountain Service (RMS) Wanderungen im Park unternehmen. Wasserfeste, warme Kleidung, Schlafsack, Iso-Matte und auch die gesamte Verpflegung für die Tage im Gebirge müssen mitgenommen werden. Wer sich davon nicht abschrecken lässt, kann auf dem **Ruwenzori-Rundweg** *(Central Circuit* oder *Loop Trail* genannt) die gesamte Vielfalt des Gebirges kennenlernen:

Auf dem Weg zur Nyabitata-Hütte

Vom Ausgangspunkt in **Nyakalengija** (1.615 m) erreicht man am ersten Tag in ca. fünf Stunden bis zur Nyabitaba-Hütte (2.651 m). Am nächsten Tag geht es durch dichten Wald und über die 1989 erbaute Kurt-Schäfer-Brücke. Danach wird der Pfad langsam steiler und felsiger. Nach dem Passieren der alten Nyamileju-Hütte geht es noch etwa zwei Stunden weiter bis zur John-Matte-Hütte (3.505 m), 200 m neben dem Bujuku-Fluss. Dies ist die längste und anstrengendste Tagesetappe. Von hier bis zur **Bujuku-Hütte** (3.962 m) geht es abenteuerlich weiter. Auf der Route sind Moore zu durchqueren, in denen man teilweise bis zu den Knien versinkt. Der Bakuju-See entschädigt mit seiner herrlichen Lage zwischen Mt. Stanley, Mt. Speke und Mt. Baker. Von der Bujuku-Hütte ist es möglich, den Mt. Speke zu erklimmen, wobei eine weitere Übernachtung erforderlich wird. Um die höchste Spitze zu erklettern (Margherita, 5.109 m), startet man von der zwei Kilometer abseits des Rundweges gelegenen Elena-Hütte, in der man dann eine Zwischenübernachtung einplanen muss. Weiter geht es am nächsten Tag über den Scott-Elliot-Pass (4.372 m) zu den beiden Kitandara-Seen. Über den Freshfield-Pass (4.282 m) führt die Wanderung zur Bujongolo-Höhle (3.720 m), die schon 1906 bei der Erstbesteigung als Lager diente. Der Weg führt weiter zur Kabamba-Höhle mit einem schönen Wasserfall bis zur Guy-Yeoman-Hütte, die man nach rund fünf Stunden erreicht. Über den Mahoma-See gelangt man zurück nach Nyakalengija.

Leckere Hausmannskost und familiäre Atmosphäre genießen die Gäste des **Ruwenzori View Guest House**. *Man sitzt gemeinsam um einen großen Tisch beim Abendessen und lässt genüsslich einen erlebnisreichen Tag Revue passieren (www.ruwenzoriview.com).*

INFO

Ruwenzori Mountain National Park
Lage: im Westen, an der Grenze zur D.R. Kongo
Größe: 996 km²
Höhe: bis zu 5.109 m
Beste Reisezeit: Ende Dezember bis Anfang März und Ende Juni bis Anfang September
Besonderheit: seit 1994 UNESCO-Weltnaturerbe; dritthöchste Erhebung Afrikas
Information: www.ugandawildlife.org, www.rwenzori.com

92 Murchison Falls National Park – Phönix aus der Asche (Uganda)

Der Murchison Falls National Park ist das größte Schutzgebiet Ugandas. Zusammen mit den Wildreservaten von Bugungu (473 km^2) und Karuma (675 km^2) sowie dem Budongo-Wald bildet der Nationalpark die **Murchison Falls Conservation Area**. Der Weiße Nil, hier auch Victoria-Nil genannt, fließt zwischen dem Kyoga- und dem Albert-See durch den Nationalpark und teilt diesen in zwei Hälften. Beide Teilstücke unterscheiden sich durch ihre Vegetationsformen. Im nördlichen Teil herrscht eine **Gras-Savanne** vor, nur vereinzelt finden sich Gruppen von Akazien und Borassus-Palmen. Der südliche Teil dagegen besteht hauptsächlich aus **Trockenwald**. Hier liegt mit 1.292 m auch der höchste Punkt des Parks, der Rabongo Hill.

Bereits im Jahre 1910 wurde der Vorläufer des Nationalparks gegründet, das Bunyoro Wildlife Reserve. 1954 wurde aus dem Reservat der Murchison Falls National Park, der sich schnell zu einem der besten und bekanntesten Schutzgebiete in Afrika entwickelte. Er war vor allem für seine **enormen Elefantenherden** bekannt, die teilweise bis zu 500 Tiere umfassten.

Nach der Machtübernahme von *Idi Amin* wurden die Grenzen Ugandas für ausländische Touristen geschlossen. Daher schloss auch der Nationalpark im September 1972 seine Pforten. Ohne ausländische Besucher und ohne Schutz motivierter Park-Ranger nahm die **Wilderei** im Park schnell überhand. Nach Amins Vertreibung wurde 1980 eine erste (erschreckende) Bilanz für den Murchison Falls Nationalpark gezogen: Es gab nur noch 1.400 Elefanten und 1.200 Flusspferde. Bei den übrigen Tierarten waren die Be-

Bootstour zu den Murchison-Fällen

standszahlen halbiert. Der Bürgerkrieg ging weiter und bescherte den Schutzgebieten weitere schwierige Jahre.

Erst Ende der 1980er-Jahre begann sich die Situation nach dem Wahlsieg Musevenis zu stabilisieren. 1990 gab es im Park nur noch 250 Elefanten und 1.000 Afrikanische Büffel. Die Nashörner, Rothschild-Giraffen und Afrikanischen Wildhunde waren im Parkgebiet ausgerottet. Hinzu kam, dass alle drei Hotels im Park völlig zerstört waren und so eine Rückkehr zum Tourismus zunächst aussichtslos schien. Doch im Laufe der 1990er-Jahre begannen sich die Dinge schneller zum Positiven zu ändern, als mancher geglaubt hatte. **Die Tierbestände erholten sich** langsam, und es fanden sich Investoren für neue Unterkünfte, um den Park wieder für Besucher attraktiv zu machen.

Kleiner Elefant

Abgesehen von den Pirschfahrten bietet der Murchison Falls Nationalpark noch die Möglichkeit verschiedener **Wanderungen**. Es gibt mehrere Wanderwege an den oberen Nilfällen sowie im Rabongo-Wald und in Kaniyo Pabidi, einem Teil des Budongo-Waldes. Die Wanderungen um die Nilfälle eröffnen teilweise herrliche Blicke auf den Fluss und die Landschaft des Parks. Oberhalb der Fälle gibt es einen Picknick-Platz. Im Rubongo-Wald sieht man eine ganze Reihe von Affen und Vogelarten, die es in der Savannenlandschaft nicht gibt. In Kaniyo Pabidi, 8 km vom Kichumbanyobo/Wairingo Gate, sind die Hauptattraktion die Schimpansen.

Zu empfehlen ist außerdem eine **Bootsfahrt auf dem Nil** zu den Murchison-Fällen. Gestartet wird von Paraa. Die Entfernung zu den Fällen beträgt etwa 17 km, die Bootstour dauert drei Stunden (hin und zurück). Eine weitere Bootstour führt über 28 km von Paraa bis zum Delta. Diese dauert insgesamt vier bis fünf Stunden. Die Bootsfahrten sind ein einmaliges Erlebnis, bei dem man zahlreiche Wasservögel, Nilkrokodile, Flusspferde und andere Tiere am Fluss beobachten kann. Für interessierte Angler gibt es ferner die Möglichkeit, einen Angelausflug zum Nil zu unternehmen.

Unterkommen kann man im Park in einfachen, aber sauberen und verhältnismäßig günstigen Unterkünften, z.B. in der **Sambiya River Lodge** *(www.sambiyariverlodge.com) in Cottages oder Hütten, in der* **Paraa Safari Lodge** *(www.paraalodge.com) mit 54 Zimmern und gutem Restaurant oder günstig im* **Red Chilli Rest Camp** *(www.redchillihideaway.com) mit Unterkünften im Doppelzimmer oder in der Familienhütte.*

Murchison Falls National Park
Lage: ca. 230 km nordwestlich von Kampala
Größe: 3.877 km²
Tiere: 76 Säugetierarten, darunter Elefanten, Flusspferde, Rothschild-Giraffen, Löwen und ca. 460 Vogelarten
Beste Reisezeit: die Trockenzeiten von Mitte Dezember bis Mitte Februar sowie im Juni und Juli
Information: www.ugandawildlife.org, www.murchisonfallsnationalpark.com

INFO

Äthiopien

Wiege der Menschheit

Äthiopien, am Horn von Afrika gelegen, ist etwa dreimal so groß wie Deutschland und neben Lesotho das höchstgelegene Land Afrikas. Das alte Abessinien bietet faszinierende Begegnungen zwischen christlich-orthodoxer Hochkultur und wildem Stammesland. Zahlreiche Relikte afrikanischer Kultur finden sich in den im Norden gelegenen Städten Axum, Harar, Gondar und Lalibela, dessen weltberühmte Felsenkirchen ebenso zum UNESCO-Welterbe gehören, wie der Fundort von „Lucy“ in der Awash-Region. Eine Reise durch den Süden des Landes ist dagegen eine abenteuerliche Begegnung mit den unterschiedlichen exotischen Lebensweisen der vielen indigenen Völker, die hier – weitgehend ungestört – ihre jahrhundertealten Riten und Gebräuche pflegen.

Die Landschaften Äthiopiens sind atemberaubend und extrem abwechslungsreich: tiefe Schluchten, steil abfallende Tafelberge und die zerklüfteten Randgebiete des Großen Afrikanischen Grabenbruchs. Sieben größere Seen haben sich im Bereich des Rift Valley gebildet, die zum Teil ausgewiesene Naturreservate und Paradiese für Vogelliebhaber sind.

Äthiopien ist kein touristisch völlig erschlossenes und strukturiertes Reiseziel, wie man es vielleicht aus dem südlichen Afrika kennt. Der Reisende wird vielmehr ein authentisches und faszinierendes Land mit einer grandiosen und facettenreichen Natur und einer stolzen und gastfreundlichen Bevölkerung kennen lernen.

Steckbrief Äthiopien

Lage: Binnenland am Horn von Afrika, angrenzend an Eritrea, Sudan, Südsudan, Kenia, Somalia und Dschibuti
Fläche: 1,1 Mio. km^2
Einwohnerzahl: 88 Mio.
Hauptstadt: Addis Abeba
Staats- bzw. Regierungsform: Parlamentarische Bundesrepublik (seit 1995)
Sprachen: Amharisch, zweite Verkehrssprache Englisch; Regionalsprachen Orominya, Tigrinya, Somali – insgesamt über 80 anerkannte (Stammes-)Sprachen
Währung: Äthiopischer Birr
Exportgüter: v.a. Kaffee, außerdem Ölsaaten, Gold u.v.m.
Bevölkerung: Oromos 32,1 %, Amaras 30,1 %, Tigrinier 6,2 %, Somalier 5,9 %, Gurager 4,3 %, Sidamas 3,5 %, Welaitas 2,4 %, andere 15,4 %
Religion: ca. 45 % äthiop.-orthodoxe Christen, 35 % sunnitische Moslems, 10 % Christen anderer Konfessionen, 10 % Naturreligionen
Klima: drei Klimazonen: bis 1.000 m feucht- oder trockenheiß; 1.000–2.500 m gemäßigt, Durchschnittstemperatur: 20–25 C; über 2.500 m kühl
Beste Reisezeit: Oktober bis Mai, am angenehmsten sind die Monate November bis Januar
Vorgeschriebene bzw. empfohlene Impfungen: Gelbfieber (vorgeschrieben bei Einreise aus einem Risikogebiet), Tetanus, Polio und Hepatitis A und B (empfohlen); Malaria-Prophylaxe; Mückenschutz (Gefahr von Dengue-Fieber)

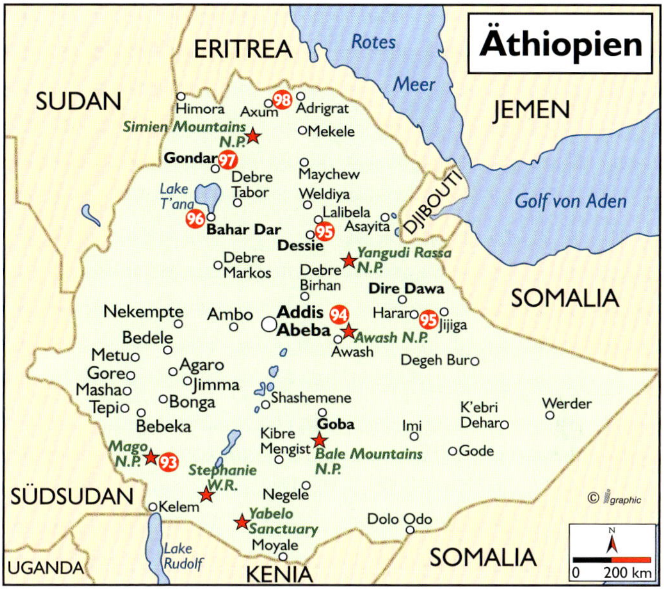

93 Äthiopiens Süden zwischen Mago und Awash – Nationalparks und Naturvölker

94 Die Awash-Region – auf den Spuren der ersten Menschen

95 Von Lalibela nach Harar – heilige Stätten von Christen und Muslimen

96 Bahar Dar und Umgebung – ein Palast des Kaisers und die Quelle des Blauen Nils

97 Gondar – das Camelot Äthiopiens

98 Axum – sagenumwobene Heilige Stadt und Krönungsort

93 Äthiopiens Süden zwischen Mago und Awash – Nationalparks und Naturvölker

Äthiopien, das nie kolonisiert wurde, ist ein **vielfältiges Mosaik an Menschen**. Es gibt mehr als 80 ethnische Gruppen, die jede ihre eigene Sprache sprechen und viele eigene Bräuche und Traditionen leben. Eine Tour durch den unerschlossenen Süden hat Expeditions-Charakter und gleicht einer Reise durch die Zeit. Hier, an der Bruchkante des Großen Afrikanischen Grabenbruchs, haben sich unterschiedlichste Völker ihre jahrhundertealte Kultur bewahrt. Man erhält interessante Einblicke in bemerkenswerte Lebensweisen von vollkommen unterschiedlichen und exotischen Kulturen.

Der **Mago National Park** im äußersten Südwesten Äthiopiens wurde in den 1970er-Jahren zum Schutz von Großsäugetieren wie Elefanten, Kaffernbüffeln und Kudus gegründet. Er wird vom gleichnamigen Fluss Mago durchflossen und liegt auf 450–2.500 m Höhe. Der Park ist durch seine Grassavannenlandschaft und Galeriewälder geprägt. An den Ufern des Omo River findet man die **Siedlungen der Mursi**, eines von Ackerbau und Rinderzucht lebenden Volksstamms, dem unter 10.000 Menschen angehören und der für seinen auffälligen Körperschmuck – Bemalung, Narben, Tellerlippen und -ohrläppchen – berühmt ist.

Verlässt man den Mago-Nationalpark in Richtung Südosten, erreicht man am mittleren Lauf des Omo mit seinen Steilhängen das **Stammesgebiet der Kara**, einer kleinen nilotischen Volksgruppe, die noch weitgehend traditionell und unberührt von der Moderne lebt. Die Angehörigen des nur 1.400 Menschen umfassenden Stammes praktizieren – wie auch die Mursi – ein nicht ganz ungefährliches Initiationsritual: Die jungen Männer müssen, wenn sie ins heiratsfähige Alter kommen, über die Rücken von nebeneinander stehenden Rindern laufen („Bullensprung").

Lippenteller der Mursi-Frauen

Neben geometrischen Schmucknarben, die sich bei vielen afrikanischen Ethnien finden, sind die Lippenteller (*dhebi*) der Frauen ein besonderes Merkmal der Mursi. Den Mädchen wird im Alter von 15 Jahren durch ihre Mutter die Unterlippe durchstochen. Dann wird ein Holzstift in die Lippenspalte eingesetzt, der das Zusammenwachsen verhindern soll. Nach und nach werden immer größere Stifte und später runde Tonscheiben eingesetzt, um die Unterlippe allmählich zu dehnen. Dafür werden die vier unteren Schneidezähne herausgebrochen, um Platz zu schaffen.
Die Tonteller werden von den Mädchen selbst geformt und gebrannt. Sie haben am Ende einen Durchmesser von mindestens 12 cm. Die Größe des Tellers erhöht bei den Mursi das Ansehen einer Frau. Ein Mädchen mit besonders großem Lippenteller kann der Familie einen außerordentlich hohen Brautpreis einbringen.

Mursi-Frau mit traditionellem Schmuck

Anschließend geht es durch typische Savannenlandschaften weiter nach Murille im angrenzenden Jagdgebiet. Dichte Dornenhecken und steile Uferhänge des Omo prägen das Land. Durch das Gebiet der Galeb erreicht man Turmi, den **Hauptort des Hamer-Volkes**, eines Stammes, dessen Riten teilweise als brutal und unmenschlich angesehen werden. Vor allem die Abschaffung des Schlagens heiratsfähiger Mädchen mit einem flexiblen Stock, die mit dem auch hier praktizierten Sprung junger Männer über die Rinder einhergeht, wird immer wieder gefordert.

Von Turmi geht es weiter durch das Stephanie Wildlife Reserve nach **Konso**, dessen Bewohner eine einzigartige Kulturlandschaft durch das Terrassieren der Berghänge mit Steinen schufen, wodurch intensive Landnutzung möglich wurde. Auf der Allwetterstraße geht die Reise weiter in das heiße und trockene Land der Borena nach Yabelo. Die Borena sind berühmt für ihre „singenden Brunnen": Bei Trockenheit werden die Rinderherden mit Grundwasser getränkt, das mühsam, aber unter allgemeinem Gesang aus tief in den Fels geschlagenen Brunnen geschöpft wird. Der **Yabello-Wildpark** *mit* seiner auffallend roten Erde wurde zum Schutz der Somali-Kuhantilope eingerichtet. Heute sind auch Kudus, Gazellen, Zebras und Strauße sowie viele Vogelarten hier heimisch, darunter zwei endemische. In Richtung Norden geht es weiter durch Kaffeeplantagen und vorbei an rätselhaften uralten Stelen: Die Monolithen in Phallus-Form markierten Gräber.

Vorbei am **fischreichen Awassa-See** mit seinen unzähligen Wasservögeln führt der Weg weiter zum **Bale Mountains National Park**. Die ausgedehnte Gebirgsregion ist eingebettet in das Hochplateau des südlichen Äthiopien und hat alpines Klima. Im Nationalpark finden sich weite Moorlandschaften, ursprüngliche Wälder, Kosso- und Wacholderbäume. Die klaren Gebirgsbäche zählen zu Afrikas besten Fischgründen für Forellen. Auf der höchsten Allwetterstraße Afrikas folgt man auf 4.000 m Höhe den Spuren des vom Aussterben bedrohten Äthiopischen Wolfs über das Sanetti-Plateau.

Nach dem Verlassen der Bale-Region erreicht man über Hochplateaus Sodere am Awash-Fluss, dem Namensgeber des gleichnamigen Nationalparks (s. S. 232) in Zentraläthiopien.

*Im Land der Mursi gibt es verschiedene **Campsites.** In Turmi, dem Gebiet der Hamer, eröffnete 2009 die **Buska Lodge** mit 20 Zimmern mit Bad plus Campingplatz (http://buskalodge.com).*

Südliches Äthiopien

Lage: an der Bruchkante des Großen Afrikanischen Grabenbruchs

Besonderheiten: jahrhundertealte Kulturen vieler verschiedener Ethnien

Sicherheit: Abseits der touristischen Routen an der Grenze zum Südsudan besteht ein erhöhtes Sicherheitsrisiko. Bitte informieren Sie sich beim Auswärtigen Amt vor Reiseantritt über die aktuelle Situation.

Information: www.tourismethiopia.gov.et, www.ewca.gov.et

INFO

94 Die Awash-Region – auf den Spuren der ersten Menschen

Der Fluss Awash, Heimat zahlreicher Krokodile, entspringt im Abessinischen Hochgebirge, fließt entlang des Abessinischen Grabens im Ostafrikanischen Grabenbruch und endet nördlich in der Senke von Danakil. Savannenlandschaften und Formationen erkalteter Lava prägen die Strecke entlang des Flusses auf dem Weg zum Awash-Nationalpark. In der Nähe des Stroms wurden in den 1970er-Jahren **zahlreiche Hominiden-Fossilien** gefunden sowie die ältesten bisher entdeckten Steinwerkzeuge. Der bekannteste Fund war das Skelett einer zum Todeszeitpunkt etwa 25-jährigen Frau, die wahrscheinlich vor ungefähr 3,2 Mio. Jahren gelebt hat und nur etwa 105 cm groß war. Das Skelett wurde **„Lucy“** genannt, nach dem Beatles-Song *„Lucy in the sky with diamonds“*, der während der Ausgrabungen im Camp ständig gespielt wurde. Der Knochenbau Lucys belegt, dass sich diese frühen Menschen, die der Gattung *Australopithecus afarensis* zugerechnet werden, schon völlig aufrecht fortbewegen konnten. Dieser Befund konnte anhand von Fußspuren, die in Tansania gefunden wurden und aus etwa derselben Zeit stammen, bestätigt werden. Nachdem Lucys Knochen seit 2007 in den USA verwahrt und ausgestellt wurden, um äthiopische Museen zu finanzieren, ist sie seit 2013 zurück im Nationalmuseum in Addis Abeba.

Die Awash-Region gilt seit den Funden als eine der Geburtsstätten der Menschheit. Die Ausgrabungsorte stehen seit 1980 auf der **UNESCO-Weltkulturerbe**-Liste.

Weiter südlich der Fundstelle von Lucy erstreckt sich der **Awash-Nationalpark**, der 1966 eingerichtet wurde und insbesondere dem Schutz von Sömmering-Gazellen, Grevy-Zebras und Beisa-Antilopen dient. Außerdem leben hier Paviane, Gueza-Affen und Meerkatzen, Klippspringer, Krokodile und Flusspferde, verschiedene Wildkatzen und Defassa-Wasserböcke. Der Park besteht zu großen Teilen aus Akazienwald und Grasland, bietet aber auch andere eindrucksvolle Landschaftsbilder: im Norden die heißen Quellen Filwoha in tropischer Oase, im Zentrum der

Wasserfall des Awash

Oryx-Antilopen im Awash-Nationalpark

Fantale-Vulkan mit bewaldetem Krater, im Südwesten der Awash mit seinen Wasserfällen, die in mehreren Kaskaden in eine Basaltschlucht stürzen.

Der Awash-Nationalpark befindet sich im Zentrum des Rift-Valley-Talsystems. Die Flussregion liegt **in einer der aktivsten geologischen Zonen der Erde**. Die Afar-Senke in der Danakil-Wüste, in der der Awash endet, ist – so sagen Geologen voraus – der Ort, an dem der afrikanische Kontinent eines Tages auseinanderbrechen könnte. Mit erstaunlicher Geschwindigkeit (erdgeschichtlich gesehen) streben hier die Erdplatten auseinander, was zur Entstehung von hunderten Brüchen und Spalten geführt hat. Die Erdkruste wird an diesen Stellen dünner und sinkt schließlich ein. Große Teile der Afar-Region liegen daher schon über 100 m tief unter dem Meeresspiegel. Mehrere Flüsse enden hier, sie haben Seen gebildet und irgendwann wird die ganze Gegend mit Wasser aus dem Arabischen Meer vollgelaufen sein.

Ein Ausflug zum nahen **Metahara-See** (auch *Beseka-See*) lohnt sich aufgrund der großen Anzahl an Flamingos, die an seinen Ufern lebt.

INFO

Awash-Nationalpark
Lage: ca. 220 km östlich von Addis Abeba
Größe: 756 km²
Tiere: seltene Gazellen-, Zebra-, und Antilopenarten
Besonderheit der Region: Hominiden-Fossilien; Frauenskelett „Lucy" (ca. 3,2 Mio. Jahre alt) ist UNESCO-Weltkulturerbe seit 1980
Sicherheit: Für die Senke von Danakil, wo der Awash endet – nicht für den Awash-Nationalpark selbst –, besteht ein erhöhtes Sicherheitsrisiko. Bitte informieren Sie sich beim Auswärtigen Amt vor Reiseantritt über die aktuelle Situation.
Information: www.tourism ethiopia.gov.et, www.ewca.gov.et

95 Von Lalibela nach Harar – heilige Stätten von Christen und Muslimen

Lalibela, das frühere Roha, liegt etwas versteckt am Fuße des mächtigen Mount Abune Yosef und wird als das **Jerusalem Äthiopiens** bezeichnet. Lalibela hat eine lange christliche (äthiopisch-orthodoxe) Tradition und ist ein wichtiger Wallfahrtsort für viele Gläubige. Die Stadt war nach dem Zusammenbruch des Reichs von Axum im 12. Jahrhundert Ausgangspunkt für die Entstehung des Königreichs Äthiopien.

Die Felsenkirche des Hl. Georg in Lalibela

Die Anlage der **elf weltberühmten Kirchen** aus dem 12./13. Jahrhundert, seit 1978 Weltkulturerbe, wurde nach Schätzungen von Wissenschaftlern ca. 100 Jahre lang gebaut. Es handelt sich überwiegend um Gruft- und Grottenkirchen (also nur teilweise aus dem Tuffstein herausgearbeitete Gebäude) sowie vier monolithische Kirchen, die nur noch durch den Sockel mit dem Fels verbunden sind. Fenster, Türen, Reliefs und Säulen wurden aus dem Stein geschnitten, der Innenraum ausgehöhlt, die bunten Wandgemälde wohl später angebracht. **Juwel der Anlage** ist die einzeln liegende **Georgs-Kirche** in Kreuzform, die mehrere Stockwerke tief in den Fels gemeißelt ist. **Bet Medhane Alem** ist die größte monolithische Kirche der Welt, wahrscheinlich wurde sie nach dem Vorbild St. Maria von Zion in Axum (s. S. 240) geschaffen. **Bet Maryam** ist vermutlich die älteste der Lalibela-Kirchen. Die Zwillingskirchen Debre Sinai/Bet Golgotha und das symbolische Grab Adams dürfen von Frauen nicht betreten werden. All diese Kirchen sind nicht nur Denkmäler, sondern auch heute noch Andachtsräume eines uralten und noch immer tief empfundenen Glaubens.

Nicht weit von den Felsenkirchen Lalibelas, gegenüber dem Timkat-Platz mit dem Taufbecken, steht der moderne Flachbau des **Hotel Roha** *mit 64 Zimmern und Restaurant mit äthiopischer und europäischer Küche (www.rohahotels.com).*

Durch karge Ebenen und landwirtschaftlich genutzte Flächen geht es anschließend nach Osten. Dem berühmten **Kloster Estifanos** auf einer Halbinsel im Hayk-See stand einst *Tekle Haimanot*, Gründer des Klosters Debre Libanos, vor. Frauen ist der Zutritt zum Kloster verwehrt. Manuskripte aus der Blütezeit befinden sich in der Nationalbibliothek in Addis Abeba.

Die südlich gelegene Stadt Dessie, heute eine der größten des Landes, wurde 1883 von Kaiser **Johannes IV.** nach einer Lichterscheinung, die er als Zeichen deutete, gegründet. Auf dem Weg gen Osten, nach **Bati**, schlängelt sich die Straße in Serpentinen 500 m hinab bis zum dortigen farbenfrohen Kamelmarkt der Danakil. Auf dieser alten

Route der Salzhändler wird noch heute das aus der Wüste gewonnene Salz ins Hochland transportiert. Schwindelerregende Kurven führen durch die Steinwüste mit riesigen Basaltfelsen und Salzseen. Von Bati geht die Straße **durch Steppen- und Halbwüstenlandschaft** und einen Teil des Yangudi Rassa National Park nach Awash.

Historisches Tor zur Altstadt von Harar

Nach der langen Fahrt und den vielen kulturellen Eindrücken kann man sich bei Wild- und Vogelbeobachtungen in der fantastischen Natur des Awash-Nationalparks (s. S. 232) erholen. Von dort aus geht es in Richtung Osten auf die **Straße nach Harar**, sie gehört zu den landschaftlich schönsten Strecken Äthiopiens. Vorbei an Kaffee- und Sorgumfeldern an den Berghängen erreicht man die einzige Stadt des Landes mit einer befestigten historischen Altstadt (seit 2006 UNESCO-Weltkulturerbe), die von Handelshäusern und Märkten geprägt ist.

Harar ist seit Jahrhunderten **geistiges und wirtschaftliches Zentrum der äthiopischen Muslime**. Die Stadt gilt hier vielen – nach Mekka, Medina und Jerusalem – als viertheiligste Stadt des Islam. Sie wurde im 13./14. Jahrhundert als muslimisches Sultanat gegründet. Heute leben hier Menschen vieler Ethnien und Religionen friedlich zusammen. Die historische Altstadt mit ihren verwirrend engen Gassen, unzähligen Moscheen und bunten Märkten ist ein eindrucksvolles Erlebnis. Eine besondere Attraktion sind die sogenannten **Hyänen-Männer**. In früheren Zeiten wurden in Harar aus hygienischen Gründen bei Einbruch der Dunkelheit die Tore der Stadtmauer geschlossen, die Menschen blieben in Ihren Häusern, und Hyänen drangen in die Stadt ein. Sie entfernten Abfall und sonstige Rückstände von den Straßen und sorgten so für Sauberkeit in der Stadt. Aus dieser Tradition heraus gibt es auch heute noch Männer, die Rudel von bis zu 40 wilden Hyänen so dressieren, dass sie auf ihr Rufen kommen und sich von ihnen mit Aas füttern lassen.

INFO

Lalibela
Lage: ca. 680 km nördlich von Addis Abeba
Einwohner: ca. 16.000 (Schätzung)
Besonderheit: elf monolithische Felsenkirchen (UNESCO-Weltkulturerbe); Heilige Stätte für äthiopisch-orthodoxe Christen

Harar
Lage: ca. 530 km östlich von Addis Abeba
Einwohner: weit über 100.000 (Schätzung)
Besonderheit: historische Altstadt (UNESCO-Weltkulturerbe); viertheiligste Stadt der äthiop. Muslime

Sicherheit: Die oben beschriebene Strecke zwischen Bati und dem Yangudi Rassa National Park liegt bereits in der Danakil-Wüste, für die ein erhöhtes Sicherheitsrisiko besteht. Bitte informieren Sie sich beim Auswärtigen Amt vor Reiseantritt über die aktuelle Situation. Für die Region Somali südlich und östlich von Harar und Jijiga besteht ebenfalls ein erhöhtes Sicherheitsrisiko.
Information: www.tourismethiopia.gov.et

96 Bahar Dar und Umgebung – ein Palast des Kaisers und die Quelle des Blauen Nil

Bahar Dar, die Hauptstadt der äthiopischen Provinz Amhara, wurde im 16. oder 17. Jahrhundert als kleine Jesuitensiedlung gegründet. Ein Gebäude aus dieser frühen Zeit der Stadtgeschichte kann noch heute in der Nähe des Zentrums besichtigt werden. Die Stadt Bahar Dar selbst hat – abgesehen von dem bunten, hektischen Markt am Samstag und einem Palast Haile Selassies – nicht allzu viele Sehenswürdigkeiten zu bieten. Der **Bezawit-Palast** ist zwar für Besucher nicht zugänglich, aber schon wegen der beeindruckenden Außenansicht einen Besuch wert. Außerdem hat man von hier aus einen traumhaften Blick über den Blauen Nil und seinen Austritt aus dem Tana-See.

Der 5 km nördlich von Bahar Dar gelegene **Tana-See** ist der höchstgelegene See Afrikas und die **Quelle des Blauen Nil**. Dieser Nebenfluss des „eigentlichen" Weißen Nil ist 1.783 km lang (also 463 km länger als z. B. der Rhein) und mündet bei Khartum und Omdurman in den Hauptstrom. Unterwegs auf dem Tana-See trifft man auf die traditionellen Papyrusboote, die den Einheimischen seit ewigen Zeiten als Transportmittel dienen.

Haile Selassie I., der letzte Kaiser Äthiopiens

Er wurde am 23. Juli 1892 in der äthiopischen Provinz Harar, als einzig überlebendes von neun Kindern seiner Mutter, geboren. **Tafari Makonnen** – so lautete sein eigentlicher Name – war der Sohn des Gouverneurs („Ras") von Harar und Großneffe des Kaisers *Menelik II.* von Äthiopien. Nach dem Tod seines Vaters wuchs der Junge am Hof des Kaisers auf. Schon im Alter von 17 Jahren bekam er die südliche Provinz Sidamo und kurz darauf die Region von Harar, seine Heimat, als Gouverneur zugeteilt. Nach einem Putsch der christlich-orthodoxen Aristokratie wurde er am 2. November 1930 unter dem Namen *Haile Selassie I.* (der so viel bedeutet wie „Macht der Dreifaltigkeit") zum Kaiser von Äthiopien gekrönt. Während seiner Regierungszeit setzte er sich für die Modernisierung und Zentralisierung seines Landes ein und galt im Ausland als verlässlicher Partner und afrikanische Integrationsfigur. Seit den 1970er-Jahren häuften sich jedoch vor allem unter den Studenten die Forderungen nach mehr demokratischen Elementen und eine allgemeine Versorgungskrise verstärkte die Unzufriedenheit in der Bevölkerung. Der Kaiser musste schließlich am 12. September 1974 nach einem Militärputsch abdanken und starb bald darauf im Arrest unter ungeklärten Umständen.

Aus seinem Gouverneurstitel „Ras" und seinem eigentlichen Vornamen „Tafari" setzt sich „**Rastafari**", die Bezeichnung der in Jamaika entstandenen, christlichen Bewegung der dortigen schwarzen Bevölkerung zusammen, die in dem Kaiser Äthiopiens den Messias sieht. Er gilt dort als die 225. Wiedergeburt Salomos, der wiederum ein Nachfahre Jesu gewesen sein soll.

Haile Selassie I., um 1923, Library of Congress

Papyrus-Floß auf dem Tana-See

Zahlreiche Klöster befinden auf den vielen kleinen Inseln des Sees. Manche stammen noch aus dem 11. Jahrhundert, andere aus der Zeit des späten Mittelalter bzw. der frühen Neuzeit. Besonders der Klosterkomplex Ura Kidane Meheret aus dem 12. Jahrhundert bietet sich für einen Besuch an. Er birgt wertvolle Goldschätze und ist mit farbenfrohen Fresken geschmückt. Die kreisrunde Kirche verfügt über ein riesiges Kegeldach.

Etwa 30 km südöstlich von Bahar Dar gelegen, sind die **Tisissat-Wasserfälle** des Blauen Nil ein weiteres lohnendes Ausflugsziel. Besonders am Ende der Regenzeit hört man von weitem das Donnern und Tosen des auf den Felsen aufprallenden Wasserfalls. Das Wasser stürzt hier auf einer Breite von 400 m ungefähr 45 m in die Tiefe.

In der Innenstadt Bahar Dars, nicht weit vom Tana-See, steht das moderne **Summerland Hotel** *mit Restaurant (www.summerbahirdar.com).*

INFO

Bahar Dar
Lage: ca. 550 km nordwestlich von Addis Abeba
Einwohner: mindestens 167.000, wahrscheinlich über 200.000 (Schätzung)

Besonderheiten der Umgebung: Palast von *Haile Selassi I.*, Tana-See (Quelle des Blauen Nil), Tisissat-Wasserfälle
Information: www.tourismethiopia.gov.et

97 Gondar – das Camelot Äthiopiens

Über 200 Jahre lang war Gondar die **Hauptstadt Äthiopiens**. Im Jahr 1635 wurde es von *Fasiledes*, der von 1632 bis zum 18. Oktober 1667 *Neguse Negest* (Kaiser) von Äthiopien war, gegründet. *Fasiledes* gehörte zur Salomonischen Dynastie, die auf Kaiser *Menelik I.* (ca. 1000 v. Chr.) zurückgeht und bemühte sich Zeit seines Lebens, die Macht der äthiopisch-orthodoxen Kirche zu stärken. Auch heute noch ist Gondar ein wichtiges religiöses Zentrum.

Die Palastanlage von Gondar

Als erste Hauptstadt mit Stein-Palästen und mit damals schon 80.000 Einwohnern war Gondar ein **Zentrum für Kunst und Literatur**. Die im Herzen der modernen Stadt liegenden, noch erhaltenen Palastanlagen *(Fasil Ghebbi)*, die von einer Mauer mit zwölf Toren umgeben sind, lassen die einstige Pracht und Macht erahnen. Seit 1979 gehört die Anlage zum UNESCO-Weltkulturerbe.

Mitten in der Stadt steht eine der schönsten Kirchen Äthiopiens: **Debre Berhan Selassie** (Weihe 1694) mit dem berühmten Deckengemälde aus Reihen geflügelter Engelsköpfe und Kreuzornamenten. Die Wandmalereien zählen zu den wunderbarsten der Ikonografie Äthiopiens. Etwas außerhalb der Stadt liegt ein kleines Wasserschloss, das ehemalige Bad des *Fasiledes*. Hier wird alljährlich das Timkat-Fest, das an die Taufe Jesu im Jordan erinnert, gefeiert.

Als „Kontrastprogramm" zu dieser Hochburg der Zivilisation und Kultur bietet sich ein Besuch im unwirtlichen, aber durch seine seltene Tierwelt äußerst interessanten **Simien Mountains National Park** an. Das im Norden Äthiopiens gelegene Schutzgebiet wurde 1969 unter anderem wegen einiger gefährdeter und endemischer Tiere eingerichtet, wie z.B. des Äthiopischen Steinbocks, des Äthiopischen Wolfs, des Dschelada-Pavians (Blutbrustpavian) und mehrerer Vogelarten. Das Gebirge umfasst mindestens zwölf Gipfel, die mehr als 4.000 m hoch sind, darunter den **Ras Dashen**, den **höchsten Punkt Äthiopiens** und siebthöchsten Gipfel Afrikas.

Eine einzige unbefestigte Straße führt quer durch den Park: von Debark ostwärts über das Sankaber und das Chennek Camp bis zur Ostgrenze. Diese Route ermöglicht es, die interessantesten Stellen des Parks innerhalb kurzer Zeit zu besichtigen. Langwieriger, aber auch spannender ist es, den Park zu Fuß oder auf Maultieren entlang den schmalen

Blick ins Umland der Simien-Berge

Nutzwegen der Einheimischen zu erkunden. Im Gegensatz zu den meisten anderen Parks in Afrika, kann man im Simien-Park keine Gepäckträger engagieren. Stattdessen werden Maultiere angeboten, für die man auch einen Treiber anheuern muss. Zudem sind ein örtlicher Führer sowie bewaffnete Ranger als Begleitung Pflicht.

Abgesehen von den drei Säugetierarten, für die der Park in erster Linie eingerichtet wurde, leben hier noch **Antilopenarten** wie Klippspringer und Buschbock sowie Hyänen und Schakale. Bis auf letzteren, der auch gerne mal in den Camps auftaucht, wird man diese aber nur selten zu sehen bekommen. Die Vögel betreffend ist der Artenreichtum hier nicht so hoch, wie in anderen Nationalparks. Berühmt sind die Berge jedoch für die Raubvögel, die in den Felsen nisten, insbesondere für den **Bartgeier** (auch Lämmergeier genannt), der hier häufig beobachtet werden kann.

Die Simien Mountains wurden 1978 zum UNESCO-Weltnaturerbe erklärt. Da jedoch immer mehr Menschen im Gebiet des Parks ansiedelten und die Anzahl von Exemplaren der gefährdeten Tierarten, wie z.B. des Äthiopischen Steinbocks, weiter sank, steht der Park seit 1996 auf der **Roten Liste des gefährdeten Welterbes**.

Auf einem Berg am Rande von Gondar steht das **Goha Hotel** *mit ca. 70 Zimmern, Restaurant und Terrasse mit bestem Ausblick auf die Stadt (www.gohahotel.com). Im Simien Mountains N.P. liegt die* **Simien Lodge**, *bestehend aus 20 Zimmern in 10 runden Steinhäusern. Sie liegt auf 3.260 m und ist damit* **Afrikas höchstgelegenes Hotel** *(www.simiens.com).*

INFO

Gondar
Lage: im Norden, ca. 50 km nördlich des Tana-Sees (s. S. 236)
Größe: ca. 240.000 Einwohner (Schätzung)
Besonderheit: Palastanlagen *Fasil Ghebbi*, UNESCO-Weltkulturerbe
Information: www.tourismethiopia.gov.et

Simien Mountains National Park
Lage: ca. 100 km nördlich von Gondar
Größe: 232 km²
Tiere: Steinböcke, Antilopen, Paviane, Hyänen und Raubvögel
Besonderheit: höchster Berg in Äthiopien: Ras Dashen (4.550 m), UNESCO-Weltnaturerbe
Information: www.ewca.gov.et

98 Axum – sagenumwobene Heilige Stadt und Krönungsort

Axum (auch *Aksum*) ist eine der Hauptattraktionen Äthiopiens. Die frühere Hauptstadt des gleichnamigen Königreichs gilt in der äthiopisch-orthodoxen Kirche als **heilige Stadt**. Das heutige Axum erstreckt sich auf ca. 1,5 km², die Ausdehnung der antiken Stadt ist unbekannt, aber die erhaltenen Reste nehmen eine ähnlich große Fläche ein. Axum war der **Krönungsort** äthiopischer Könige bis hin zur Zeit *Haile Selassies*, des letzten Monarchen, und der Legende nach die Residenz der sagenumwobenen *Königin von Saba*.

Marienprozession am Stelenpark

Die Ruinen und Monumente des einst so prächtigen Reichs von Axum sind allgegenwärtig. Besonders beeindruckend ist der **Stelenpark**, der einige der größten bearbeiteten Monolithe der Welt aufweist. Die äthiopischen Stelen werden häufig mit den ägyptischen Obelisken in Verbindung gebracht, haben aber einen völlig anderen kulturellen bzw. kultischen Hintergrund. Während die ägyptischen, nach oben sich verjüngenden Steinpfeiler die Strahlen des Sonnengottes symbolisierten, sind die in Axum zu bewundernden Stelen **Teile von Grabbauten**. Ursprünglich als einfache Markierung von Gräbern gedacht, wurden die Stelen im Laufe der Zeit immer stärker bearbeitet und verziert, was wohl mit der Vorstellung vom Grab als dem „Haus des Toten" zusammenhängt. Eine der größeren Stelen steht noch aufrecht, sie ist insgesamt 24 m hoch, davon befinden sich 3 m Gestein unter der Erdoberfläche. Die größte Stele – 33,5 m hoch und 520 Tonnen schwer – stürzte dagegen wahrscheinlich schon während des Aufstellens um. Bei Ausgrabungen an ihrem Fuß wurden Grabeingänge freigelegt, die in ein unterirdisches System von Gängen und Höhlen führen.

In den **Museen von Axum** finden sich uralte Münzen und Schriftrollen, Steintafeln mit Inschriften und jahrhundertealte Schmuckstücke in großer Zahl. Außerdem sind bedeutende Kirchenschätze und prachtvolle Kaiserkronen zu bewundern.

Die **alte Maria-Zion-Kirche** im Zentrum der Stadt ist das älteste und wichtigste Kirchengebäude der äthiopisch-orthodoxen Kirche. Eine Kapelle hütet angeblich das größte Heiligtum Äthiopiens, die **Original-Bundeslade** mit den steinernen Gesetzestafeln *Mose*. Laut äthiopischen Quellen aus dem 14. Jahrhundert soll die *Königin von Saba* König *Salomon* in Jerusalem besucht haben und mit ihm *Menelik* gezeugt haben. Dieser soll später selbst nach Jerusalem gereist sein und die Bundeslade von dort mitgebracht haben. Zurück in seiner Heimat wurde *Menelik* zum ersten König von Äthiopien gekrönt. Ein Mönch ist noch heute mit der Bewachung der Bundeslade als lebenslangem Amt beauftragt. Er gibt diese Aufgabe kurz vor seinem Tod an einen Nachfolger weiter. Frauen dürfen die Kirche nicht betreten. Kaiser *Haile Selassie I.* baute in den 1950er-Jahren die **neue Marienkathedrale**, die für beide Geschlechter geöffnet ist, direkt daneben.

*Das **Yeha Hotel** mit seinen 60 Zimmern und einem Restaurant bietet einen wunderbaren Blick auf den Stelenpark und die Marienkathedrale von Axum (www.yehahotelaxum.com).*

Die alte Maria-Zion-Kirche

Erst im Mai 2008 wurden in Axum die Überreste eines Palastes gefunden, der angeblich der *Königin von Saba* gehört haben soll. Ihr Sohn *Menelik* soll ihn jedoch abgerissen und kurz darauf neu – auf den Stern Sirius hin – ausgerichtet haben. Das neue Bauwerk soll als Aufbewahrungsort für die Bundeslade gedient haben. In der Fachwelt wird diese Theorie jedoch größtenteils abgelehnt. Die Existenz eines antiken Judentums in Äthiopien wird als eine ideologisch motivierte Konstruktion des christlichen Mittelalters angesehen.

Die **Ruinen des Palastes von König Kaleb** sowie sein Grabmal sind ebenfalls einen Besuch wert. Der König, der eigentlich *Ella Asbeha* hieß, lebte von ca. 500 bis 540 und war von 520 bis zu seinem Tod König von Äthiopien. Er eroberte Teile Südarabiens und taucht auch in Texten von westlichen Historikern der Spätantike auf.

Abstecher nach Yeha

Etwa einen halben Tag muss man für die 50 km-Strecke von Axum gen Osten, in das malerisch am Fuße eines Felsens gelegene Yeha rechnen. Der kleine Ort wurde ca. 600 v. Chr. von Einwanderern aus Südarabien gegründet. Die Ruine des Mondtempels auf einer Erhebung ist von weitem sichtbar. Der Tempel wurde ohne Mörtel erbaut und ist das einzig erhaltene Monument aus voraxumitischer Zeit (5. Jh. v. Chr.). An seinen Mauern befinden sich die **ältesten Inschriften Äthiopiens** und Friese mit heidnischen Symbolen (z.B. Wildziegen). Direkt neben dem Tempel steht eine äthiopisch-orthodoxe Kirche. Das nahe auf einem Tafelberg gelegene Debre Damo ist das **älteste Kloster Äthiopiens** und berühmt für seine Handschriftensammlung. Der abenteuerliche Aufstieg an der glatten Felswand, der nur mit Hilfe eines Seils möglich ist, ist nur Männern erlaubt.

INFO

Axum

Lage: im Norden, ca. 65 km von der Grenze zu Eritrea entfernt
Einwohner: ca. 60.000 (Schätzung)
Besonderheit: frühere Hauptstadt des Königreichs von Axum, UNESCO-Weltkulturerbe
Sicherheit: Für das Gebiet nördlich von Axum bis zur eritreischen Grenze besteht ein erhöhtes Sicherheitsrisiko. Bitte informieren Sie sich beim Auswärtigen Amt vor Reiseantritt über die aktuelle Situation.
Information: www.tourismethiopia.gov.et

Mosambik

Wilde Ursprünglichkeit
und paradiesische Strände

Reisen nach Mosambik waren lange Zeit undenkbar. Der 16 Jahre andauernde Bürgerkrieg, der das Land von 1976 an beherrschte, führte zu einem völligen wirtschaftlichen und kulturellen Zusammenbruch. Die durch schwere Regenfälle ausgelöste Flutkatastrophe im Jahr 2000 trug auch nicht gerade zur Erholung des schwer geprüften, kleinen Landes im Südosten Afrikas bei. Doch seit einigen Jahren hat Mosambik als Reiseland eine erstaunliche Entwicklung gemacht. Viele Reisende suchen an den Traumstränden der verschiedenen Inseln Erholung nach einer Safari in anderen Ländern des südlichen Afrika, aber auch Mosambiks eigene Wildschutzgebiete werden nach und nach als lohnende Safari-Ziele entdeckt.

Bezaubernd an diesem Land ist seine wilde Ursprünglichkeit. Wildlife und herrliche, unberührte Strände laden zum Urlaub pur ein. Reisen in Mosambik führen durch ein subtropisches Paradies: Unter Kokosnuss-Palmen an weiten und einsamen Stränden lädt das warme Wasser zum Baden ein. Möglichkeiten zum Schnorcheln oder Tauchen in den faszinierenden Korallenriffen gibt es zuhauf.

Man trifft auf eine freundliche, aufgeschlossene Bevölkerung, die sich mit Neugier dem Besucher zuwendet. Mosambik ist bequem per Mietwagen oder Flugzeug von Südafrika aus zu erreichen. Noch steht das Land am Beginn der touristischen Entwicklung. Als Besucher hat man die Chance, gerade jetzt noch viel Authentisches zu erleben.

Steckbrief Mosambik

Lage: im Südosten Afrikas, am Indischen Ozean
Fläche: 799.380 km²
Einwohnerzahl: 24 Mio.
Hauptstadt: Maputo
Staats- bzw. Regierungsform: Republik, Präsidialdemokratie
Sprachen: Portugiesisch als Amts- und Verkehrssprache, daneben über 40 afrikanische Sprachen
Währung: (Neuer) Metical
Exportgüter: Aluminium, Cashewnüsse, Krustentiere, Baumwolle und Zucker
Bevölkerung: 20,3 Mio.
Religion: 45 % Naturreligionen, 37 % Christen, 18 % Muslime
Klima: subtropisch bis tropisch
Beste Reisezeit: April bis Oktober
Vorgeschriebene bzw. empfohlene Impfungen: Gelbfieber (vorgeschrieben bei Einreise aus einem Risikogebiet), Tetanus, Diphtherie, Poliomyelitis (Kinderlähmung) und Hepatitis A (empfohlen), Malaria-Prophylaxe!

99 Der Bazaruto-Archipel – tropisches Inselparadies

100 Pemba und der Quirimbas-Archipel

101 Niassa Game Reserve – Miombowald und Tausende Tiere

99 Der Bazaruto-Archipel – tropisches Inselparadies

Der Bazaruto-Archipel gehört zu den schönsten des afrikanischen Kontinents. Ein **tropisches Paradies** entfaltet sich hier, nur zwei Flugstunden vom lärmenden Johannesburg entfernt: azurblaues warmes Wasser, sandige Strände, Palmen, unberührte Korallenriffe und tropische Fische. Vor Hunderttausenden von Jahren lagerte der Fluss Limpopo, der aufgrund tektonischer Aktivitäten heute einige hundert Kilometer weiter südlich fließt, riesige Mengen Sand hier an. Zum Archipel gehören vier größere Inseln: Magaruque, St. Carolina, Benguerra, die zweitgrößte Insel der Gruppe, und die Hauptinsel Bazaruto. Daneben gibt es noch einige kleinere, meist unbewohnte Inseln. Der Bazaruto-Archipel wurde im Rahmen eines Naturschutzprojekts in den 1970er-Jahren zum Nationalpark erklärt. Es gibt keine befestigten Straßen und nur die zu den wenigen Hotels gehörigen Autos. Das Ökosystem der Inseln soll möglichst unberührt bleiben.

Entspannen unter Palmen

Bazaruto ist 37 km lang und erstreckt sich auf einer Breite von etwa 7 km. Das Landschaftsbild ist abwechslungsreich: Während im Westen die Savanne mit Grasland und Sträuchern vorherrscht, ist der Osten geprägt von riesigen weißen Sanddünen. Die **Pflanzenwelt** der Insel ist beeindruckend. Neben einer Reihe von landwirtschaftlich nutzbaren Pflanzen wie Sisal, wilden Orangenbäumen und Cashewnussbäumen – aus den Schalen der Letzteren wird ein starker Schnaps gebraut – findet sich eine unglaubliche Vielfalt an, teils seltenen, in allen möglichen Farben blühenden Pflanzen. **164 verschiedene Vogelarten**, darunter seltene Varianten von Nektarvögeln, Bienenfressern und Regenbrachvögeln, begeistern Ornithologen. Von der übrigen Tierwelt sind vor allem die großen Krokodile, die sich in den Süßwasserseen der Insel tummeln, und die Flamingos, Pelikane und Kormorane zu erwähnen, die in großer Zahl die Wasserstellen bevölkern.

Die Hauptattraktionen der Insel finden sich aber im und am **indigoblauen Wasser** des Indischen Ozeans: Für Tiefseetaucher, Schnorchler, Angler und Muschelsammler ist die Insel ein Paradies. An den **blühenden Korallenriffen**, die über 100 Korallenarten beheimaten, sind nicht nur viele große Meeresbewohner, wie Haie, Delfine und Mantas sowie eine Reihe von typischen Tropenfischen zu entdecken, sondern auch einige geheimnisvolle Schiffswracks. Die Küste von Bazaruto ist einer der wenigen Orte weltweit, an denen man die vom Aussterben bedrohten Dugongs (auch Gabelschwanzseekühe genannt) und den Chinesischen Weißen Delfin noch in ihrem natürlichen Lebensraum beobachten kann.

Die kleinen …

Für Hochseefischer ist die Insel einer der besten „Jagdgründe" weltweit. Über 2.000 Fischarten tummeln sich in den Gewässern rund um die Insel, darunter verschiedene Fächer- und Speerfischarten. Gewöhnlich werden die Fische aber nicht etwa verspeist, sondern nur markiert und wieder in die Freiheit entlassen. Wer nicht die nötige Geduld für den Angelsport aufbringt, der kann sich bei den verschiedensten **Wassersportarten**, wie Segeln, Kajak fahren, Surfen oder Wasserski, austoben oder sich im Dune-Boarding auf den weit über 100 m hohen Dünen versuchen.

… und großen Bewohner Bazarutos

Der Bazaruto-Archipel ist kein Ort des Massentourismus, und das soll auch so bleiben. Nur relativ wenige – dafür äußerst luxuriöse – Hotelbetten stehen für Reisende zur Verfügung. Die exklusive **Benguerra Lodge** *liegt in einem Milkwood-Wald direkt an der Benguerra-Bucht, umgeben von weißen Stränden und Korallenriffen. Für die Gäste stehen Chalets mit Bad zur Verfügung, alle haben einen privaten Balkon mit Blick auf das Wasser (www.andbeyond.com).*

Bazaruto National Park
Lage: im Südwesten, etwa 10 km vor der Küste von Mosambik
Größe: 1.600 km²
Tiere: Krokodile, Flamingos, Pelikane, reiche Vogel- und Unterwasserwelt
Information: www.bazaruto.org

INFO

100 Pemba und der Quirimbas-Archipel

Sanft rollen kleine Wellen an die Ufer der Lagune. Das Wasser ist türkisfarben, der Sand ebenso weiß wie die Segel der vielen Dhauen, die im Hafen von Pemba ein- und auslaufen. Die **Hauptstadt der Provinz Cabo Delgado** im Nordosten Mosambiks ist Handels- und administratives Zentrum der relativ dünn besiedelten (nur 16 Einwohner pro km^2), nördlichsten Provinz des Landes. Unter portugiesischer Kolonialherrschaft, die in Mosambik bis in die 1970er-Jahre andauerte, hieß sie Porto Amélia. Dabei hatten die in Pemba lebenden, freiheitsliebenden Völker der Makua, Yao und Makonde schon Mitte des 19. Jahrhunderts gegen die ausbeuterische Fremdherrschaft aufbegehrt.

Das heutige Stadtbild Pembas ist von **starken Gegensätzen** geprägt: Die von Affenbrotbäumen gesäumte Altstadt auf der vom Meer abgewandten Seite besteht größtenteils aus traditionellen Holzhütten. Hier befinden sich die Wohngebiete der einheimischen Bevölkerung. Auf der anderen Seite der Stadt, mit Blick auf die Lagune, reihen sich luxuriöse Hotels und Restaurants aneinander. Insbesondere der berühmte, etwa fünf Kilometer südlich des Zentrums gelegene **Wimbe-Strand** ist ein Touristenmagnet: feinster, weißer Sand auf einer Küstenlänge von acht Kilometern. Ein Casino, verschiedene Nachtclubs und Bars und mehrere Tauchbasen runden das Bild vom Luxus-Feriendomizil ab.

Schon seit dem 14. Jahrhundert wird in Pemba Handel betrieben. Inzwischen gibt es neben dem Schiffsverkehr – die allgegenwärtigen Dhauen werden sowohl für Fischerei als auch für Handel genutzt – auch einen internationalen Flughafen.

Die Stadt ist ein idealer Ausgangspunkt für Ausflüge auf die Inseln des **Quirimbas-Archipels**. 27 Inseln gehören zu der Gruppe, darunter Ibo, Matemo, Quilaluia, Quirimba, Quisiva und Rolas Island. Viele der kleineren Inseln sind jedoch unbewohnt und nicht mehr als größere Sandbänke. 2002 wurden die meisten der teilweise malerisch von Mangroven eingerahmten Inseln sowie ein großer Teil des Festlands nördlich von Pem-

Unentbehrlich für Handel und Fischerei: Dhauen

Robinson-Crusoe-Feeling auf Medjumbe

ba zum **Quirimbas National Park** erklärt. Bei den meisten Siedlungen an der Küste und auf den Inseln handelt es sich um Fischerdörfer. Die Meerestiere bilden seit Jahrhunderten die Lebensgrundlage der hier lebenden Bevölkerung.

Inselbewohner

Am Strand von Pemba, unweit des Inselarchipels, liegt das **Pemba Beach Hotel & Spa**. *Umgeben von einer Mischung aus ostafrikanischem und arabischem Flair kann sich der Besucher hier nach allen Regeln der (Wellness-)Kunst verwöhnen lassen. An der Küste tummeln sich Delfine, Wale, Meeresschildkröten und viele tropische Fische. Die Hotelanlage bietet für jeden Geschmack und (fast jeden) Geldbeutel etwas: klassische Einzel- und Doppelzimmer, diverse Suites oder Villen mit Selbstversorgung. Alle Zimmer sind mit Klimaanlage, Badezimmer und eigener Veranda ausgestattet (www.pembabeachresort.com).*
Die kleine Privatinsel **Medjumbe**, *die zum Quirimbas-Archipel gehört, ist ein Geheimtipp. Nur 13 wunderschön am Strand gelegene Chalets, alle mit Klimaanlage, Badezimmer und Freiluftdusche ausgestattet, bieten dem Besucher ein einzigartiges Inselerlebnis (www.medjumberesort.com).*

INFO

Pemba
Lage: im Nordosten von Mosambik
Einwohner: 120.000 (geschätzt 2007)
Besonderheit: Hauptstadt der Cabo Delgado Provinz, Hafen- und Lagunenstadt
Information: www.visitmozambique.net

101 Niassa National Reserve – Miombowald und Tausende Tiere

Die Provinz Niassa im Norden Mosambiks ist die größte und fruchtbarste des Landes. Sie ist aber auch – trotz mehrerer Versuche, Menschen aus anderen Regionen hier anzusiedeln – die am dünnsten besiedelte. Ganz im Norden der Provinz, an der Grenze zu Tansania, befindet sich das **Niassa National Reserve**, das größte Naturschutzgebiet Mosambiks. Es umfasst eine Fläche, die mehr als doppelt so groß ist wie der Kruger-Nationalpark in Südafrika! Das Reservat bildet gemeinsam mit dem Selous Game Reserve in Tansania (s. S. 156) das gewaltige Selous-Niassa-Ökosystem. Niassa bietet dem bei Weitem größten Tierbestand Mosambiks Lebensraum und Schutz.

Krokodilgefahr? Gewässer in Niassa

Die Landschaft bietet ein abwechslungsreiches Bild: Felsen, Savannenlandschaft und dichte Wälder wechseln einander ab. Eine Besonderheit von Niassa aber ist sein gewaltiger **Miombowaldbestand**. Das Reservat befindet sich im Herzen der fast 3,6 Mio. km^2 großen Miomboregion, die sich u. a. über Angola, Tansania und Mosambik erstreckt. Miombo ist ein Trockenwald im südlichen Zentralafrika, der sich durch weit auseinander stehende Bäume und geringes Unterholz auszeichnet. Drei charakteristische Pflanzenarten des Miombo sind die Johannesbrotgewächse Brachystegia, Isoberlinia und Julbernardia. Ihre Blätter sind gefiedert und ihre Kronen schirmförmig. Der Miombowald kann durch seine an die Umgebung angepassten Pflanzen und Bäume extrem lange Dürreperioden überstehen. Er hält sich in Trockensavannenlandschaften auch bei extrem niedrigen Jahresniederschlagsmengen von nur 650–1.000 mm. Ein großes Problem für den Miombowald stellt dagegen der Raubbau v. a. durch die Tabakindustrie dar, die das Holz für die Trocknung der Tabakpflanzen verwendet.

Das Niassa-Reservat beherbergt **enorme Populationen vieler verschiedener Tierarten**. Über 12.000 Elefanten – Tendenz steigend – leben hier, ca. 9.000 Rappenantilopen und jeweils mehrere tausend Afrikanische Büffel, Elenantilopen und Zebras. Flusspferde sind inzwischen leider eher selten, da viele von ihnen gewildert wurden, aber Krokodile finden sich häufig in und an den diversen Seen des Reservats. Kudus, Antilopen und Impalas kann man in großer Zahl beobachten. Wer Raubtiere sehen möchte, wird sich an den vielen Löwen, Hyänen und Leoparden freuen, die hier ihr Jagdrevier haben.

Auch Vogelkundler und -liebhaber kommen in Niassa voll auf ihre Kosten: Über 370 verschiedene Arten wurden bisher registriert, darunter sind so seltene und gefährdete wie die Afrikanische Fischeule oder der Angolapitta.

„Hoher Besuch" im Camp

Keine Scheu vor großen Tieren sollte man haben, wenn man im **Lugenda Wilderness Camp** *übernachtet. Das mit Hilfe der Rani Resorts errichtete Artenschutzgebiet Lugenda Wilderness Reserve (kurz: Luwire) innerhalb des Niassa-Gebiets ermöglicht ein Safarierlebnis der besonderen Art. An kaum einem anderen Ort kann man das Abenteuer Wildnis und Weite des afrikanischen Kontinents in so unmittelbarer Form erleben. Im Gegensatz zu bekannteren Parks sind die Tiere hier noch nicht an Autos und Besucher gewöhnt – und sind teilweise dementsprechend scheu. Dafür ist echte Busch-Atmosphäre garantiert. Nur acht Zeltunterkünfte stehen zur Verfügung, die in ihrer luxuriösen Ausstattung einen starken Kontrast zur Umgebung bilden. Die Unterkünfte am Ufer des Lugenda River verfügen jeweils über eigene Veranden und Badezimmer (www.lugenda.com).*

Auf Walking-Safari im Lugenda Wilderness Reserve

Niassa National Reserve
Lage: im Norden von Mosambik, an der Grenze zu Tansania
Größe: 42.000 km²
Tiere: Elefanten, Antilopen, Büffel, Zebras
Besonderheit: eines der größten Miombowaldgebiete der Welt
Information: www.niassareserve.org

INFO

Anhang

Safariberater: Was kann man wo erleben?

BW = Botswana, ET = Äthiopien, KE = Kenia, MZ = Mosambik, NA = Namibia, RW = Ruanda, TZ = Tansania, UG = Uganda, ZA = Südafrika, ZM = Sambia, ZW = Simbabwe

Abenteuer

Genuss

Kultur

Landschaft

Luxus

Tiere

Vegetation

Wandern

Wassersport/Tauchen

Auf Safari: Organisiert oder auf eigene Faust?

Safari ist Kisuaheli und bedeutet ganz einfach „Reisen". Ursprünglich wurden damit Reisen in Ostafrika bezeichnet, die von Trägerkarawanen unternommen wurden. Später bedeutete es „Jagdausflug", heute bezieht sich das Wort in der Regel auf Fotosafaris. In diesem Buch bedeutet Safari, die Wildnis, aber auch die Kultur des afrikanischen Kontinents kennenzulernen. Denn das Buch enthält nicht nur die typischen Safariziele wie Südafrika und Kenia, sondern auch exotischere wie Äthiopien und Mali. Im Folgetext bezieht sich Safari aber auf die zahlreichen Möglichkeiten, die wildreichen Reservate und Nationalparks des **südlichen** und **östlichen Afrika** zu entdecken.

Generell kann man zwischen einer privaten, individuellen Safari mit einem Mietwagen oder einer organisierten Tour unterscheiden. Beides hat Vor- und Nachteile und sollte in jedem Fall den Wünschen jedes einzelnen angepasst sein.

Bei einer **Selbstfahrertour** liegen die Vorteile auf der Hand: Man ist unabhängiger in seiner Reiseplanung, entscheidet spontan über die Länge der einzelnen Etappen und die Zeit, die man sich für Beobachtungen nimmt. Legt man sich schon vorab auf eine bestimmte Strecke fest, kann man auch die ersten Unterkünfte im Voraus buchen, was ohnehin in der Hauptsaison sehr zu empfehlen ist. Ob man Campen, in einfachen Gästefarmen am Familienleben teilnehmen oder in Hotels oder luxuriösen Lodges übernachten möchte, kann frei entschieden werden. Eine gewisse Portion Abenteuerlust darf aber hier nicht fehlen: Autopannen, sich selber mit der Karte in einem fremden Land zurechtfinden, auf mehr oder weniger gut ausgestatteten Campingplätzen übernachten – und vor allem die Bereitschaft, sich auf Land und Leute einzulassen und sich in ungewohnten Situationen zurechtzufinden sind hier gefragt. „Einsteigerländer" für Selbstfahrer sind z. B. Südafrika und Namibia. Viele, zumeist gut ausgebaute Strecken kann man mit einem normalen Pkw befahren, die touristische Infrastruktur ist exzellent. Die großen Parks wie der Etosha National Park oder der Kruger National Park sind ohne Probleme mit dem eigenen Wagen befahrbar. Besonders in den vegetationsarmen Wintermonaten kann auch der „Einsteiger" ohne Probleme zahlreiche Tiere entdecken. Zudem geben die Parkranger gerne Auskunft, wo man welche Tiere am besten beobachten kann.

Ursprünglich: auf eigene Faust durch Namibia

In den bekannteren Parks wie der Masai Mara ist man häufig nicht allein

In infrastrukturell schwächer ausgebauten Ländern wie Botswana oder Zambia kann man ebenfalls alleine auf die Pirsch gehen – das allerdings erfordert eine gute Planung und etwas Afrika-Erfahrung kann nicht schaden.

In den privaten Wildschutzgebieten mit z. T. sehr luxuriösen Unterkünften ist man in jeglicher Hinsicht bestens versorgt – das allerdings schlägt sich auch im Preis nieder. In offenen Geländewagen und mit ausgebildeten Rangern wird auf die Pirsch gefahren. Diese Art der Reisegestaltung ist eine ideale Kombination aus selbstbestimmten und organisierten Elementen und entspricht somit einer „organisierten Selbstfahrertour".

Organisierte Safaris in unterschiedlich großen Gruppen sind in der Regel etwas preisgünstiger und man braucht sich um die Organisation keine Sorgen zu machen. Zudem werden einem mitunter Gebiete zugänglich gemacht, die man alleine nicht erreichen kann oder nur zu einem wesentlich höheren Preis, wie z. B. mit einem kleinen Charterflugzeug. Allerdings können unterschiedliche Interessen hier durchaus zu Spannungen führen. Wer es sich leisten kann, kann eine private Chauffeurtour für sich und seine Mitreisenden buchen.

Reine **Flugsafaris** (sog. Fly-In-Safaris) sind die Variante für Menschen mit wenig Zeit, aber viel Geld. Hier wird man mit dem Kleinflugzeug von Lodge zu Lodge geflogen (allesamt luxuriös). Zu vielen Camps, z. B. im Okavango-Delta, gelangt man sogar nur mit dem Flugzeug.

In den Parks selber gibt es noch weitere Möglichkeiten, die afrikanische Wildnis zu entdecken: Walkingsafaris oder einfache Campingsafaris für den Naturliebhaber, Safaris auf Pferden oder Elefanten für die mit einem Hang zu ausgefallenen Vergnügungen, mit dem Heißluftballon für die Romantiker oder mit dem Einbaum (Mokoro) für die stillen Entdecker – für jeden Geschmack ist etwas dabei.

Mit Kindern auf Safari

Eine Ferienreise auf einen anderen Kontinent – und das mit Kindern? Was zunächst eher abwegig klingt, kann zu einem **fantastischen Erlebnis für alle Beteiligten** werden. Zwar ist Afrika kein ausgesprochenes Familienreiseziel, aber mit der richtigen Planung ist Eltern und Kindern ein unvergesslicher Urlaub sicher. Die Begegnung mit einer noch weitgehend intakten Natur und vor allem mit Tieren, die man sonst nur aus Bilderbüchern oder den Medien kennt, lässt auch bei den Kleinen die Herzen höher schlagen.

Wichtig ist, dass die Fahrstrecken nicht zu lang werden und nicht zu oft die Unterkunft gewechselt wird, also statt zwei Übernachtungen ruhig drei bis vier an einer Stelle. Auch die Auswahl des Reiseziels ist von Bedeutung: Die Länder des südlichen und östlichen Afrika sind unterschiedlich gut geeignet für einen Urlaub mit Kindern. Generell gilt: In den „wilderen", weniger touristisch erschlossenen Ländern wie Ruanda und Uganda gestaltet sich ein Aufenthalt mit Kindern schwieriger und mitunter auch gefährlicher, da viele Camps nicht umzäunt sind – wilde Tiere haben also freien Zugang. In vielen anderen Ländern, wie zum Beispiel Südafrika, Botswana und Namibia, werden inzwischen kindgerechte Safaris und Unterkünfte angeboten.

Für einen Aufenthalt in **Namibia** sind insbesondere die privaten, familiär gestalteten Gästefarmen zu empfehlen, da es hier viel Auslauf gibt. Der Etosha National Park ist für Kinder wegen der vielen Tiere besonders interessant, außerdem gibt es eine Reihe von Picknickplätzen, an denen man aussteigen kann.

Die Lodges im Okavango-Delta in **Botswana** heißen meist erst Kinder und Jugendliche ab zwölf Jahren willkommen. Zum einen ist ein Aufenthalt in der Wildnis zu gefährlich – die Unterkünfte sind nicht umzäunt, und die Tiere können frei durchs Camp laufen. Zum anderen möchte man aber wohl auch das übrige, viel Geld zahlende Publikum vor möglichem „Lärm" bewahren. Einige Camps nehmen allerdings schon kleine Gäste ab sieben Jahren auf. Für die Erkundung Botswanas empfiehlt sich die Anmietung eines Allradwagens mit Dachzelt, am besten ab Windhoek/Namibia. Diese Reiseart entspricht einem Familienurlaub besser, denn man kann den Reiserhythmus stets aufs Neue bestimmen. Und außerdem ist das Erlebnis, mitten in der Natur zu schlafen und zu kochen, besonders eindrucksvoll. Für Bewegung ist auch gesorgt: Allein schon das Klettern ins Dachzelt macht Spaß.

Afrikanisches Lagerfeuer im Footsteps Camp

Eine **Südafrikareise** mit Kindern könnte beispielsweise über die Garden Route nach Tsitsikamma und in den Addo Elephant National Park führen: Ein empfehlenswerter Startpunkt ist Kapstadt, das man mitsamt seiner weiteren Umgebung bei dieser Gelegenheit ausgiebig erkunden sollte. Dazu gehören eine Fahrt mit der Seilbahn auf den Tafelberg, eine Fahrt zum Kap der Guten Hoffnung mit Besuch der Seehund-Kolonie auf Duiker's Island in Hout Bay und zur Pinguin-Kolonie am Boulder's Beach in Simonstown. Nach diesen Ausflügen geht es über Worcester ins Weinanbaugebiet um Robertson und weiter auf der berühmten Route 62 in die Straußenstadt Oudtshoorn. Dort kann man eine Straußenfarm besuchen und viel über die Straußenaufzucht lernen. Lohnend ist auch der Besuch der Cango Caves, einem der größten Tropfsteinhöhlensysteme in Afrika sowie der Cango Wildlife Range.

Übernachten im (zugegebenermaßen luxuriösen) Zelt macht auch Kindern Spaß

Anschließend geht es über den beeindruckenden Outeniqua Pass an die Garden Route. In der Austernstadt Knysna kann man es sich entweder an den Stränden wohlergehen lassen oder – etwas spannender für Kinder – Ausflüge machen: zum Beispiel zum Primatenpark Monkey Land bei Plettenberg Bay, zur größte Voliere der Welt (Birds of Eden) oder nach Elephant Sanctuary, wo man die grauen Dickhäuter hautnah erleben kann. Nun geht es zur Tsitsikamma Section des Garden Route National Park, einem etwa 80 Kilometer langen Küstenstreifen zwischen Nature's Valley und der Mündung des Storms River, wo den Besucher eine weitgehend unberührte und intakte Natur erwartet. Eine Wanderung zur Hängebrücke an der Storms-River-Flussmündung, wo berühmte Felsen im Meer ungewöhnlich hohe, laut donnernde Brandungswellen verursachen, ist etwas für die ganze Familie.

Über den kleinen Küstenort St. Francis Bay gelangt man zum Höhepunkt der Reise (vor allem für Kinder), dem Addo Elephant National Park, den man entweder auf Pirschfahrten mit dem eigenen Auto entdecken kann oder auf einer der vor Ort angebotenen Safaris im offenen Geländewagen.

Tipps für Reisen mit Kindern

- Unbedingt mitzunehmen sind **Sonnencreme** mit hohem Schutzfaktor, ein **Hut** (bei Tag) und eine **Mütze** (auch im Sommer kann der Abend kühl sein) sowie **feste Schuhe** (Lagerfeuer, Skorpione).
- Auf keinen Fall darf eine gut ausgestattete **Reiseapotheke** fehlen (fiebersenkende und schmerzhemmende Mittel für Kinder, Pflaster etc.).
- Das Mitnehmen eines **Desinfektionsmittels** ist empfehlenswert, **Frischetücher** verhelfen auch unterwegs zu sauberen Händen.
- Der **deutsche Kinderreisepass** wird seit 2006 für Kinder unter 12 Jahren ausgestellt und ist mit einem **biometrischen Lichtbild** vesehen. Er sollte bei Reisebeginn mindestens zwei freie Seiten für Sichtvermerke haben.
- Wenn nur ein Elternteil mit Kindern reist, muss vom nicht mitreisenden Elternteil eine beglaubigte **Einverständniserklärung** in Englisch für die Reise vorliegen, um Schwierigkeiten bei der Aus- und Einreise zu vermeiden.

Beste Reisezeit für Tierbeobachtungen

In vielen Gegenden Afrikas ist die Trockenzeit die angenehmste Reisezeit, meist fällt sie in unsere hiesigen Sommermonate. Die Tiere versammeln sich an den wenigen verbliebenen Wasserstellen, durch die kahlen Büsche kann man im Normalfall leichter Tiere erspähen.

Tierbeobachtungskalender

	Jan	Feb	März	Apr	Mai	Juni	Juli	Aug
Südafrika				Mitte				
Namibia				Mitte				
Botswana				Mitte				
Kenia			Mitte					
Tansania			Mitte					
Sambia								
Simbabwe								
Mosambik								
Ruanda/ Uganda	Mitte					Mitte		

Trockenzeit/beste Zeit für Tierbeobachtungen

Regenzeit

Allerdings kann es im afrikanischen Winter empfindlich kalt werden und auch die Möglichkeit der Tierbeobachtungen variiert von Region zu Region: In Ostafrika gibt es i. d. R. zwei Regenzeiten. Gerade hier muss man zudem die Migration (s. S. 168 u. S. 174) beachten: Wenn die Tiere zu Tausenden von der Masai Mara in die Serengeti wandern, kann es in dem kenianischen Nationalpark mitunter recht leer sein – und umgekehrt.

Sept	Okt	Nov	Dez	Klima/beste Tierbeobachtungszeit
	Mitte			Der Sommerregen von Oktober-April betrifft nicht das Winterregengebiet des Kaplandes (Regen von Mai-Oktober). Herbst und Winter gute Reisezeit im ganzen Land, im (nachts kalten) Winter von Juli-Oktober beste Tierbeobachtungsmöglichkeiten, da die Vegetation spärlich ist, Wasserlöcher rar.
	Mitte			Im heißen Sommer (Regenzeit) dichtere Vegetation, Juni-Oktober optimale Tierbeobachtung möglich (trocken). Herbst gute Reisezeit für blühende Landschaften.
				Beste Reisezeit für Tierbeobachtungen Juni-Oktober, nachts kalt, tagsüber sonnig und trocken. Von November-April intensive Regenfälle, heiß und blühende Vegetation. Jan./Feb. sind viele Camps geschlossen.
			Mitte	Kenia hat verschiedene Klimazonen, im Allgemeinen gibt es zwei Regenzeiten, die touristische Hauptsaison konzentriert sich daher (für Safaris) auf die Trockenzeit. Juli-Oktober ist auch für die Masai Mara ideal, ab Nov. ziehen die großen Herden nach Tanzania.
			Mitte	Juni-Oktober die klimatisch günstigste Zeit, März-Mai und Oktober/November Regenzeit in Äquatornähe, Dez.-April im Landesinnern und Südwesten. Zum Ende der Trockenzeit (September/Oktober) ist in der Serengeti nicht viel los, da die meisten Tiere migriert sind.
	Mitte			In der starken Regenzeit Jan-März einige Camps geschlossen, ab Juni gute Tierbeobachtungsmöglichkeiten, da sich die Tiere an den schrumpfenden Wasserstellen versammeln. Oktober-Dezember Zeit der Geburten, viele Jungtiere, beste Vogelbeobachtungen.
				Beste Zeit für Tierbeobachtungen: April bis Oktober; wenig Niederschlag von Juni bis September. In der Regenzeit von November bis März sind die Victoriafälle aufgrund der Wassermenge besonders imposant, allerdings ist hier dann auch der Sprühnebel am stärksten.
	Mitte			April bis Oktober beste Reisezeit, während der Regenzeit Straßen teilweise unpassierbar und sehr hohe Luftfeuchtigkeit, heiß.
			Mitte	Reisen werden in der Trockenzeit empfohlen. Aufgrund der Höhenunterschiede innerhalb der Länder große Temperaturunterschiede. Für Touren ins Ruwenzori-Gebirge sind Juli/August und Dezember/Januar die besten Monate.

Tipps zum Fotografieren

Wer Naturparks besucht, möchte meist Tiere sehen – eine Binsenweisheit, aber oft beschweren sich Besucher, sie hätten „nichts gesehen". Meist meinen sie damit die „Big Five" (Elefant, Nashorn, Löwe, Büffel, Leopard). Unser Rat: Versteifen Sie sich nicht auf diese fünf Tierarten! Wer sich Zeit nimmt und ein Interesse an zunächst weniger bekannten Tieren hat, wird von Anfang an mehr sehen und so fast unvermeidlich auf die „Big Five" treffen.

Eine erfolgreiche Tier- und Pflanzenbeobachtung beginnt mit der **Reiseplanung**: Wer viele Tiere sehen möchte, reist am besten in den Trockenzeiten, denn dann halten sie sich an den wenigen Wasserstellen auf. Wer dagegen überwiegend Pflanzen und Blumen sehen möchte, der sollte die feuchteren Jahreszeiten bevorzugen.

Eine angemessene Taktik im Gelände verbessert außerdem die Chancen auf großartige Naturerlebnisse, also: langsam fahren und bei jeder sich bietenden Gelegenheit wandern! Ebenso gilt, dass die beste Zeit zur Tierbeobachtung und Tierfotographie früh nach Sonnenaufgang (oder spätnachmittags) ist. Zu diesen Zeiten hat man auch das schönste Fotolicht. Dieses nutzt man am besten, wenn man morgens nach Westen oder Süden und am Nachmittag nach Osten oder Norden fährt (Licht im Rücken des Beobachters). Vor dem Start lohnt ein Blick in das Gästebuch des Camps oder der Lodge, denn oft schreiben Besucher ihre Beobachtungen hier hinein. Unterwegs kann man sich mit Gleichgesinnten auszutauschen.

Vor allem braucht man Geduld: An einem Wasserloch wartet man einige Zeit (30–60 Min.) auch dann, wenn gerade keine Tiere zu sehen sind. Innerhalb von Minuten kann aus einer öden Szenerie ein buntes Getümmel werden. Meistens wird man nach einem erlebnisreichen Tag feststellen, dass nicht derjenige, der am meisten gefahren ist, die meisten Tiere gesehen hat, sondern derjenige, der die meiste Geduld hatte. Dies gilt insbesondere für Arten, die extrem scheu sind, denn sie nähern sich erst, wenn einige Zeit Ruhe herrschte. Die Beobachtungs- und Fahrtaktik sollte im Sommer etwas anders sein als im Winter, weil die Tiere sich im Sommer viel weniger an den Wasserlöchern treffen. Grob gesagt gilt als Faustregel: im Winter eher sitzen und warten, im Sommer eher fahren.

Kenntnisse über Lebensraum und Verhalten der Arten helfen ebenso weiter: In der Mittagshitze liegt fast alles im Schatten unter Bäumen versteckt – die am wenigsten lohnende Beobachtungszeit! Leoparden leben vor allem im locker bewaldeten felsigen Gebiet, Geparde dagegen im offeneren, flachen Gelände. Hier können sie ihre Geschwindigkeit voll entfalten, auch leben hier ihre bevorzugten Beutetiere wie Springböcke. Kudus, Kuhantilopen und Elandantilopen trinken vor allem morgens, nachmittags wird man sie kaum an den Wasserstellen finden. Dann kann man dagegen

Warzenschwein, Oryx und Zebra sehen. Mit der Dämmerung kommen dann auch die Elefanten, Löwen und Nashörner. Besonders wichtig sind Kenntnisse über die Lebensgewohnheiten der einzelnen Tiere, wenn man jahreszeitlich wandernde Tiere – im Extremfall Zugvögel – beobachten will.

Aber auch indirekte Zeichen weisen auf etwas Interessantes hin: Wo andere Fahrzeuge halten, gibt es oft etwas Besonderes zu sehen. Langsam heranfahren, den anderen nicht die Sicht versperren! Damit sind wir bei einer Art **Safari-Knigge**: Nicht zu nah an ein anderes Fahrzeug heranfahren und dort parken, denn im Notfall muss jeder zügig wegfahren können. In der Nähe eines Wasserlochs leise sprechen, den Motor nicht unnötig starten, nicht hupen, auch nicht aus Versehen! Insbesondere auf Aussichtsplattformen muss absolute Ruhe herrschen, denn viele Tiere sind an der Wasserstelle sehr nervös und fliehen bei der kleinsten Störung! Andere wissen, dass sie „Herr im Hause“ sind: Elefanten verfolgen seit Jahrhunderten die gleichen Pfade, nur Lebensmüde parken hier.

Tierfotografie ist übrigens nichts für Freunde bequemer Lehnstühle: Die Bilder werden viel besser, wenn man auf gleicher Höhe wie das Motiv oder sogar tiefer ist.

Ein weiterer häufiger Fehler, insbesondere wenn es bei der Tierfotografie schnell gehen muss: Der Horizont steht schief. Bei strukturierten Landschaften fällt das manchmal kaum auf, aber immer wenn Wasser auf dem Bild zu sehen ist, wirkt es störend. Außerdem sollte man darauf achten, dass immer noch etwas Boden am unteren Bildrand zu sehen ist.

Bei (Tier-)Portraits wird dagegen bewusst ein Teil des Körpers weggeschnitten. Hier kommt es sehr darauf an, dass in Blickrichtung des Motivs Platz ist! Wenn ein Tier oder eine Person zur Seite schaut, sollte nicht der Kopf in der Bildmitte liegen oder gar die Nase am Bildrand anstoßen. Besser positioniert man den Kopf leicht außerhalb der Mitte auf die der Blickrichtung entgegengesetzte Seite. Besonders eindrucksvolle Tierportraits entstehen oft, wenn man Ausschnitte des Gesichtes – Augen, Nase, Mund – aufnimmt. Das ist allerdings schon die „hohe Schule“ der Fotografie und erfordert viel Geduld und etwas Glück.

Tipps zur Tierbeobachtung und Sicherheit im Gelände

Die Natur der Nationalparks in Afrika unterscheidet sich von unseren europäischen Wäldern unter anderem dadurch, dass dort potentiell gefährliche Tiere und Pflanzen vorkommen. Aber genau deswegen fährt man ja schließlich dorthin…

Im Allgemeinen gilt: **Keine übertriebene Angst!** Bereits recht wenige Verhaltensweisen sorgen für die nötige Sicherheit. Als Wildnisneuling sollte man allerdings zunächst die Nationalparks aufsuchen, in denen man die Tierwelt gut vom Auto aus sehen kann, zum Beispiel Etosha/Namibia. Aus dem Fahrzeug heraus kann meist viel ungestörter beobachtet werden, weil Wildtiere das Auto nicht als Feind betrachten. Auf jeden Fall sollte man seine ersten Walking-Safaris mit einem erfahrenen Guide machen. Dafür sprechen nicht nur Sicherheitsgründe. Man erfährt auf diese Art auch mehr über die Natur, als man selbst je erkennen könnte.

Gefährlicher als Löwen: Büffel (hier im Kruger National Park, Südafrika)

Absolute Voraussetzung für eine sichere Wanderung ist, dass man sich mit den potenziell gefährlichen Arten der Region vertraut macht. Abgesehen vom Erkennen des Tieres selbst heißt dies, dass man auch dessen Lebensraum (zum Beispiel Dickicht oder hohes Gras) und seine Spuren kennt.

Zunächst noch einige **Essentials**: Kranke, verwundete und ab und zu auch alte Tiere sind besonders gefährlich und in ihrem Verhalten nicht einzuschätzen. Niemals sollte man zwischen die Mitglieder einer Herde geraten, insbesondere nie zwischen Muttertiere und Jungtiere. Niemals sollte man bei Tieren, die sich im Wasser sicherer fühlen (wie etwa Flusspferde) zwischen diese und das Wasser geraten. Niemals sollte man Fluchtwege abschneiden, dann können auch Arten, die sonst völlig friedlich sind, zu wahren Furien werden.

Grundsätzlich gilt, dass man mit Panikreaktionen rechnen muss, wenn man vom Wild plötzlich und aus unmittelbarer Nähe entdeckt wird. Bei Fluchttieren kann das bedeuten, dass es zu (vom Wild unbeabsichtigten) Unfällen kommt, weil man schlicht überrannt wird. Bei wehrhaften Arten kann es zu spontanen und sehr heftigen Angriffen kommen. Das Anschleichen in unmittelbare Nähe ermöglicht zwar die beeindruckenderen Fotos, sollte aber unbedingt dem sehr Erfahrenen vorbehalten bleiben oder in Begleitung eines Guide erfolgen.

Büffel sind meist wenig aggressiv und meiden eine Konfrontation. Sie sind jedoch leicht zu erschrecken und eine dadurch ausgelöste, in ihrer Richtung nicht vorhersagbare Stampede (unkontrolliertes Weglaufen der gesamten Herde) ist extrem gefährlich. Auch können Kühe mit Kälbern, alte Einzelgänger, gereizte, überraschte und aktuell oder früher verwundete Tiere ohne Warnzeichen angreifen. Vorsicht vor Überraschungen im dichten Gebüsch oder Schilf! Büffel und Flusspferde sind für die meisten tödlichen Angriffe weltweit verantwortlich, nicht etwa Schlangen oder Raubkatzen!

Löwen ziehen normalerweise von dannen, wenn Menschen sich nähern. Die größte Gefahr ist eigentlich, gegen den Wind zu gehen und in ein schlafendes Rudel hineinzustolpern – Löwen schlafen oder dösen etwa 20 Stunden am Tag. Gestrüpp und dichtes hohes Gras sollten gemieden werden, insbesondere in der Nähe von Wasserlöchern. Die Nacht ist für Löwen Jagdzeit, also Vorsicht. Fressenden Löwen sollte man sich zu Fuß keinesfalls nähern, vor allem weil man leicht zwischen im Gebüsch dösende Mitglieder des Rudels geraten kann.

Elefanten sind friedlich, es sei denn, man kommt ihnen allzu nahe. Dies gilt insbesondere, wenn Jungtiere oder verletzte Tiere zur Herde gehören. Die Sozialstruktur einer Herde ist extrem hoch entwickelt, bedürftige Mitglieder werden heftig verteidigt. (Ehemals) Verwundete Tiere oder solche ohne Stoßzähne gelten als besonders aggressiv. Wegen der beschränkten Sehfähigkeit, jedoch gutem Geruchssinn und Gehör entfernt man sich am besten langsam und still mit dem Wind.

Nashörner reagieren unterschiedlich. Während das riesige Breitmaulnashorn normalerweise ein eher ruhiger Geselle ist, der sich zurückzieht, ist das nur wenig kleinere Spitzmaulnashorn temperamentvoll, nervös, leicht reizbar, unberechenbar, blitzschnell und dadurch extrem gefährlich. Des Öfteren ist ein scheinbarer Angriff allerdings nur ein Lauf mit dem Ziel, den Eindringling auszukundschaften – was man allerdings erst nachher weiß. Gehör und Geruchssinn sind extrem gut entwickelt, die Sehfähigkeit dagegen begrenzt. Leises Verhalten und geschicktes Ausnutzen des Windes schaffen Sicherheit. So zieht man sich seitwärts zurück.

Flusspferde (Hippos) sind friedlich – aber sehr schnell und gefährlich, wenn sie gereizt werden oder wenn es sich um Einzelgänger oder Kühe mit Kälbern handelt. Warnzeichen ist das demonstrative Aufreißen des großen Maules. Ein aufgeschrecktes Hippo trampelt alles nieder, was zwischen ihm und dem Wasser liegt! Vorsicht im Dickicht am Ufer. Achtung auf den oft tief eingetretenen Pfaden und Vorsicht bei Camps nahe an Ufern, denn Flusspferde werden offensichtlich von Licht angelockt.

Krokodile kann man am besten vermeiden, wenn man sich einem Gewässer, in dem sie möglicherweise leben, allenfalls bis auf fünf bis sechs Meter nähert. Krokodile sind berüchtigt dafür, dass sie im flachen Gewässer watende Menschen angreifen.

Entspannt nach Hause – besondere Wellness- und Spa-Hotels

Bevor es zurück nach Hause und wieder in die Hektik des Alltags geht, sollte man die vielen Eindrücke und Erlebnisse einer Safari in Afrika noch einmal ganz entspannt Revue passieren und auch die oftmals körperlichen Anstrengungen hinter sich lassen. Warum sich nicht in einem der wunderschönen, extravaganten und vor allem erholsamen Wellness-Hotels verwöhnen lassen, bevor man wieder im Flugzeug sitzt? Hier sind einige Unterkünfte mit einem besonderen Spa-Bereich zum Ausspannen.

Südafrika

Kapstadt und Umgebung

■ Direkt an Kapstadts belebter Waterfront liegt eine Oase der Ruhe und Entspannung. Im Spa des **Victoria & Alfred Hotel**, einem viktorianisch gestalteten, ehemaligen Lagerhaus von 1904, kann man es sich nach einem Besuch auf dem Tafelberg richtig gutgehen lassen (www.newmarkhotels.com/activities/wellness).

■ Auf einer eigenen kleinen Insel innerhalb des **One & Only Resort**, ebenfalls an Kapstadts Waterfront, liegt der Wellness-Bereich des Hotels. Neben erstklassigen Zimmern mit herrlichem Blick auf die Stadt wird hier einiges für die Erholung und Fitness der Gäste getan. Auf dem wunderschön bepflanzten Eiland kann man sich im modern designten Spa verwöhnen lassen (http://capetown.oneandonlyresorts.com/spa.aspx).

■ **The Twelve Apostles Hotel and Spa** bei Kapstadt (nahe Camps Bay/Bakoven) gehört zu den „Leading Hotels of the World" – und das mit Recht: Die Zimmer und Suiten sind edel und geschmackvoll eingerichtet. Mehrere Pools, Bars und ein Kino stehen den Gästen zur Verfügung. Doch das Spektakulärste ist die atemberaubende Aussicht auf den Atlantik während hinter einem die majestätischen „Zwölf Apostel" in den Himmel ragen. Verschiedene Spa-Angebote lassen den Aufenthalt zu einem unvergesslichen Erlebnis werden. Wie wäre es mit einer Massage und Bad mit Rundumblick auf die herrliche Landschaft bei Sonnenuntergang? Dazu werden Austern, in Schokolade getränkte Erdbeeren und Champagner gereicht … (www.12apostleshotel.com/spa).

Durban und Umgebung

■ Direkt am Strand, in der Nähe des berühmten Umhlanga Rocks-Leuchtturm, etwa 18 km von Durban entfernt, liegt das Hotel **The Oyster Box** mit seinem kolonialen Charme, dem freien Blick auf den Indischen Ozean und der beeindruckenden Geräuschkulisse der Meeresbrandung. Ein perfekter Ort zum Sich-Verwöhnen-Lassen! In Südafrikas einzigem Hammam werden die Gäste in die geheimnisvolle Welt des Orients entführt, mit seiner reinigenden und heilenden Wirkung (www.oysterboxhotel.com/the-spa).

Mit Leuchtturm-Blick – der Ocean Pool der Oyster Box

■ Etwa eine Dreiviertelstunde von Durban entfernt, in Balito, geht es im **Hotel Izulu** besonders romantisch und entspannend zu. Die 18 Suiten, die gehobene Gastronomie und der luxuriöse Wellness-Bereich bieten Verliebten ein äußerst romantisches Ambiente. Beim **Honeymoon Indulgence** („Flitterwochen-Genuss") können sich Paare gemeinsam in ihrer Suite in einem Rosenblüten-Bad im Privat-Jacuzzi massieren lassen und dabei Champagner genießen (www.hotelizulu.com/impilo-spa).

Johannesburg und Umgebung

■ In Sandhurst, einer der schönsten Villengegenden Johannesburgs, liegt das in afrikanischem Stil äußerst geschmackvoll dekorierte **Saxon Boutique Hotel** mit individuell gestalteten Zimmern und einem exzellenten Spa. Hier lebte Nelson Mandela nach seiner Freilassung und beendete sein Buch „Der lange Weg zur Freiheit" (www.saxon.co.za/the-spa-leading.html).

■ Ein Römisches Bad gibt es im **Piemont D'oreale Grande at Emperors Palace** nahe des Flughafens von Johannesburg. Das Luxushotel ist Teil eines üppig gestalteten Casino-Komplexes und bietet Service auf höchstem Niveau (www.doreale.com/spa.html).

■ Etwa 1,5 Autostunden von Johannesburg entfernt, in Magaliesburg, kann man in einem der luxuriösesten Landhotels Südafrikas, dem **Mount Grace Country House & Spa**, in riedgedeckten Chalets und mit gutem Essen Entspannung finden. Bei einer morgendlichen Massage auf der eigenen Terrasse bietet sich eine fabelhafte Aussicht über den Bodennebel des Magaliestales (www.mountgrace.co.za).

Kruger National Park

■ Die **Earth Lodge** ist eine von vier luxuriösen Safari Lodges, die im Herzen der afrikanischen Wildnis, im Sabi Sabi Game Reserve am Westrand des Kruger Parks, angesiedelt sind. Jede verkörpert auf ihre Art Stil, Komfort und Ausstattung in harmonischer Weise. Unter dem Motto „Gestern, heute und morgen" stehen sie jeweils für einen Zeitabschnitt in der 100-jährigen Safarigeschichte. Die Earth Lodge liegt fast unsichtbar in der sie umgebenden Natur, etwas versteckt in einer Erdmulde. Sie steht mit ihrem beeindruckenden Design für das Morgen. Ihre besondere Gestaltung, die verwendeten Materialien und spektakulären Lichteffekte machen sie nicht zuletzt schon wegen ihrer Ausmaße zu einem Unikat. Das Prinzip der Harmonie ist wie in der Natur auch im Design der Earth Lodge Ton angebend. Der Gast spürt eine ihn wohlig umfangende Ruhe und erbauende Stimmung. Jede der individuell gestalteten Suiten verfügt u.a. über ein privates Tauchbecken und einen persönlichen Butler-Service. Neben Safari-Aktivitäten verführt das Amani Spa mit Massagen und wohltuenden Beauty-Anwendungen zu einer ganzheitlichen Erfahrung (www.sabisabi.com/lodges/earthlodgespa).

North West Province

■ Am Ufer des Mariko-Flusses, etwa drei Stunden von Johannesburg entfernt, inmitten von Tamboti- und Marula-Bäumen liegen, geschickt in die felsige Landschaft eingefügt, die zehn luxuriösen Suiten der **Madikwe Hills Private Game Lodge**. Sehr engagierte und erfahrene Ranger laden zu Game Drives mit außergewöhnlichen Tierbegegnungen und Afrika-Erlebnissen ein. Auch im Spa verwendet man, ganz im Sinne der Philosophie der Lodge, die „Weisheit Afrikas": Afrikanische Heilverfahren und Pflanzen dienen zur Pflege und Reinigung von Körpers, Geist und Seele (www.madikwehills.com).

Garden Route

■ Wein und Wellness heißt es auf dem Weingut **Delaire Graff Lodge & Spa** etwa 10 Minuten westlich von Stellenbosch. Auf dem Besitz des bekannten Juwelenhändlers *Laurence Graff* befinden sich luxuriöse Lodges mit privatem Pool und Blick auf die Weinberge. Auf der weitläufigen Anlage gibt es zwei hochklassige Restaurants mit einem köstlichen Weinangebot, eine exklusive Boutique und Graffs Diamond Store. Im 22 Meter langen Infinity Pool des Spa kann man zwischen den Anwendungen die großartige Aussicht auf das Weinland genießen. Ein kaum zu überbietender Luxus (www.delaire.co.za).

■ Wale vom Bett aus beobachten, im **Marine Hotel** in Hermanus gehört das sozusagen zur Ausstattung. Das elegante und schön hell gestaltete Hotel steht direkt an der Klippe nahe dem Old Harbour. Wenn man genug von der Schönheit der spektakulären Umgebung gesehen hat, kann man sich im Beauty-Spa seiner eigenen widmen. Es bietet Therapien an, die in besonderem Maße der Gewichtsabnahme, Entgiftung, Entspannung und Verjüngung dienen (www.collectionmcgrath.com/marine/carchele-beauty-spa).

■ In spektakulärer Lage direkt an der Küstenlinie bei Wilderness – und damit nahe des Garden Route National Park – stehen die 18 exklusiven, bodentief verglasten Suiten des **Views Boutique Hotel & Spa**, welche zum Meer hin offen sind. Zur entspannenden Atmosphäre tragen sowohl die Gestaltung der Einrichtung in Creme- und Aquamarintönen als auch die Vitality Pools und Saunen im Spa-Bereich mit ihrem atemberaubenden Ausblick bei (www.viewshotel.co.za/health-spa).

Namibia

Windhoek und Umgebung

■ Namibias Nr. 1 Wellness-Resort! Das **GocheGanas Nature Reserve & Wellness Village** liegt 29 km südöstlich von Windhoek. In dem 60 km² großen, privaten Naturschutzgebiet können Sie die Seele so richtig baumeln lassen. Die Anlage verfügt über 16 Luxuschalets mit eigener Terrasse und atemberaubendem Blick in die grandiose Landschaft. Außerdem gibt es einen Indoor- und einen Outdoor Pool, Sauna und Fitnessbereich. Das Village ist ein Muss für alle, die Natur und Luxus erleben und genießen möchten. Ein Ort, an dem alle lauten Geräusche des hektischen Lebens von wohlklingenden Flüstertönen der Natur abgelöst werden. Der Körper schöpft wieder neue Kräfte und die Seele kommt zur Ruhe. Verschiedene Wellnessprogramme werden angeboten, darunter ein Kristallbad, ein Hydrotherapie-Bad, eine Vichy-Dusche u.a. sowie ein beheiztes Hallenbad. Die Grotten-Sauna ist aus Granitfels gebaut, welcher aus dem GocheGanas Naturreservat stammt. Die Steine werden durch ein Feuer erhitzt, in Quellwasser getaucht und geben dann Energie frei (www.gocheganas.com).

■ Etwa zwei Stunden von Windhoek entfernt liegt unmittelbar in der Nähe des Gamsberg-Passes in einer Höhe von 1.800 m die **Gästefarm Weissenfels**. Die Zimmer sind zwar klein, aber schön eingerichtet, teilweise mit eigener Außenveranda. Die Gäste haben die

Wo die Seele zur Ruhe kommt – GocheGanas Wellness Village

Möglichkeit, Wanderungen oder Ausritte in die schöne Umgebung zu unternehmen oder sich im Wellnessbereich mit Reiki, Aroma-Bädern und Massagen verwöhnen zu lassen. Als ganz spezielles esoterisches Highlight werden **Labyrinth Walks** im „Valley of DaHa" angeboten, mit anschließender Analyse. Das Durchlaufen des Labyrinths soll bei der Meditation helfen, entspannen und den Geist befreien. Besonders beeindruckend ist der Fullmoon Labyrinth Walk (www.orusovo.com/weissenfels).

Sossusvlei und Umgebung

■ Wie aus 1001 Nacht: **Le Mirage Desert Lodge & Spa** ist ein Märchenschloss mitten in der Namib-Wüste, etwa 21 km von Sesriem entfernt, dem Eingangstor zum Namib Naukluft Park und Sossusvlei. Aus den 25 Zimmern hat man einen tollen Blick auf die Wüste oder in den schön gestalteten Garten des „Burghofs". Von hier aus werden auch Ballonflüge angeboten. Ein großzügiger Wellnessbereich mit verschiedenen Anwendungen, wie Massagen, Pediküren und Maniküren wartet auf seine Besucher. Für eine weiche und gut durchblutete Haut ist die peelende Wirkung des Namib-Sandes bei der Dune Sand Scrub Massage besonders zu empfehlen. Ein anschließendes Aroma-Bad rundet die Behandlung ab (www.mirage-lodge.com).

Etosha National Park und Umgebung

■ 30 km vor dem Anderson Gate des Parks liegt die **Epacha Game Lodge & Spa** mit allem Komfort inmitten eines 210 km^2 großen Wildreservates. Neben Ausflügen in den Park stehen dem Gast tolle Wellnessangebote mit Blick in die Natur zur Verfügung. Von der Open-Air-Partnermassage bis zur Thalasso-Therapie wird hier einiges zur Entspannung nach einem ereignisreichen Game Drive geboten (www.epacha-lodge.com/our-spa).

Botswana

■ Etwa 24 km vom Sir Khama International Airport, nur einige Minuten vom Zentrum Gaborones entfernt, bietet das Fünf- Sterne-Hotel **Peermont Walmont at The Grand Palm** neben 187 Zimmern, Restaurant, Bar, Lounge, Swimmingpool, Flutlichttennisanlage und einem Kasino auch ein luxuriöses Spa mit vielen Anwendungen an (www.grandpalm.bw).

Tansania

■ Von Dar Es Salaam ca. 1,5 Stunden entfernt, glaubt man sich im Paradies: Inmitten der Natur, auf der einen Seite die Lagune, auf der anderen der türkisfarbende Indische Ozean mit dem kilometerlangen, weißen Sandstrand, liegt das Hotel **Ras Kutani**. Perfekt für einen entspannenden Aufenthalt nach einer Afrika-Safari. Gibt es etwas Besseres, als seine Erlebnisse im afrikanischen Busch bei einer verwöhnenden Massage im Spa oder einem Spaziergang am traumhaften Strand ganz relaxt Revue passieren zu lassen (www.selous.com/ras-kutani/camp)?

Wie im Paradies – Strand des Ras Kutani

Abbildungsverzeichnis

Bilder von Ursula und Michael Iwanowski, außer:

Wir danken an dieser Stelle den Autoren von Iwanowski's Reisebuchverlag, aus deren Büchern wir Textauszüge für dieses Buch übernommen haben: Karl-Wilhelm Berger, Heidrun Brockmann, Heiko Hooge, Michael Iwanowski, Dirk Kruse-Etzbach, Claire und Thomas Küpper.

Die Texte sind aus folgenden Reiseführern übernommen und teilweise stark gekürzt und bearbeitet: Botswana, Kapstadt und Garden Route, Kenia & Nordtansania, Namibia, Südafrika, Südafrikas Norden und Ostküste, Uganda Ruanda, Zambia und Zimbabwe.

Auch bedanken wir uns bei allen, die das umfangreiche Bildmaterial zur Verfügung gestellt haben.

Sigurwana
close to heaven

ein wohlgehüteter Geheimtip in der unberührten Wildnis des Soutpansbergs, in der Limpopo Provinz. Maximal 8 Gästen wird in dieser ungewöhnlichen Lodge umgeben von Suedafrikas artenreicher Tier- und Vogelwelt ein Aufenthalt geboten, der eine unvergessliche Zeit verspricht: Sigurwana ist ein Paradies "close to heaven"

Sigurwana ist malariafrei

www.sigurwana.co.za

Einzigartiges Botswana: das Okavango Delta – das größte Binnendelta der Welt, der Chobe Nationalpark mit der weltgrößten Elefantenpopulation, die Savannenlandschaften der Kalahari oder die unendlichen Weiten der Makgadikgadi Salzpfannen. Die Big Five – Löwe, Nashorn, Elefant, Büffel und Leopard – sind Teil der ursprünglichen Natur Botswanas, die darauf wartet von Ihnen entdeckt zu werden. **www.botswanatourism.de**

botswana
tourism

Botswana Tourism Organisation

Karl-Marx-Allee 91A, 10243 Berlin, Germany   Telefon: +49 (0)30 42 02 84 64   E-Mail: info@botswanatourism.eu

Elephant Valley Lodge lies between the Chobe National Park in Botswana and the equally impressive Matetsi wildlife conservancy, which is south of the Kazangula border crossing within the Kasane Forest Reserve. The camp comprises of 20 Meru luxury style safari tents and can accommodate a maximum of 40 guests. Activities include daily safaris & boat cruises into the Chobe National Park.

For more info visit www.anthology.co.za or email sales@anthology.co.za

DECEPTION
VALLEY LODGE

There are few regions in Africa which can rival the endless horizons of the Kalahari, home to the renowned black maned lion. This rugged landscape has historically only been inhabited by the bushmen. Deception Valley offers world class accommodation and also provides game drives and the must do walk with the bushmen.

For more info visit www.anthology.co.za or email sales@anthology.co.za

AFRICA'S PREMIER SAFARI EXPERIENCE

Kapama
PRIVATE GAME RESERVE

Kapama Private Game Reserve is an African Eden. Sweeping across 13 000 hectares of savannah and riverine forest, Kapama represents a piece of Africa as it used to be. With the mighty Drakensberg mountains in the distance and iconic Kruger National Park to the east, Kapama has distilled the finest wildlife safari offerings for the enjoyment of guests. As part of the greater Kruger area, vast herds of buffalo, elephant and antelope are resident on Kapama, along with plentiful predators as well as Africa's big 5. The reserve is a slice of wilderness paradise far from the madding crowd, a place of renewal and reconnecting with the natural world. **For more information visit www.kapama.com**

Kapama
KARULA

Set on the banks of the perennial Kaserie River is the reserves most secluded and prestigious lodge. Karula meaning " place of peace" exudes calmness and depicts the pinnacle of luxury safari accommodation. The meandering river running through the camp enhances the sense of tranquillity at this elegant and luxurious safari lodge.

Kapama
BUFFALO CAMP

Reminiscent of a traditional African Safari Camp from a bygone era, Buffalo Camp offers the ultimate luxurious tented accommodation experience. Built from natural stone & wood, the luxury game lodge has an old world atmosphere while being completely contemporary.

Kapama
RIVER LODGE

River Lodge epitomises five star accommodation. The majestic Drakensberg Mountains form the backdrop of the 64 suite River Lodge, which is positioned along a bend of the seasonal Kapama River. It is the largest Luxury Game Lodge in the greater Kruger National Park. Between the daily safari's, guests are able to experience elephant back safari's, hot air ballooning and a wide range of spa treatments.

IVORY TREE GAME LODGE
PILANESBERG GAME RESERVE

LUXURY ACCOMMODATION IN A BIG 5 GAME RESERVE

Located in the north eastern region of the Pilanesberg National Game Reserve lies an ancient amphitheatre surrounded by beautiful volcanic spires and rolling savannah grassland. It is here where Ivory Tree Game Lodge has been beautifully crafted. The central facilities include a stunning feature pool, bar, conference room, dining room, boma, reception, curio shop and an award-winning Amani Spa. Ivory Tree uses custom built 10 seater open game viewers which allows for maximum all round visibility. The park is home to Africa's big 5 and hosts a wide variety of general game and some of the best bird viewing in the country. Accommodating a maximum of 128 guests in thatched chalets which each feature full en-suite bathrooms, climate control conditioners and tea / coffee making facilities.

For more info visit www.anthology.co.za or email sales@anthology.co.za

COME EXPERIENCE THE MAGIC OF AFRICA

IMPODIMO
GAME LODGE
MADIKWE GAME RESERVE

www.impodimo.com

Impodimo Game Lodge is set along a rocky ridge commanding stunning vistas of the Madikwe Game Reserve. It is also located at the source of a natural spring, which provides the lodge with elevated views as well as riverine serenity. Relax by the feature rock pool or read a book from the library overlooking the waterhole. Perhaps let one of our therapists ease the stress out of your body with an in-room massage. Whilst Impodimo has 10 suites, its capacity is 16 guests, each of the suites have been carefully positioned to ensure absolute privacy. Spacious in design, each includes a closed system fireplace, climate control air conditioner, mini bar fridge, tea & coffee making facilities and full en-suite bathroom and outside shower. Your private deck allows for uninterrupted views

LAST TRUE WILDERNESS AREA, THE OKOVANGO DELTA

Kana Kara Camp
okovango delta - botswana

In a vast wilderness area where abundance of wildlife including the big 5 & vistas from horizon to horizon you will find a small gem called Kana Kara. It is elegant in its simplicity and can accommodate up to 10 guests in meru tents. Activities include open vehicle game drives, walks and a mekoro safari. This is a typical day in this area of the delta, where upon returning for a dining experience beneath ancient trees.

For more info visit www.anthology.co.za or email sales@anthology.co.za

EST. 1993 ★★★★ LODGE

HOG HOLLOW
COUNTRY LODGE

"If you can spend a perfectly useless afternoon in a perfectly useless manner, you have learned how to live."
Lin Yutang (1895 – 1976)

plettenberg bay
the garden route

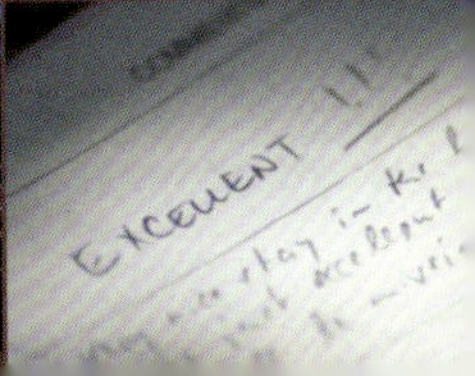

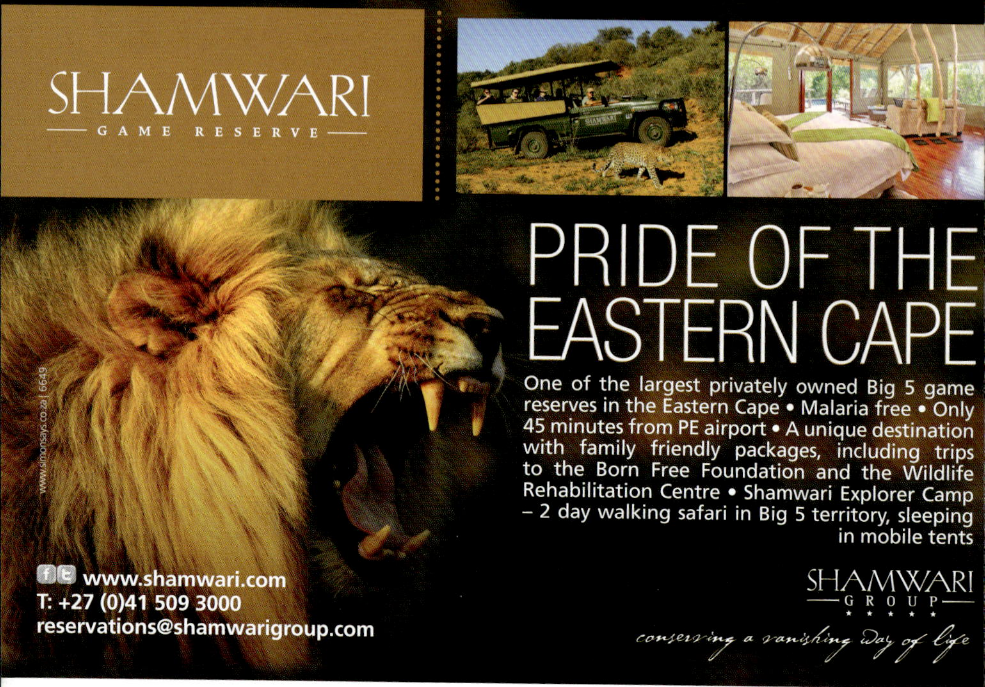
SHAMWARI
GAME RESERVE
PRIDE OF THE EASTERN CAPE
One of the largest privately owned Big 5 game reserves in the Eastern Cape • Malaria free • Only 45 minutes from PE airport • A unique destination with family friendly packages, including trips to the Born Free Foundation and the Wildlife Rehabilitation Centre • Shamwari Explorer Camp – 2 day walking safari in Big 5 territory, sleeping in mobile tents
www.simonsays.co.za | 6649
www.shamwari.com
T: +27 (0)41 509 3000
reservations@shamwarigroup.com
SHAMWARI
GROUP
conserving a vanishing way of life

Sanbona
WILDLIFE RESERVE
THE WESTERN CAPE'S
PREMIER WILDLIFE DESTINATION
• Largest privately owned wildlife reserve in the Western Cape • Only 3 hours from Cape Town • On Route 62 – world's longest wine route • Malaria free • Relaxation Retreats • Family friendly facilities • Kids on Safari Programme • Unique fossils and rock art • Home to the endangered riverine rabbit • Sanbona Explorer Camp – 2 day walking safari in Big 5 territory, sleeping in mobile tents
www.simonsays.co.za | 6649
www.sanbona.com
T: +27 (0)41 509 3000
reservations@shamwarigroup.com
SHAMWARI
GROUP
conserving a vanishing way of life

GROOTBOS

★★★★★ PRIVATE NATURE RESERVE

Luxus in Harmonie mit der Natur

Eingebettet zwischen Bergen und Meer liegt das Fünf-Sterne-Naturparadies Grootbos Private Nature Reserve, welches Ihnen die unglaubliche Flora und das Meeresleben der südlichsten Spitze Afrikas näherbringt. Als Heimat der „Marine Big 5“ – Wale, Haie, Delfine, Robben und Pinguine – und mit einer unvergleichbaren Pflanzenvielfalt bietet Grootbos ein einzigartiges und luxuriöses Afrika-Erlebnis.

Grootbos liegt nur 2 Stunden von Kapstadt und 30 Minuten von Hermanus auf dem Weg zur Garden Route. Es ist ein absoluter Höhepunkt Ihrer Reiseroute entlang der klassischen Attraktionen des Kaps.

Die Magie des Milkwood Waldes

Der Name Grootbos bedeutet auf Afrikaans „großer Wald“ und ist auf den alten Milkwood Wald auf dem Gelände zurückzuführen. Milkwood Bäume können über 1000 Jahre alt werden. Ihre knorrigen, moosbehangenen Zweige schaffen eine zauberhafte Atmosphäre, die entspannend und erfrischend zugleich wirkt. Eingebettet in diesen Wald liegen die exklusiven 5-Sterne-Unterkünfte von Grootbos. Alle Unterkünfte und Lodges bieten eine atemberaubende Aussicht über die mit Fynbos bewachsene Ebene bis hin zu der funkelnden Walker Bay, einem Schutzgebiet für Wale.

Eine Investition in Menschen und Umwelt

Grootbos ist jedoch mehr als Luxusunterkunft und Naturerlebnis. Mit Ihrem Aufenthalt auf Grootbos unterstützen Sie die Grootbos Stiftung im Naturschutz und bei der Förderung nachhaltiger, naturnaher Lebensgrundlagen in den regionalen Gemeinden.

Diese Grundphilosophie von Naturschutz in Verbindung mit sozialen Entwicklungsprojekten hat Grootbos zu einem preisgekrönten Vorbild im nachhaltigen Tourismus gemacht.

Affordable holidays & breakaways!

JUMBO DISCOUNTS

Benefits

Namibian members will qualify for a 50% discount, SADC members 25% discount and international members 10% discount on rack rate at any Namibia Wildlife Resorts facility. Additionally, it helps you save the environment through a contribution towards the NWR Foundation which funds projects such as the Enviro-Kidz Initiative - giving you a double "feel-good" experience!

Who Qualifies?

You qualify if you meet the following criteria:

- You have filled in and submitted the application form
- You have paid your annual membership fees.

Membership Conditions

- Membership and benefits are not transferrable
- Benefits can only be awarded if valid identification (ID / Passport) is presented with your NamLeisure card.

Membership costs

Following are the costs involved to become a member. The Enviro-Fund contribution is an annual cost, and your contribution towards conservation and research projects within Namibia's protected areas.

	Annual Membership Fee	Enviro-Fund Contribution	Total
Namibian	N$900	N$100	N$1000
SADC	N$1125	N$125	N$1250
International	N$1350	N$150	N$1500

Application Procedure

Fill in the application form, and submit it, with proof of payment of the membership fees to the following address: Namibia Wildlife Resorts, P O Box 13378, Windhoek, Namibia, email:namleisurecard@nwr.com.na
Alternatively, hand it in at any NWR office or resort.

You can also download the application form from our website, www.nwr.com.na/leisurecard, or collect one from our offices or resorts.

Banking Details

Namibia Wildlife Resorts, FNB, Cheque Account 62219517630, Corporate Branch 281872.

Leisure Card Application Form

Name

ID / Passport Number

Postal Address

Town

Country

Email

Cell

Telephone

Card Type: (e.g. VISA, MasterCard, Diners)

Name of Bank

Full Credit Card Number

Last 3 numbers at the back

Card Expiry Date

Amount to be deducted (N$)

Name of Owner

Signature of Card Owner

NWR namibia wildlife resorts

www.nwr.com.na

Windhoek	Tel: +264 61 285 7200	Fax: +264 61 224 900	reservations@nwr.com.na
Swakopmund	Tel: +264 64 402 172	Fax: +264 64 402 796	sw.bookings@nwr.com.na
Cape Town	Tel: +27 21 422 3761	Fax: +27 21 422 5148	ct.bookings@nwr.com.na

Dream. Explore. Live life... with Budget

Explore our country with Budget.

We have a mobile solution to suit your needs.

- Car Rental - With our incredible deals and extensive range of vehicles finding a package to suit your needs has never been easier
- Chauffeur Services - Let our professional Chauffeurs collect you in comfort and style, take you where you need to go and wait for you.
- Door2Door Transfers - relax while being transported to and from your destination quickly, conveniently and on time.
- Budget Coaches - Experience the charter of choice with Budget's luxury, safe and reliable coaches ranging from 15 - 59 seaters.

Budget®

+27 11 398 0123
reservations@budget.co.za
www.budget.co.za

Proudly Bidvest

Emanya

Emanya erwartet Sie! @ETOSHA • namibia

victree@iway.na

Entdecken Sie den Luxus Afrikas, verschmilzt mit der Rauheit des Kontinents. Erleben Sie die warme Seele des Busches im höchsten Komfort Ihrer luxuriösen Unterkunft, mit jeder denkbar zur Verfügung stehenden Annehmlichkeit. Schätzen Sie Emanyas einmalige Architektur am Swimmingpool beim Sonnenuntergang oder unterm Sternenhimmel.
In günstiger Lage, nur 20 Minuten vom östlichen Rand des bekannten Etoscha Nationalparks auf dem Weg zum Von Lindequist Tor in der Nähe des Namutoni Rastlagers.

INFORMATIONEN Deutschlandbüro
Petra@Feyand-Tourismusmarketing.de,
www.feyand-tourismus.de

BUCHUNGEN:
Tel: +264 (61) 222 954
Fax: +264 (61) 260 458
E-mail: bookings@emanya.com • Nets: www.emanya.com

GPS-Koordinaten: S18 48 873. E17 12 953

Okonjima
home of the africat foundation

OKONJIMA ist die Heimat der AfriCat Stiftung, einer Non- Profit-Organisation, die sich dem Schutz und Erhalt speziell von Geparden und Leoparden widmet.

OKONJIMA Private Nature Reserve bietet Aktivitäten wie den Besuch der AfriCat Carnivore Stiftung, Leoparden-Beobachtung,Wanderungen auf den Spuren rehabilitierter Geparden, Hyänen und Wildhunden sowie Pirschfahrten.

OKONJIMA Lodge (Otjiwarongo) liegt auf halber Strecke zwischen Windhoek und Etosha NP (10 km von der B1).

Namibia: www.okonjima.com www.africat.org
email: info@okonjimalodge.com
Tel + 264 67 6870 32 / 33 Fax + 264 67 6870 51

GOCHEGANAS
the experience

GocheGanas ~ das einzigartige Erlebnis

~ 6000 Hektar afrikanische Faszination
~ 25 Minuten südöstlich von Windhoek
~ eignet sich vorzüglich als Oase vor dem Rückflug

~ Die luxuriöse Lodge bietet eine einmalige Kombination aus Wildnis, Naturerlebnis und Wellness
~ 16 freistehende, reetgedeckte Chalets mit atemberaubender Aussicht

~ Pirschfahrten und geführte Exkursionen führen Sie zu 25 verschiedene Großwildarten
~ Spezielle Spa & Wellness-Anwendungen beleben Geist und Körper
~ Spektakuläre Sternbeobachtung auf 1850 Metern Höhe
~ Radwanderungen zwischen 8, 10 oder 15 Kilometern

www.GocheGanas.com

Cornerstone Guesthouse

Bed & Breakfast und Selbstversorger-Unterkünfte in Swakopmund

Wir sind nur einen kurzen Fußweg von der Strandpromenade und dem Stadtzentrum von Swakopmund an Namibias faszinierender Skeleton Coast entfernt. In einer ruhigen Ecke der Altstadt von Swakopmund in der Nähe von „The Marine-Museum" und der alten Brauerei bietet Cornerstone Guesthouse den Charme und die Intimität eines familiengeführten B & B in Kombination mit den modernen Annehmlichkeiten eines Luxushotels.

Pete & Margo Bassingthwaighte

www.cornerstoneguesthouse.com
40 Hendrik Witbooi St., Swakopmund, Namibia

Karibu in der Welt von ATB Reisen, dem Reisespezialisten für Tanzania, Zanzibar und Kenia. Unsere langjährige Erfahrung als Safariveranstalter garantiert unseren Gästen ein einmaliges Erlebnis der wertvollsten Wochen im Jahr. Wir buchen für Sie maßgeschneiderte Reisen, abgestimmt auf Ihre individuellen Wünsche und Bedürfnisse. Jede Safari ist einzigartig und soll Ihnen die Schönheit und den unglaublichen Tierreichtum Tanzanias näher bringen. Dabei können Sie auf unsere profunden Produktkenntnisse und ehrliche Beratung bauen.

Profitieren Sie von unseren hervorragend ausgebildeten Safari-Führern, die mit viel Leidenschaft und langjähriger Erfahrung wesentlich zum Gelingen Ihrer Safari beitragen.

Mit ATB haben Sie einen zuverlässigen Partner vor Ort, der Ihren Traumurlaub Wirklichkeit werden lässt.

Buchbar über Iwanowski's Reisen, Service-Tel: +49 (0) 2133 / 26 03 0,
Mail: info@afrika.de

Wir würden uns freuen, Sie schon bald im Land der Superlative begrüßen zu dürfen!

ATB

AFRICA TRAVEL BUREAU
PO Box 1440, Arusha
Tanzania, EAST AFRICA
Tel/Fax +255 (0) 27 250 3849
info@africatravelbureau.com
www.africatravelbureau.com

Aloegrove Safari Lodge

Aloegrove
Safari Lodge

Aloegrove Safari Lodge ist für seine Gastfreundschaft bekannt: Wir wollen, dass Sie sich zu Hause und eins mit der Natur fühlen. Wir können bis zu 12 Gäste in sechs en-suite Bungalows unterbringen, jeder davon jeder mit eigenem Balkon.

Aloegrove liegt 1.630 Meter über dem Meeresspiegel. Genießen Sie den Rundum-Blick auf unsere große Savanne und das Waterberg Plateau und entspannen Sie sich in unserem schönen Pool entspannen. Wir freuen uns auf Ihren Besuch!

www.aloegrove.com | e-mail: aloegrove@mweb.com.na

Afrika individuell

„Michael Iwanowski legte quasi einen Meilenstein zum Individualtourismus in Namibia: Die Aufzeichnungen des späteren Verlagsgründers und Afrika-Reiseveranstalters waren die ersten deutschsprachigen Infos, mit denen sich Abenteurer ins Kaokoveld, die Namib oder in den Caprivi Zipfel vorwagen konnten.
Dem dicken Taschenbuch merkt man seine Geschichte an: Aus der Information spricht viel intensives Erleben, Leidenschaft, genaueste Recherche. So erfährt man darin nicht nur Basics für einen Camping- oder Lodge-Trip, sondern eben auch, wie die Erbfolge bei den Himba funktioniert oder wo man Owajowas (Termitenpilze) findet. Andere Namibia-Führer sind vielleicht schöner, als Grundlage, als Weg-gefährte, ist dieser aber schwer zu übertreffen.“ **Die Presse, Österreich**

„Es gibt Reiseführer, die gehören in die Rubrik Pflichtgepäck. Iwanowskis Reisehandbuch Namibia ist so eines. Dass es mit mehr als 700 Seiten der dickste deutsche Namibia-Führer ist, glauben wir dem Verlag unbesehen. “

Badische Zeitung

Das komplette Verlagsprogramm unter:
www.iwanowski.de

Afrika individuell

„Einer der umfangreichsten Reiseführer für diese Region, der für Individualreisende ebenso interessant ist wie für Pauschalreisende, die nur kleinere eigene Touren unternehmen wollen.“

ekz

„Allein die geografische Lage Kapstadts ist beeindruckend: eingeschlossen von zwei Weltmeeren, am Fuße des Tafelbergs gelegen und mit einem von Weinhängen verzierten Hinterland beschenkt. Besonders die Sandstrände und die Naturschönheiten der Garden Route entlang des Indischen Ozeans sind sehenswert. Ausführliche Kapitel des Reisehandbuchs von Marita Bromberg und Dirk Kruse-Etzbach über die interessante Region Südafrikas stellen Geschichte und die Landschaft vor. Detaillierte Routenvorschläge im Gebiet von Kapstadt und Umgebung ergänzen den reichlich bebilderten und hervorragend recherchierten Band. Ausführliche Routenbeschreibungen durch die Kapregion, viele Detailkarten und Extra-Reisekarte zum Herausnehmen helfen schon bei der Planung der Reise.“

Fränkische Nachrichten

Das komplette Verlagsprogramm unter:

www.iwanowski.de

Afrika individuell

"Für Wissbegierige: Wer auf Studienreisen gerne mit Antworten aushilft, wenn der Reiseleiter nicht mehr weiter weiß, dem sei die Lektüre von 'Iwanowskis Südafrika' empfohlen. Auf 696 Seiten hat Autor Michael Iwanowski vermutlich jede Information zusammengetragen, die es über das Land gibt. In dem 946 Gramm schweren Wälzer finden sich nicht nur lange Abhandlungen über Historie, Geografie, Wirtschaft und Gesellschaft, sondern auch Routenvorschläge, eine große Ausklappkarte, ein Tierlexikon, jede Menge Adressen, und ein bisschen Afrikaans kann man auch noch lernen. – Hier bleiben keine Fragen offen." **Sonntag aktuell**

"Auch nach der Fußball-WM – oder gerade jetzt – ist Südafrika eine Reise wert. 'Iwanowski's Reiseführer Südafrika' macht fünf Tourenvorschläge, einer mit den Höhepunkten wie Kruger Park, Natals Berge und Kapland und einer mit weniger typischen Zielen wie Venda, Swasiland und Lesotho." **Braunschweiger Zeitung**

Das komplette Verlagsprogramm unter:

www.iwanowski.de

Afrika individuell

„Die Felsenkirchen von Lalibela sind weltberühmt, andere Kulturgüter und Landstriche Äthiopiens vielen unbekannt. Das Land am Horn von Afrika hat in der Vergangenheit mehr mit Katastrophenmeldungen denn mit attraktiven Reisezielen von sich reden gemacht. Doch das Reisen nach Äthiopien ihren besonderen Reiz haben, zeigt der Reiseführer von Heiko Hooge auf. Die christlich-orthodoxe Hochkultur im Norden, der große Grabenbruch, die über 3.000 Meter hohen Semien-Berge, das Hominiden-Skelett ‚Lucy' und die unerschlossenen Regionen des Südens führen den Besucher durch ein authentisches Land mit einer grandiosen Natur. Mit vielen praktischen Tipps wird der Reisende durch das touristisch noch in den Anfängen steckende Reiseland Äthiopien gelotst. Fünf ausführliche Routenvorschläge führen durch das ganze Land. Wichtige Informationen über die Entfernungen zwischen den einzelnen Stationen und – fast noch wichtiger – über die Straßenzustände ergänzen den Ratgeber." **Badisches Tagblatt**

Das komplette Verlagsprogramm unter:
www.iwanowski.de

Afrika individuell

Botswana ist ein Ausnahme-Reiseziel, eine der letzten Wildnisse des afrikanischen Kontinents. Die unendliche Weite der Landschaften, eine einzigartige Tierwelt und die unberührte Natur machen das Land für Abenteuerlustige zu einem unvergesslichen Erlebnis.

Das Reisehandbuch führt über ausgewählte Routen zu den sehenswerten Zielen des Landes. Die Schwerpunkte liegen dabei auf dem Okavango-Delta – dem Übergangsgebiet zwischen Savannen- und Wasserlandschaften –, dem Chobe-Nationalpark mit seinem beeindruckenden Wildreichtum sowie den Victoria Fällen in Zimbabwe. Viele praktische Reisetipps sowie die herausnehmbare Reisekarte helfen bei der Orientierung im Land.

Das Besondere dieses Buches:

- Mit Tierlexikon und durchgehend farbig bebildert
- Übernachtungstipps in allen Preiskategorien von Luxus-Lodges bis zu Campingplätzen

Das komplette Verlagsprogramm unter:

w w w . i w a n o w s k i . d e

Der Reiseblog vom Spezialisten!
iwanowski.de/blog
Täglich aktuelle Reisehinweise & Tipps zu Unterkünften, Restaurants, Aktivitäten...

IWANOWSKI'S REISEBUCHVERLAG

FÜR INDIVIDUELLE ENTDECKER

REISEHANDBÜCHER

Europa
Barcelona und Umgebung ▤
Berlin* ▤
Dänemark*
Finnland* ▤
Irland* ▤
Island*
Liparische Inseln *
Lissabon*
Madeira mit Porto Santo*
Malta, Gozo & Comino* ▤🗁
Norwegen* ▤
Paris und Umgebung*
Piemont & Aostatal*
Polens Ostseeküste & Masuren*
Rom* ▤
Schweden* ▤
Tal der Loire mit Chartres*

Asien
Oman*
Peking
Rajasthan mit Delhi & Agra*
Shanghai*
Singapur* ▤
Sri Lanka/Malediven*
Thailand*
Tokio mit Kyoto
Vietnam*

Afrika
Äthiopien* ▤🗁
Botswana* ▤
Kapstadt & Garden Route*
Kenia/Nordtanzania*
Mauritius mit Rodrigues* ▤
Namibia* ▤
Südafrikas Norden & Ostküste*
Südafrika* ▤
Uganda/Ruanda*

Australien / Neuseeland
Australien* ▤
Neuseeland*

Amerika
Bahamas ▤🗁
Chile mit Osterinsel*
Costa Rica* ▤🗁
Florida* ▤
Guadeloupe und seine Inseln
Hawaii*
Kalifornien* ▤🗁
Kanada/Osten*
Kanada/Westen*
Karibik/Kleine Antillen*
New York
USA/Große Seen|Chicago* 🗁
USA/Nordosten*
USA/Nordwesten* ▤🗁
USA/Ostküste*
USA/Süden*
USA/Südwesten*
USA/Texas & Mittl. Westen*
USA/Westen* ▤

101... - Serie: Geheimtipps und Top-Ziele
101 Berlin* ▤
101 Bodensee ▤
101 China
101 Deutsche Ostseeküste ▤
101 Florida
101 Hamburg ▤
101 Indien
101 Inseln
101 Kanada-Westen
101 London ▤
101 Mallorca ▤
101 Namibia – Die schönsten Reiseziele, Lodges & Gästefarmen
101 Reisen für die Seele – Relaxen & Genießen in aller Welt
101 Reisen mit der Eisenbahn – Die schönsten Strecken weltweit ▤
101 Safaris
101 Skandinavien ▤
101 Südafrika – Die schönsten Reiseziele & Lodges ▤
101 Südengland ▤
101 USA

REISEGAST IN...
Ägypten
China
England
Indien
Japan
Korea
Polen
Russland
Südafrika
Thailand

Neu: Karten per QR-Code gratis downloaden!

* mit Extra-Reisekarte
▤ auch als ebook (epub)
🗁 Karten gratis downloaden

Iwanowski's Reisebuchverlag GmbH • Salm-Reifferscheidt-Allee 37 • D- 41540 Dormagen
Tel: 0 2133/260311 • Fax: 0 2133/260334 • E-mail: info@iwanowski.de
www.iwanowski.de • www.facebook.com/Iwanowski.Reisebuchverlag
www.iwanowski.de/blog • www.twitter.com/Iwanowskireisen